中国专业图书馆发展报告 2014

中国图书馆学会专业图书馆分会　编

國家圖書館出版社
National Library of China Publishing House

图书在版编目(CIP)数据

中国专业图书馆发展报告2014/中国图书馆学会专业图书馆分会编. --北京:国家图书馆出版社,2015. 1
ISBN 978 -7 -5013 -5531 -0

Ⅰ.①中… Ⅱ.①中… Ⅲ.①专业图书馆—图书馆工作—研究报告—中国—2014
Ⅳ.①G259. 255

中国版本图书馆CIP数据核字(2015)第000707号

书　　名	中国专业图书馆发展报告2014
著　　者	中国图书馆学会专业图书馆分会　编
责任编辑	金丽萍　王炳乾

出　　版	国家图书馆出版社(100034　北京市西城区文津街7号) (原书目文献出版社　北京图书馆出版社)
发　　行	010 -66114536　66126153　66151313　66175620 66121706(传真),66126156(门市部)
E-mail	btsfxb@ nlc. gov. cn(邮购)
Website	www. nlcpress. com ——→投稿中心
经　　销	新华书店
印　　装	北京科信印刷有限公司
版　　次	2015年1月第1版　2015年1月第1次印刷

开　　本	787×1092(毫米)　1/16
印　　张	12. 25
字　　数	300千字

书　　号	ISBN 978 -7 -5013 -5531 -0
定　　价	50. 00元

《中国专业图书馆发展报告2014》编委会

编写说明

专业图书馆在图书馆事业发展中占有非常重要的地位，专业图书馆系统是与公共图书馆系统、高校图书馆系统并列的一个重要类型。在我国，专业图书馆主要泛指科研系统图书馆，广泛地分布于各行业、各领域的图书信息中心，以及部委所属科研机构的文献情报中心，也是数量最多、种类最杂的一大类型图书馆。

本报告中所选取的专业图书馆具有较强的代表性和典型性，有些图书馆在所属行业、系统中发挥着引领、牵头和示范作用，有些图书馆来自于基层一线，发挥着对母体科研机构的文献资源保障与服务作用。本报告概括反映2013年我国专业图书馆发展基本情况，在内容上侧重突出专业图书馆的特色资源、特色服务、年度成果和研究热点，可在一定程度上体现出我国专业图书馆的发展状况及未来趋势，对研究专业图书馆中长期发展具有借鉴意义。

本报告由中国图书馆学会专业图书馆分会秘书处组织编纂，首卷出版于2010，出版周期为两年一卷。在编辑出版过程中，得到了专业图书馆分会会员单位以及有关专家、学者的鼎力支持，谨致谢忱。

编者

2014年11月

目　　录

专业图书馆2013年度发展状况与展望

2013年,专业图书馆继续围绕"十二五"发展规划及创新驱动的行业发展目标,面向用户、面向科技决策、面向科研一线、面向国家科技信息服务需求,持续拓展知识服务内涵、强化知识服务能力建设,深入推进实施文献情报服务创新发展战略。一年来,专业图书馆在数字资源保障体系优化、学科化服务创新发展、新型文献服务拓展、决策情报研究与服务等方面取得了长足的进步。积极跟踪开放研究、开放出版、开放创新新趋势,适应新型数字信息环境、开放创新模式、新型学术交流环境变化等特点,深入推进开放知识资源组织,带头示范开放与集成服务的新理念、新实践,积极探索文献情报服务转型发展的新模式。

一、2013年主要工作及其进展

1. 强化数字化特色资源建设,不断完善开放数字资源体系和数字资源长期保存体系

中国科学院(简称"中科院")文献情报中心在持续优化数字文献资源保障体系建设的同时,全面推进开放学术资源建设,不断完善知识资源保障体系,促进综合知识资源保障能力的提升。2013年,全面启动"开放获取期刊采集服务体系""开放课件采集与服务系统""开放社会经济信息采集与服务系统"建设,继续完善"综合科技资源集成登记系统""重要会议开放资源采集与服务系统"建设,共登记10 800条综合资源,采集组织31 000篇会议论文、10 000条社会经济信息资源、49 000个国内外高质量课件,以及2000多种OA期刊,并逐步开始在中科院多个研究所、各类信息平台得到利用。此外,还组织完成了开放资源建设规范指南,为中科院和全国的开放资源建设提供指导和支持。

中国社会科学院图书馆逐步调整资源建设政策,加大数字资源采购力度,2012和2013年连续两年每年追加经费500万元,分别引进数据库75种和86种。初步完成哲学社会科学海量数据库规划和架构设计方案,一些重要数据库建设取得阶段性进展。"中国社会科学院古籍整理保护暨数字化工程"被列为创新工程项目,截至2013年年底,全社科院14家古籍收藏单位的古籍普查登记任务全部完成。

中国科学技术信息研究所国家工程技术图书馆在资源体系完善和特色资源建设方面也取得良好进展。在不断优化资源采集、强化资源揭示工作的基础上,进一步完善国家工程技术图书馆资源整合平台的建设,完成了从数据加工到数据仓储再到数据发布之间的流程细化工作。2013年,集成整合全国科技查新事实型数据资源,研究并开发了全国科技查新事实型数据库系统。

2013年,国家科技图书文献中心续订全国开通的网络版外文期刊655种,外文事实型数据库3个。新增外文期刊回溯数据库3个,总量已达16个,含1683种过刊。继续支持成员单位和联合采购单位续订网络版外文电子期刊15 276种。支持成员单位续订事实型和文摘

型数据库85个。订购中文期刊9200种。订购Apabi电子图书4432种，中文电子图书总量达25万余种。同时，正式启动并积极推进国家数字科技文献资源长期保存体系建设，将其作为战略发展的重要任务，按照科技部领导的有关指示，组织研究拟定了建设原则，提出了年度工作任务和示范系统建设方案。

军事科学院军事图书资料馆不断加大军事专业数字资源建设力度，通过采取自建、合作共建等方式，扩大军事图书、军事期刊、军事专题全文等数据库建设规模。其中，军事专题全文数据库建成了涉及军事思想、军队建设、军事历史、军事装备等60多个子库，共有专题全文数据8万余条，提升了科研信息服务保障的专业性和有效性。

2013年，国家标准馆文献馆执行采集经费700万元，全年共采集标准3万余件，涉及400多个品种，国内外标准化文献502册，国内外标准化期刊1630册。构建适应数字时代的标准文献信息资源保障体系，满足标准文献战略资源保障功能和服务的需求。

2. 面向决策需求，持续强化专题情报与战略情报服务

2013年，各专业图书馆围绕“十二五”期间文献情报服务转型的战略规划，积极开展面向科研一线、科技决策的战略情报研究与服务。

中国科学院文献情报中心继续深化面向科技决策的战略情报服务，在继续做好《国际重要科技信息专报》及其特刊和13个专辑的《科学研究动态监测快报》工作的同时，高水平地完成了来自中科院职能局、专业局以及国家相关部门的专题情报调研任务，承担了中科院碳排放、纳米、低阶煤、空间科学卫星、页岩气、海洋和信息科技等先导专项战略情报服务；与科技部、国家自然科学基金委、国家发改委能源局、总装载人航天办公室等合作开展战略情报服务。加强重大战略情报研究与服务的产品设计和建设，正式出版了《国际科技竞争力分析报告——聚焦金砖四国》《2012科学发展报告》《2013科学发展报告》《创新集群建设的理论与实践》《国际科技前沿分析报告2012》《科学结构地图2011》《科学结构地图2012》《德国科技创新态势分析报告》《日本科技创新态势分析报告》《科技全球：资源配置与流动》《十年决策——主要国家（地区）宏观科技政策研究》《国立科研机构管理模式研究》《材料发展报告》《工业生物技术白皮书》《国际科学技术前沿报告2013》《气候变化再审视》（编译）等学术报告。

中国医学科学院图书馆/情报研究所深入开展面向医药卫生领域的决策咨询服务。2013年，组织实施了“医学科技发展‘十三五’战略/规划研究”等课题，完成多份医学情报调研咨询报告，编写出版《中国医学科技发展报告2013》。围绕卫生中心工作，深入开展卫生政策领域研究和决策咨询，完成了“我国卫生资源配置与规划研究”“人口健康绩效评估试点研究”“国家新农合信息平台联通技术方案及相关政策研究”等一批课题。组织完成面向“重大新药创制”“艾滋病和病毒性肝炎等重大传染病防治”科技重大专项的专业化信息服务。

中国林业科学院图书馆组织开展了基于行业的决策咨询服务，承担了国家林业局的“知识产权战略实施与管理——信息平台与预警机制研究”项目，组织开展林业知识产权发展战略与政策研究，为林业主管部门和国际履约提供决策支持。开展林业重点领域专利预警分析研究，主持编写并出版了《世界林业行业专利技术现状与发展趋势》和《木地板锁扣技术专利分析报告(2010)》。跟踪国内外林业知识产权动态，实时监测和分析林业相关领域的专利动态变化，加强专利数据统计和分析，建立林业知识产权预警指标体系和应急机制，为破解林产品出口的技术贸易壁垒提供支撑。

冶金工业信息标准研究院面向企业技术创新群体积极开展专题情报服务。2013年，承担冶金行业企业“带钢连续电镀镍技术专利跟踪分析”等多项知识产权咨询课题。为中冶设备、沙钢、攀钢等企业做了如《带钢连续电镀镍技术专利跟踪分析》《具有优异耐海水腐蚀性能的高强螺纹钢筋》《健康、环保的钒钛铸铁烹饪器具开发应用》《高炉煤气综合利用专利技术国际研发态势分析》《高强度中厚板领域竞争对手分析》等咨询报告。

2013年，中国地质图书馆启动“大研究计划”，持续增强地学情报研究服务。公开出版译著《矿产资源潜力评价》，完成“铀矿”“三稀”等12份情报专辑。2013年共承担纵向项目15项，经费总额3236.21万元，其中年度新增经费3090万元；在研横向课题27项，经费总额827.31万元。

3. 继续探索学科化服务的新模式，推进构建和完善融入科研一线的文献情报服务能力体系

中国科学院文献情报中心面向研究所一线的知识服务转型取得实质进展。2013年，继续夯实到所、到课题组、到用户个人的科研信息支持服务，同时以院所协同提升研究所知识服务能力为抓手，大力推进全院研究所文献情报工作向知识服务的转型发展。深入推进实施“研究所情报分析可持续服务能力建设”和“研究所群组集成知识平台可持续服务能力建设”项目，逐步组建起了以研究所文献情报人员为“小核心”，以研究所领导、领域科研专家、项目成员、学术秘书、实验室联络员以及硕博生多层面“大网络”协助参与的联合项目服务团队。一期项目全部结题，二期项目进展顺利，三期建设全面启动，共协助47个研究所建立了学科情报服务机制和团队，产出学科领域发展态势分析、专利技术趋势分析、竞争与合作分析等研究报告141份，编辑种专题动态监测快报21种308期，得到研究所领导和科研团队的广泛认可和高度评价。协助60个研究所在课题组、实验室建立了个性化群组知识平台350多个，并开始服务于院科技先导专项、国家973项目和863项目等重要项目。协助多个研究所开展“一三五”规划评估中的学科发展态势分析和研究所竞争力比较分析。

中科院上海生命科学信息中心学科馆员团队积极探索构建网络化科研信息环境，完成和在建“植物领域科学家网络知识平台”“神经所机构知识库”“昆虫博物馆集成知识平台”，其中，“植物领域科学家网络知识平台”创新性地将实验视频融入科研知识环境建设中，在知识存储和共享方面尝试了一条新的途径。学科馆员服务还嵌入课题组，做科学家的“信息官”，为“空间生物学”“细胞库”等多个课题组个性定制、持续提供信息支撑，两年内累计提供定制数据近2000条，同时还面向上海市重点领域的研发企业，跨学科、跨领域整合各类资源和服务，有效满足上海市重点领域的个性化学科知识服务需求。

中国农业科学院图书馆面向转基因重大专项深入开展学科化服务。2013年，新增有关转基因科研机构信息、人员和项目信息近200条，采集科技动态数据2000余条。完成了对中国农业科学院、中国水利水电科学研究院、中国热带农业科学院、中国农业大学、华中农业大学等单位转基因相关课题组的信息需求和满意度调研。编制印发了2期《转基因生物新品种培育科技资讯》(印刷版和网络电子版),发放对象包括农业部重点支持的"转基因生物新品种培育科技重大专项"的19家研究单位及其课题组。为探索现代信息环境下的知识化学科化服务工作,在中国农业科学院科技局支持下,开展了"中国农业科学院作物学科评价研究"。通过对项目、论文、专利、新品种及推广面积、成果、人才和平台等方面的信息采集和计量分析,初步建立了作物学科竞争力评价体系,研究提出了作物学科竞争力评价的方法。

中国医学科学院图书馆开展了面向"重大新药创制""艾滋病和病毒性肝炎等重大传染病防治"等科技重大专项的专业化信息服务,全年共编写6期《新药研发动态》(10万字),为科研人员定期推送《新药研发动态》纸质和电子版,共计600份。接受中国科学技术交流中心、中国健康教育中心、北京市疾病控制中心等机构重大科技专项委托,提供《科学技术在应对全球性重大传染病中的作用》《国内外慢性病健康教育适宜技术研究进展》《亚太经合组织成员国应对新发突发传染病防控策略、措施及其效果》等12份咨询报告(共计15万字)和《H7N9专题跟踪》简报24期(共计15万字)以及"水痘/带状疱疹科技文献"专题数据库服务。继续开展面向"院士团队"的学科化服务,为王陇德、邱贵兴、洪涛、胡亚美等院士提供著作收集与整理、文献检索与获取等的文献信息服务。

中国科技技术信息研究所国家工程技术图书馆在做好图书馆全文传递、代查代借、知识服务等传统服务的基础上,以科研院所和两院院士为主体,进一步开拓和发展图书馆的重点用户,大力开展专业化和知识化的文献信息服务。在做好重点项目跟踪服务和院士服务的基础上,大力开展全国范围的资源与服务宣传推广和用户培训工作,在长春、南京、合肥、郑州、武汉、广州、上海、成都等地开展用户培训25场。

解放军医学图书馆继续夯实学科化信息服务,不断深化面向重点实验室和一线专家的重点服务,动态嵌入课题立项、在研和结题等科研过程,为31个研究室、43项国家和军队重大、重点或专项课题提供研究进展和热点问题等信息跟踪服务。利用情报分析工具,完成"军队医院2012年度科研产出分析报告""军事医学科学院2012年度SCI论文统计分析研究报告"等研究报告。面向军事医学科学院、第三军医大学等单位提供专题信息服务,并坚持"常下所"机制,积极面向医、教、研人员开展专题资源推广、文献保障、咨询培训等服务。

中国核科技信息与经济研究院图书馆是国家核行业信息资源收藏与服务中心,2012—2013年完成了"国外核事故应急中的放射性废液处理调研""核燃料后处理事故安全分析专题调研""国内核电厂废物处理技术调研"等20多个核技术情报研究工作。其中"大型核燃料后处理厂建设情报研究"项目获得中国核工业集团公司科技进步三等奖。

冶金工业信息标准研究院为矿业、冶金和工程材料领域的院士及其团队开展了一对一重大课题的专题情报服务,获得了院士专家们的认可。"钢筋行业月度分析报告钢筋信息频道""钢管行业月度分析报告钢管信息频道""金属制品行业月度分析报告金属制品信息频道"成功上线,为我国钢筋、钢管和金属制品企业开展个性化一站式服务。

国家标准馆近年面向用户的综合性标准化信息服务需求,针对行业产业特点,积极为用户提供"数据—专题—情报—解决方案"式的服务产品。2013年,国家标准馆与航空、航天、电力、中石油、中石化、水力、海洋等各个领域的单位签订个性化标准信息服务解决方案类技术服务合同十余项。

中国军事科学院军事图书资料馆紧贴科研课题需求,并突出院内、军队和国家重大重点科研项目,提供从课题开题—立项—研究报告撰写—结题等全过程的嵌入式信息服务,完成包括中华大典·军事典共计50余项重大重点科研项目的专题信息提供服务。

4. 发挥科技信息优势,推动文献情报服务融入经济建设和区域发展

近两年来,专业图书馆不断开拓科技信息的新服务领域,有力地支持区域科技发展。中国科学院文献情报中心2013年正式成立了由17家省科学院参加的“全国科学院联盟文献情报分会”,与14家省科学院签订战略合作协议并挂牌成立文献情报共享服务站,基础服务全面覆盖,并与部分省科学院联合开展行业发展态势分析、区域科技与经济发展战略研究等项目,开始与省科学院协同建立科技战略研究中心,积极布局与区域创新体系的建制性合作。院文献情报中心深入推进与中关村管委会的合作,与海淀园、天津、唐山签订合作协议。兰州中心重点推进与甘、青、宁、新等省区的地方政府、企事业单位的建制化合作。成都中心深化面向技术转移与区域创新的信息平台建设。武汉中心继续推动对高新技术园区企业的产业技术分析服务,通过联合、协作,完成或启动多项高层次战略研究,以及产业技术情报研究与服务。

国家科技图书文献中心认真落实中央援疆援藏工作精神,继续推进“NSTL科技文献信息西部阳光服务行动”,支持成员单位发挥资源和专业优势,持续深化“两区”的科技信息援助工作,组织成员单位协同合作,深入新疆、西藏两地的农科、质监、标准和医药系统,协助近20个单位建设网络化的数字信息利用环境,建立各种专业数据库、特色图书馆等。2013年为“两区”提供定题服务19项、全文文献1.9万篇,为13个科研教育机构开通了中文电子图书免费服务,为21个单位开通了NSTL网络版外文现刊和回溯期刊全文数据库,为新疆经济技术开发区管委会和部分创新型企业提供了10多份专题技术发展态势分析报告。以举办专题培训班和交换馆员等方式为两地培养专业人才,促进新疆和西藏地区文献信息专业人才素质的提升。

中国科技技术信息研究所国家工程技术图书馆继续开展重点用户服务工作,给长江科学院、中国船舶重工集团公司725所、中国水利水电科学研究院、西北核技术研究院、中国兵器工业集团公司205所等十几家重点用户提供全文传递等服务。不断完善专题镜像平台,及时更新数据。2013年新发展了江苏省电力公司电力科学研究院、陕西凌云电器总公司、中国航天科技集团公司第一研究院第十九研究所图书馆等5家机构成为专题镜像平台的用户,平台用户总数达到33家。组织召开了航天领域专题镜像平台用户交流会,邀请航天科技集团下属机构人员参加,宣传推广专题镜像平台。

中国农业科学院图书馆面向西部地区积极开展跨平台联合专题服务。2013年,国家农业图书馆联合国家农业科学数据共享中心、国家农作物种质资源平台和家养动物种质资源平台等,在宁夏启动了“面向西部地区农业科技信息机构的联合专题服务”活动。针对西部区域性特色产业和社会热点问题的专项需求,搜集建设了24大类、近百个数据集共2GB的农业科学数据、科技文献及种质资源,涵盖了西部地区作物、动物、渔业、区划与草业等学科领域。联合专题服务极大地提升了西部地区农业科研与信息服务能力,为当地的农业科研及生产经营等提供了强有力的信息资源及技术支撑。

冶金工业信息标准研究院与中国标准化研究院、浙江省科技信息研究院、苏州独墅湖图书馆等合作，依托行业优势、地方优势，为当地企业科技创新开展了多种形式的信息服务。与 NSTL 苏州服务站合作，为苏州工业园区纳米材料企业提供专题培训；与 NSTL 杭州服务站合作，走访遂昌金属制品企业，为金属制品企业的科技创新平台建设和产业规划助力；与 NSTL 兰州服务站合作，为甘肃金川公司等企业提供标准信息、情报咨询等服务。

中国化工信息中心通过集成专业化数据库的信息资源，搭建支撑企业竞争的信息服务平台。相继建成塑料、涂料、农药、有机硅、节能减排 5 个专业化资源平台，将主题信息整合建库，提供集中一站式服务；为徐工集团、氟塑科技、中海油集团等 18 家企业建立了个性化的企业竞争信息平台，实现资源共享和信息分析等。

广东科技图书馆继续拓展和深化信息咨询服务取得成效，科技查新委托内容由原先单一的立项查新扩大到成果鉴定、成果报奖、高新技术开发等多种服务，用户范围由中国科学院广州分院、广东省科学院科研院所扩大到珠三角地区高校、医院及企业等机构，并在这些机构中形成了一定的品牌效应。通过参与区域性文献信息服务平台建设，为本地区的科研事业与科技创新提供支撑。2012 年，创办了《研发型企业创新态势监测快报》(半月刊)，主要面向科技部、中国科学院及广东省等所属部门、科研院所及企业的领导、专家提供国内外研发型企业创新态势的相关信息。《科技信息快报》主要围绕广东地区科技创新发展信息需求汇编相关资料并定期寄发给相关领导参阅。

5. 组织推进开放获取运动，带动专业图书馆服务转型升级

在新的学术交流模式的驱动下，科研成果的开放获取受到全球学术界、出版界、图书馆界的重视。近两年一些专业图书馆为推动国内的开放获取运动，发挥了重要作用。例如，中国科学院文献情报中心在持续推进科技信息开放获取方面发挥了引领和示范作用，其研究提出的关于国家科研计划项目论文开放获取的政策建议得到国务院领导批示，建制化地参加了中国科学院、基金委的相关政策研究；参与了中国科学院推进全球研究理事会开放获取行动计划，牵头承担了该行动计划实施情况的全球评估工作；长期牵头推进中国参与国际高能物理开放出版资助联盟(SCOAP3)，作为 SCOAP3 国际指导组和技术工作组的中国代表及中国国家联络点，协调组织国内图书馆参与 SCOAP3；组织建设的中国科学院机构知识库体系继续高速发展，覆盖了全院 103 家研究所，存储科技成果 52 万余份，累计下载超过 1411 万篇次，其中 2013 年下载 797 万篇次，同比增加 51%，并首次发布热门下载论文排名，已成为全球科研机构中最大的、使用最为活跃的科研成果共享系统。中国科学院高能物理研究所图书馆作为中国机构知识库推进专家组成员，持续推进机构知识库建设工作，收集、存储研究所产出的数字文献资源，并提供一站式检索，目前其机构知识库存储的数据条目数近 5 万条，被访问量超过 100 万次，全文下载量近 10 万篇。访问者遍布 90 个国家和地区，有力地宣传了高能所的科研产出及知名度。

国家科技图书文献中心(NSTL)在推进中国开放获取运动中也作用显著，积极倡导并资助支持了国际高能物理开放获取出版计划。经科技部批准，NSTL 代表国家参加欧洲粒子中心组织的高能物理开放出版资助联盟，并出资支持，有力地促进了该领域科研成果的开放交流，提高了我国在国际科技界的影响力。此外，鉴于我国尚未建立国家层面的学术论文呈缴共享制度,国家科技图书文献中心将其作为发展战略研究的重要专题,组织了国家财政经费资助论文呈缴开放共享的专题调研,向科技部提交了“关于推动国家财政经费资助的学术论文呈缴共享工作开展的建议”,得到了科技部领导的肯定,并已着手推进落实。

国家农业图书馆也积极参与和推动中国机构知识库建设与实践活动,构建中国农业科学院院所两级机构知识库系统,在开源软件 DSpace 二次开发基础上,采用“院—所”两级 IR 建设模式,通过 OAI 收割程序,实现资源的“分散部署、集中揭示”。现已建成一个院级 IR 平台与 3 个所级 IR 平台,存储本机构知识产出近 3.5 万条。其中 2013 年完成 6000 余种开放获取期刊和近 1200 个开放获取会议信息的更新维护。

中国科学技术信息研究所在科技部领导和支持下,组织实施了国家科技报告制度建设,搭建了“国家科技报告服务系统”,在国家科技计划中开展科技报告试点工作。初步建立了集中与分散相结合的我国科技报告报送、管理、共享服务制度体系,推动了部分主要国家级研究机构科技报告体系的管理制度建设,实现了主要科研体系的科技报告呈交与共享。

解放军医学图书馆也推进建设军事医学科学院机构知识库,已完成该院人员产出的近 4 万条期刊论文、会议论文、学位论文、专利等各类知识资产数据的收集整理与入库。

二、未来展望

面向未来,专业图书馆的发展将会呈现以下趋势:

1. 开放信息资源将会成为数字化资源体系的重要组成部分

在新的科学研究模态和学术交流环境下,越来越多的专业图书馆开始关注并重视开放化数字文献信息资源,积极组织开展开放获取政策研究、数字资源长期保存系统试验探索、开放资源的集成和服务工具的开发、开放数据仓储系统建设等,大力推进构建新型数字化综合文献信息保障能力。而随着数字化开放出版模式的迅速推广,有越来越多的出版机构开始实施开放图书项目,也有许多专业图书馆已经将电子图书、MOOC 课程、开放课件等纳入资源建设体系中。

2. 嵌入用户环境深入开展知识服务是专业图书馆服务转型的突破口

用户信息获取途径与其工作环境日益融合,深度和专业信息的获取和使用已经成为用户的普遍需求。为了提高专业图书馆的服务效率,更好地满足用户个性化的知识服务需求,需要充分利用知识组织和信息分析工具、知识服务技术等,将文献信息资源进行知识化加工,建立嵌入用户创新流程的知识化服务平台,并充分发挥学科情报人员的专业化优势,大力开展面向专业领域的深层次知识服务和针对性咨询服务。

3. 用户信息素养和信息分析能力培训将成为专业图书馆服务的重要内容

原生数字化信息和开放信息环境,将使得未来信息的分散程度急剧增加;面对信息技术和信息计算工具的普遍使用,深度信息分析和情报与知识挖掘必将成为用户的普遍需求。

专业图书馆为了更好地回应这种发展要求，有效地提高用户的信息获取水平与信息处理能力，应该更加重视对用户信息能力的培训，尤其要加强用户使用专业知识分析工具、个人知识管理工具等的使用培训，促进提升用户自身的信息素养和信息处理能力。

4. 科研数据管理与服务将成为专业图书馆服务拓展的重要方向

随着科学研究范式变革，数据密集型的科学研究将成为未来学术研究的重要形式之一，科研数据的管理与服务必将成为未来学术信息服务的重要内容。然而，随着科学数据数量的急剧增长，类型日益复杂多样，这将给科研数据的组织、管理和有效利用提出巨大的挑战。作为本领域科学研究重要支撑的专业图书馆，为了更好地服务科研，需要继续加强针对科学数据发布、利用、权益管理等方面问题的专题研究和实践探索。

5. 信息集成工具、专业化知识服务平台、信息分析与知识挖掘工具等先进工具体系建设成为影响专业图书馆未来业务发展和核心竞争力提升的关键

针对这种形势，在国家科技支撑计划的支持下，一些专业图书馆密切合作，继续全力推进“面向外文科技文献信息的知识组织体系建设与应用示范”（STKOS）建设工作，组织开展科技领域的知识组织体系建设，探索知识链接、词表系统等知识组织工具建设。还有些专业图书馆结合文献情报服务实践，开发专利分析工具、开放信息组织挖掘工具、科技文献计量分析工具、学科领域与态势分析工具等，探索建立基于大数据的信息挖掘与情报分析系统，尝试利用工程化思想开展决策情报服务。

中国图书馆学会专业图书馆分会秘书处

国家科技图书文献中心

一、概述

国家科技图书文献中心（National Science and Technology Library（NSTL），以下简称“中心”）是科技部联合财政部等六部门，经国务院领导批准，于2000年6月12日成立的一个基于网络环境的科技信息资源服务机构。由中国科学院文献情报中心、中国科学技术信息研究所、机械工业信息研究院、冶金工业信息标准研究院、中国化工信息中心、中国农业科学院农业信息研究所、中国医学科学院医学信息研究所、中国标准化研究院标准馆和中国计量科学研究院文献馆9个文献信息机构组成。

中心实行理事会领导下的主任负责制，负责各项工作的组织实施与管理。理事会是领导决策机构，由跨部门、跨系统的著名科学家、情报信息专家和有关部门代表组成。科技部牵头对中心进行政策指导和监督管理。中心设信息资源专家委员会和计算机网络服务专家委员会，对相关业务工作提供咨询指导。

中心以构建数字时代的国家科技文献资源战略保障服务体系为宗旨，按照“统一采购、规范加工、联合上网、资源共享”的机制，采集、收藏和开发理、工、农、医各学科领域的科技文献资源，面向全国提供公益的、普惠的科技文献信息服务。

发展目标是建设成数字时代的国家科技文献信息资源的保障基地、国家科技文献信息服务的集成枢纽和国家科技文献信息服务发展的支持中心。

二、发展状况

2012至2013年，在科技部、财政部的关心、支持和理事会的正确领导下，中心认真贯彻落实十八大精神，以科学发展观为统领，开拓创新，扎实工作，较好地完成了各项工作任务，开拓性工作取得明显成效，为全面构建适应数字环境的国家科技文献信息保障服务体系，实现“十二五”的发展目标打下了更为坚实的基础。

1. 资源建设

2013年，发订外文印本科技文献28 425种（含外文期刊18 040种，外文会议文献等10 385种）。续订全国开通的网络版外文期刊655种，外文事实型数据库3个。新增外文期刊回溯数据库3个，总量已达16个，含1683种过刊。继续支持成员单位和联合采购单位续订网络版外文电子期刊15 276余种。支持成员单位续订事实型和文摘型数据库85个。订购中文期刊9200种。订购Apabi电子图书4432种，中文电子图书总量达25万余种。继续优化外文印本文献采集结构，调整了607种期刊和会议文献。新增订购169种与科技相关的金融、经济及市场发展等方面的期刊文献，提升了资源综合保障能力。开发的新联合目录系统上线运行，在新旧系统切换中，实现了新老系统的平稳衔接。为化工、机械等五单位开发的本地编目系统业已投入使用。

2. 数据库建设

2013 年，加工文摘数据 354 万条，引文数据 3390 万条。引文与文摘加工基本实现同步，时效明显提高。国际科学引文检索服务系统，数据总量达 1.53 亿条，来源期刊达 4000 多种。优化了质检网络平台，通过对发布数据的分析，对加工过程的问题进行了追踪溯源，为建立数据质量监控预警机制提供了基础。自行开发的联编、加工和仓储三方数据流转应答系统，已部署在 3 个系统上运行，实现了对数据流转全过程的实时检测，确保了 3 个系统之间数据流转的顺畅进行。

3. 网络系统建设

2013 年，网络服务系统运行稳定，无故障运行率继续保持 99.9%。全年加载、更新二次文献数据 1022 万条，二次文献数据总量达 10 225 万条。外文回溯期刊全文数据总量达 587 万条。提供跨库检索的外文网络版期刊数据库增至 47 个。数字业务平台备份系统投入使用，实现了对 5 种类型数据库的自动保存。完成了全国服务站用户审核版本升级部署，实现了对公益机构用户和企业机构用户的分类管理。

4. 文献信息服务

2013 年，网络服务系统文献检索量为 363 万人次，主站访问量 1.42 亿人次。各种形式订购的外文网络版文献使用效果大幅提升，总计下载全文 5982 万篇。提供网上参考咨询服务 1994 人次。新建用户管理平台 3 个、接口接入单位 12 个，连同已建的 41 个服务站，覆盖 29 个省、市、自治区的 125 个机构。加强了对文献薄弱地区的支持，继新疆、西藏之后，对宁夏、青海也实行免费服务政策。深入开展多种形式的服务推介宣传，加强了全国开通的全文数据库的推介。依托自行开发的重点领域网络信息服务平台组织建设了水资源可持续利用、食物与营养等三个重点领域网络信息服务门户，近 1 年的试服务效果良好，为进一步扩大服务平台的应用奠定了基础。

5. 知识组织项目建设

国家科技支撑计划项目“面向外文科技文献信息的知识组织体系建设与应用示范”项目(STKOS)于 2011 年启动。2013 年，项目的 7 个课题组协同合作，扎实工作，全力推进各课题研制与建设。开展了超级词表和本体建设，初步形成了约 50 万个概念，构建了具有 NSTL 特色的范畴体系。开发了辅助建设工具，初步建成共享服务平台，初步完成了海量文献信息的自动处理和智能检索系统，研究了大规模科技文献文本语义计算方法。

6. 人才队伍建设

2012 年，组织 NSTL 科技文献服务体系人才队伍建设方案研究，提出了数字环境下 NSTL 人才队伍建设目标，以及人才队伍结构、业务素质、岗位设置、考核机制的建议方案。

2013年，根据中心发展对高水平人才队伍的需求，在成员单位中国科学技术信息研究所、中国农业科学院农业科学研究所资源建设岗位进行了试点，完成了岗位设置和绩效考核试行方案的制订，正在组织实施。同时，针对中心战略发展和各项业务工作实践，进行了有针对性的多层次的业务培训，开展10项专题研究，有效提高了各领域专业人员的业务素质。

三、个性化与特色服务

1. 国家重大科技专项服务成绩显著

2012—2013年，中心组织成员单位开展的重大科技专项服务以嵌入专项研发过程，快速响应需求，持续开展情报跟踪服务，形成有价值的情报服务产品为目标，深入专项管理和研发的各个环节，发掘对科技文献信息的需求。同时强化对重大专项服务的规范管理和条件支持，为专项服务单位配备了相应的专利分析平台和专利工具。重大科技专项信息服务覆盖面从专项的局部向整体拓展，内容从文献信息提供向知识化服务深化，更具针对性。实现了对民口12个重大专项领域的全覆盖。2013年编辑撰写情报研究和专利分析报告106份255万字，编辑动态简报70期，内容涉及领域态势分析、专利技术分析、基金投入分析等。建设和维护知识共享与信息服务平台6个，更新数据6万余条。

2. 科技信息援疆援藏服务取得新成效

中心认真落实中央援疆援藏工作精神，继续推进"NSTL科技文献信息西部阳光服务行动"，支持成员单位发挥资源和专业优势，持续深化两区的科技信息援助工作，获得显著成效。组织成员单位协同合作，深入新疆、西藏两地的农科、质监、标准和医药系统，协助近20个单位建设网络化的数字信息利用环境，建立各种专业数据库、特色图书馆等。2013年为两区提供定题服务19项，全文文献1.9万篇，为13个科研教育机构开通了中文电子图书免费服务，为21个单位开通了NSTL网络版外文现刊和回溯期刊全文数据库，为新疆经济技术开发区管委会和部分创新型企业提供了近10份技术发展趋势分析报告。以举办专题培训班和交换馆员等方式为两地培养专业人才，促进了新疆和西藏地区文献信息专业人才素质的提升。

3. 面向企业创新的信息服务取得新进展

积极支持部分成员单位采取有效措施深化企业信息服务。截至2013年年底，搭建企业竞争情报服务平台18个，更新文献数据22万余条，提供全文服务5万多篇。成立国家科技成果转化示范基地12个，开展国家科技成果与地方项目的对接服务。先后举办在线展会80多场，实现对接1.5万次，达成意向3700多次。已建的12个行业综合信息服务平台，更新数据近30万条，提供全文文献2万余篇，检索查新1700余项，定题跟踪服务50余次。编制推送产品信息、技术资讯等资料7种，完成咨询报告约89万字，服务的企业超过2600家。

四、发展创新性工作

1. 国家数字科技文献资源长期保存体系建设正式启动

中心将其作为战略发展的重要任务，按照科技部领导的有关指示，组织研究拟定了建设原则，启动了国家数字科技文献资源长期保存体系建设，提出了国家数字科技文献资源长期保存体系 2014 年的工作任务和示范系统建设方案。

2. 元数据建设模式转型取得重要结果

积极推进从完全自我加工，向以购买或免费获取文献元数据为主的建设模式转变。文献数据库建设模式的转型将有利于提高文摘数据库的质量，提升网络服务系统文献检索和全文发现的服务效果。同时，还可为构建作者、机构和刊名等规范数据库提供素材，为开展深层次的知识服务和增值服务奠定良好的基础。

3. 支持国际高能物理开放获取出版计划

经科技部批准，NSTL 代表国家参加欧洲粒子中心组织的高能物理开放出版资助联盟（SCOAP3），并出资支持，有力地促进了该领域科研成果的开放交流，提高了我国在国际科技界的影响力，体现出我国作为科技大国的责任与担当。2014 年 1 月 1 日起，高能物理领域发表的论文转为开放出版，该领域 50% 以上的高水平期刊论文全球免费获取，作者发表论文也无需支付费用。

4. 完成了国家财政支持科技项目论文呈缴存储开放获取的建议报告

鉴于我国尚未建立国家层面的学术论文呈缴共享制度，中心将其作为发展战略研究的重要专题，组织了国家财政经费资助论文呈缴开放共享的专题调研，向科技部提交了“关于推动国家财政经费资助的学术论文呈缴共享工作开展的建议”。科技部领导给予肯定，已着手推进落实。

五、下一步工作展望

1. 以用户为中心，着力提升各项持续性工作的能力与成效

优化资源结构，拓展数字信息资源的采集。继续深化文献质量和利用情况的分析评估，着力提高采购计划的科学性、资源配置的合理性和资源订购的针对性，提升订购资源品种的质量，确保高质量核心文献的国家可靠保障。强化数据质量控制，完成数据加工模式转型任务。加强网络服务系统运行维护管理，细化系统运维和监控工作流程，提高系统运维效率，确保网络系统安全运行，强化对各类型资源的整合揭示能力。加快网络信息平台建设，提升数字业务支撑能力。探索多种服务形式，努力提高服务成效，提升多元化、多层次的文献信息服务能力。进一步完善版权风险防范和自身权益维护机制。继续深化科技重大专项服

务，完善重大专项服务体系，提升服务效果。

2. 大力推进适应数字环境下与知识服务的国家科技文献信息保障服务体系建设

加快知识组织项目建设，推进向知识服务的转型。积极推进国家数字科技文献资源长期保存示范系统建设，提出我国数字科技文献资源长期保存的总体战略规划和实施方案。积极推进以学术型数据为核心的保障服务系统建设，提出开放数字学术信息资源的采集、整合和揭示服务的实施方案。积极配合科技部，推进公共财政支持项目的论文呈缴存储开放共享的实施。继续加强人才队伍建设，提高人才队伍素质。

3. 深化发展战略研究，制订“十三五”发展规划

深入、系统地梳理“数字环境下资源建设策略与格局研究”和“下一代网络服务系统发展战略研究”的研究成果，结合实际，提出适应数字环境的、满足用户多元化、知识化信息需求的资源建设和网络服务系统总体发展策略与框架。在此基础上，进行“十三五”发展规划的制订。

国家科技图书文献中心

中国科学院文献情报中心

一、总体概况

中国科学院文献情报中心(简称“文献中心”)为中国科学院直属事业法人单位,负责全院文献情报服务的组织、管理和协调,负责全院科技文献资源保障体系建设,负责全院公共文献信息服务的建设和管理,下设中国科学院兰州文献情报中心、中国科学院成都文献情报中心和中国科学院武汉文献情报中心 3 个二级事业法人单位,负责相应领域战略情报研究和科技信息服务,协同组织所在区域的科技信息服务工作。文献中心采取理事会领导下的主任(法人)负责制,院中心、地区中心统一发展规划,核心文献情报服务工作统一管理,统一组织文献中心和院文献情报系统资源服务体系建设,协调组织文献中心的学科信息服务、情报研究服务,协调人力资源管理。现有员工 600 余名,馆舍面积 8 万平方米。

中国科学院文献情报中心作为我国重要的学术信息服务机构,立足中国科学院,面向全国,主要为科研人员和科技管理和决策工作者提供自然科学基础学科、边缘交叉科学和高技术领域的科技文献资源保障、学科化信息服务和战略情报研究服务,并开展学术交流与科学文化传播服务。文献中心是国家科技文献平台的骨干成员,是各地区科技文献系统发展的重要推动力量。

“十二五”期间,文献中心坚持“用户为本、需求驱动、融入科研、支撑创新”,面向科技决策一线、面向科学研究一线、面向国家科技信息服务战略发展,在 5—10 年内整体建成全院协同和有机嵌入科研与决策过程的新型知识服务体系。将重点实现“三个突破”:重点突破综合数字知识资源保障能力,建立支持科技创新全谱段需求的集成综合知识基础设施;重点突破支撑科技决策的战略性、前瞻性情报研究能力,建立权威和普惠的战略情报服务体系;重点突破嵌入研究过程和团队的知识化信息服务能力,实现科研一线文献情报服务全面转型。同时发展 6 个重点培育方向,即基于知识关系的开放综合数字知识资源体系、支持科学探索的数字知识发现服务平台、世界科技态势预警监测分析的方法与工具体系、基于服务云和合作化的个性化嵌入式知识服务机制、国家科技信息政策研究与咨询服务中心、支持协同创新的开放智慧中心。

二、发展状况

2013 年,文献情报中心聚焦服务成效和创新贡献,持续夯实基础业务服务成效,重点拓展提升全院知识服务能力、高层科技决策支撑能力、国家和区域战略信息服务能力建设,取得实效,为圆满完成中国科学院“一三五”规划目标、有力支撑“四个率先”奠定了坚实基础。

1. 研究所一线知识服务转型取得实质进展

继续夯实到所、到课题组、到用户个人的科研信息支持服务，同时以院所协同提升研究所知识服务能力为抓手，加强推进全院研究所文献情报工作向知识服务的转型发展。

启动“研究所情报分析可持续服务能力建设”和“研究所群组集成知识平台可持续服务能力建设”项目，逐步组建了以研究所文献情报人员为“小核心”，以研究所所领导、领域科研专家、项目成员、学术秘书、实验室联络员以及硕博生多层面“大网络”协助参与的联合项目服务团队。一期项目全部结题，二期项目进展顺利，三期建设全面启动，共协助47个研究所建立学科情报服务机制和团队，产出学科领域态势发展分析、专利技术趋势分析、竞争与合作分析等研究报告141份，编辑21种主题动态监测快报308期，得到所领导和科研团队的广泛认可和高度评价。协助60个研究所在课题组、实验室建立个性化群组知识平台，已建立350多个平台，并开始服务于先导专项、973、863等重要项目。协助多个研究所开展“一三五”规划评估中的学科发展态势分析和研究所竞争力分析比较。

把支持中科院率先建成国家创新人才高地作为自己的重要职责，与国科大密切协作，继续完善“科技态势分析素质”课程，新开设“科研数据管理信息素质教育”课程，致力于打造适应数字科研时代的新型信息素质。在国内首次组织“科研教育开放信息创新应用大赛”，培养广大研究生利用开放数据和开放工具进行创新的能力，收到76个比赛作品，评出优秀作品27项。针对雁栖湖新校区开园开课，专门组织多方面团队深入校区，开展大规模、密集型的专题服务活动，有效保障了新校区研究生的信息需求。

2. 战略情报研究在支持重大决策上取得突破

积极适应科技体制发展，巩固面向科技决策的战略情报服务，持续编辑《国际重要科技信息专报》及其特刊和13个专辑的《科学研究动态监测快报》，许多监测分析成果被《中国科学报》《学部通讯》以及专业刊物采用，监测影响力扩大。高水平完成来自中科院职能局专业局、国家相关部门专题情报调研任务，承担中科院碳排放、纳米、低阶煤、空间科学卫星、页岩气、海洋和信息科技等先导专项战略情报服务；与科技部、国家自然科学基金委、国家发改委能源局、总装载人航天办公室等合作开展战略情报服务。

努力发挥国家科学思想库组成部分的建设性作用。建立快速响应服务机制，重点加强对重大问题的挖掘分析，为国家科技决策和经济发展提供咨询建议，其中“俄罗斯国家级科学院系统重组改革正式启动”“关于国家科研计划资助项目发表论文实施开放获取的建议”以及参与完成的中科院地学部咨询报告《三江源区生态保护与可持续发展咨询建议》获国家领导人批示。知识产权信息服务持续发展，中国科学院知识产权网进一步推进应用，中国科学院专利可视化检索系统正式上线运行，入选国家知识产权局“2013年知识产权分析评议服务示范创建机构”。启动科技决策知识服务系统建设，积极支撑科学院国家思想库体系建设。

加强重大产品设计和建设。正式出版《国际科技竞争力分析报告——聚焦金砖四国》《2012科学发展报告》《2013科学发展报告》《创新集群建设的理论与实践》《国际科技前沿分析报告2012》《科学结构地图2011》《科学结构地图2012》《德国科技创新态势分析报告》《日本科技创新态势分析报告》《科技全球：资源配置与流动》《十年决策——主要国家（地区）宏观科技政策研究》《国立科研机构管理模式研究》《材料发展报告》《工业生物技术白皮书》《国际科学技术前沿报告 2013》《气候变化再审视》（编译）等学术报告。

3. 综合数字知识基础设施建设取得阶段性成效

在稳定提供基本数字文献资源保障和全院全国文献共享保障的同时，全面推进开放学术资源保障、数字文献资源长期保存等工作。

积极应对资源市场各种变化，切实保障科研文献需求的高水平满足率。截至 2013 年 12 月 31 日，引进网络数据库 155 个，全院研究所可共享的全文电子资源中，外文现刊 17 997 种，外文图书 45 948 卷/册，外文学位论文 414 772 篇，中文电子图书在全院开通 13 万多种。全院电子资源全文下载 4032 万篇，同比增长 10.07%。原文传递服务 11.4 万篇。

推进资源建设模式转型，积极组织和集成开放信息资源。全面启动“开放获取期刊采集服务体系”“开放课件采集与服务系统”“开放社会经济信息采集与服务系统”建设，持续建设“综合科技信息集成登记系统”“重要会议开放资源采集与服务系统”，共登记 10 800 条综合资源，采集组织 31 000 篇会议论文、10 000 条社会经济信息资源、49 000 个国内外高质量课件，以及超过 2000 种 OA 期刊，并逐步开始在中科院多个研究所、各类信息平台得到利用。提出开放资源建设规范指南，为中科院和全国的开放资源建设提供支持。

继续巩固发展国内唯一的国外现期数字科技文献长期保存系统，牵头建设国家数字科技文献长期保存体系。科技态势自动监测平台服务已在“科技战略与政策”“空天科技”“资源与环境”“能源科技”“信息科技”等 5 个领域使用，逐步成为情报人员的可靠工具，覆盖文献中心及中科院研究所 19 个情报团队以及 3 个国家重大专项。自主研发的中国科学家在线系统（Chinese Researcher ID）已在中科院和国内 20 多个重点高校开始推广。全院统一图书馆自动化系统开通到院所 12 家图书馆，集约化的图书馆工作和服务联盟初具规模。正式推出中科院集成信息平台 CAS-IIP3.0，可视化分面集成检索平台和“移动版文献情报服务平台”已进入测试阶段。

4. 面向国家和区域的战略性信息服务全面深化

持续加强对国家科技创新体系和区域科技创新与发展的科技信息服务，不断引领科技文献服务创新发展。

持续推进科技信息开放获取。关于国家科研计划项目论文开放获取的政策建议得到国务院领导批示，建制化参加中科院、基金委的相关政策研究。参与中科院推进全球研究理事会开放获取行动计划，牵头承担该行动计划实施情况的全球评估工作。长期牵头推进中国参与国际高能物理开放出版资助联盟，作为 SCOAP3 国际指导组和技术工作组的中国代表及中国国家联络点，协调组织国内图书馆参与 SCOAP3。2013 年争取到科技部支持，由 NSTL 代表中国正式参加 SCOAP3 并全额资助相关费用。自 2014 年 1 月起，SCOAP3 正式实施，全球高能物理领域一半以上高水平论文实现开放获取。中科院机构知识库体系继续高速发展，覆盖 103 家研究所，存储科技成果 52 万余份，累计下载超过 1411 万篇次，2013 年下载 797 万篇次，同比增加 51%，首次发布热门下载论文排名，已成为全球科研机构中最大的、使用最为活跃的科研成果共享系统。

继续率先组织或牵头组织有重大影响的学术与宣传活动。成功举办两届中国开放获取推介周、两届“中国机构知识库学术研讨会”，继续牵头组织“中国图书馆馆长与国际出版界高层论坛”和“学科化服务主题论坛”等大型学术交流活动。

正式成立有17家省科院参加的“全国科学院联盟文献情报分会”，与14家省科院签订战略合作协议并挂牌成立文献情报共享服务站，基础服务全面覆盖，并与部分省科院联合开展行业发展态势、区域科技与经济发展战略等分析，开始与省科院协同建立科技战略研究中心。积极布局与区域创新体系的建制性合作，完成或启动多项高层次战略研究。院中心深入推进与中关村管委会的合作，完成“中关村高端人才基础情况评估研究”课题研究，与海淀园、天津、唐山签订合作协议，与中创春雨科技孵化公司合作开展面向科技创新和创业早期项目的知识服务与咨询。兰州中心重点推进与甘、青、宁、新等省区的地方政府、企事业单位的建制化合作，承担金川公司“金川镍钴新材料产业发展路线图及循环经济发展战略研究”，与乌鲁木齐经济技术开发区管委会、青海省科技厅建立合作关系。成都中心深化面向技术转移与区域创新的信息平台建设，包括“中国科学院（四川）科技成果转化信息服务平台建设”“四川省工业企业技术创新成果信息平台”“面向区域产业创新发展的知识服务平台建设”等，与地方共建了“天府生命科技园信息中心”“中国科技城技术转移信息中心”等。武汉中心继续推动对高新技术区企业服务，协同湖北育成中心共同推动生物城信息中心、产业技术分析中心的有效运作。与武汉高科医疗器械园、中国光谷激光产业基地等产业园达成情报咨询服务合作协议，完成了湖北省科技厅“湖北省公共技术服务平台建设模式和运行机制研究”、《湖北省激光产业发展规划》《湖北省基础研究调研报告》等多份高水平分析报告。

5. 新型知识交流与传播服务平台建设探索前进

启动改造空间、创新服务模式，发挥综合效力，促进知识交流、文化传播、科技出版和档案工作服务水平的提升。

进行空间改造，建设智慧中心，为新服务拓展创造条件。同时，深度挖掘馆藏资源，引入各方力量，丰富常规服务工作，组织书展、开设服务讲座、组织先进知识工具体验等交流活动。全中心协同以内涵丰富、形式灵活的科学文化传播服务和产品服务社会公众，社会影响力不断扩大。年均组织和承接各类科学文化传播活动290场，直接受众10万余人次。连续承办“中科院科技创新年度系列巡展”，在北京、西安等地进行实体巡展，在成都、兰州、武汉、上海、广州等地进行图片巡展，直接受众达50多万人次。“科学文化传播平台”正式上线运行。“院士文库”已收集112位院士资源到馆。荣获2013年“全国科技周”优秀组织奖，荣获中国科协“全国科普教育基地”称号，入选2013年北京市科普先进集体，院中心承担的北京分院创新文化广场被评为“中央国家机关十大学习品牌”。

原隶属于文献情报中心的中科院档案馆，调整职能定位和运行机制，成为院办公厅直接领导的管理型非法人单元。馆藏档案数字化项目及二期进馆档案数字化试点工作都完成预期任务。召开2013年全院档案业务培训会，进一步提升全院档案人员的业务水平。

全馆17种期刊运营平稳，期刊质量不断提高。在国家层面发挥引领示范作用，连续牵头完成中国科协委托的《中国科协科技期刊发展报告》，出版《中国科协优秀国际期刊案例》和《中国科协精品科技期刊案例》。《中国科技期刊研究》由双月刊转变为月刊。《图书情报工作》《中国文献情报》等期刊率先施行“开放获取政策”。

三、展望未来

2014 年是落实“一三五”规划重大产出的一年，是探索有效支持“四个率先”新服务、新机制的一年，也是面向“十三五”启动战略规划的一年。面对当前形势，一方面要继续做好各方面基础工作，一方面要聚焦“一三五”重点突破，狠抓重大产出，为科技创新做出新的重要贡献，同时还要开展“十三五”规划预研，探索支持“四个率先”的新服务、新机制，为文献中心继续快速发展打下基础。

——战略情报研究服务方面。要着重抓住中科院建立国家科学思想库体系的重大契机，成为国家科学思想库的重要建制化力量：大力建设快速反应的重大问题发现、遴选、分析和报告机制以及相应的激励与评价机制，建立针对跨领域重大问题的集团研究机制，大幅度提高对国家和院科技决策的直接贡献力度；以“科技决策知识服务平台”为抓手，初步实现重大态势研判、重大前沿遴选、竞争力全向评估、优秀人才遴选等的集成分析能力，继续夯实情报监测、集成服务以及工具平台，成为国家科学思想库的基础数据与工具平台；继续加强重要战略研究产品的编制与出版，在多个问题领域或学科领域形成一批有自主知识产权的、有持续重大影响的战略情报产品。同时，积极根据院机构改革的新布局和重大先导专项等的新调整，调整和深化战略情报服务，继续加强面向国家和院科技决策的支撑服务，巩固嵌入先导专项和重大专项的情报服务机制。

——研究所一线知识服务方面。要着重落实研究所一线文献情报服务向知识服务的转型发展：高质量完成研究所学科情报服务和群组知识环境服务二期建设，全面推进三期建设，组织启动四期建设，实现多数研究所文献情报机构形成有效的知识服务能力，为“十二五”期间基本实现一线知识服务能力转型打下坚实基础；结合研究所“一三五”评价和“十三五”规划，策划组织面向研究所重大突破和规划布局的战略知识服务，提升知识服务贡献力；推广包括科研态势分析和数据管理能力在内的新型信息素质教育，继续组织开放创新大赛，创新支持高水平创新人才培养的服务模式；积极试验基于用户的面向全形态知识内容的科研知识管理服务模式，开辟适应数字科研环境的新型服务内容和服务机制。同时，继续抓好面向研究所的普遍信息服务，完成新一批研究所的文献保障分析规划，深化和优化针对重大项目、重要实验室和课题组的服务。

——数字知识基础建设方面。要着重加快开放资源服务能力建设，形成可靠权威的开放资源集成服务系统，开放获取期刊采集服务系统和开放课件采集服务系统进入服务运行，开放社会经济信息资源集成服务扩展到较多领域；完成 Chinese Researcher ID 的初步推广应用，实现 iAuthor 系统的试运行服务；完成国家数字科技文献资源长期保存系统的示范应用系统建设；进一步扩大科技态势自动监测系统的服务范围；提升机构知识库的开放度，试验运行非文本资源的存缴和管理，普及机构知识库知识分析功能，巩固和深化中科院机构知识库的引领示范作用。同时，继续夯实科技文献建设，积极预判和前瞻应对出版市场的持续变化，加强对研究生教育的文献支撑；显著扩大统一自动化系统的应用范围，实现可视化分面集成检索系统的有效服务。

——国家和区域信息服务方面。要着重围绕院“科技服务网络行动计划”，深化与省级科学院的合作，在普及文献资源共享服务的基础上，围绕省级科技发展规划、产业技术分析服务、科研成果转移转化等重大需求开展建制化知识服务，试验和培育科技战略与政策服务；同时，继续推进文献中心承担的科技部重大专项任务建设，持续做好 NSTL 服务工作和发展支撑工作；继续深化与地方政府、高新园区和重要机构的文献情报服务合作，培育可持续的和有重大影响的建制化服务机制与战略服务产品。要着重抓住全球研究理事会 2014 北京峰会的机会，做好 GRC 开放获取行动评估工作，并针对国家需求在开放获取、科研数据权益管理等方面组织重大政策咨询建议；同时，继续组织有重要引领作用的重要学术活动。

2014 年，将结合支持中科院“率先行动”计划，结合应对科研教育环境和信息交流环境的持续变化，开展面向“十三五”的预研，规划重要领域的新目标和新战略，设计提出支撑“四个率先”、服务三个一线的新任务和新机制，为“十三五”持续跨越发展奠定基础。

中国科学院文献情报中心

吕秋培

中国科学院武汉文献情报中心

一、总体概况

中国科学院武汉文献情报中心(湖北省科学图书馆)是中南地区最大的科技图书馆和技术力量雄厚的信息中心以及中国科技网(CSTNet)武汉网络分中心,是中国科学院武汉科技查新咨询中心和湖北省查新咨询服务分中心。中心重点服务于能源、新材料和先进制造、生物安全及长江流域资源与环境等学科领域和中科院中南地区研究所的科研创新。建设了“湖北省科技文献信息服务中心”。与中国光谷共建了“东湖高新技术开发区文献信息中心”,与湖北省产业与育成中心共建“产业技术分析中心”,支持湖北省科技规划的制订和地方科技文献平台建设。

武汉文献情报中心现任主任钟永恒,党委书记陈丹,副主任刘德洪、王卫兵。2013 年在职职工 132 人,其中,高级职称 27 人,博士 12 人,硕士生导师 6 人。国际图书馆协会联合会参考咨询及信息服务专业组常务委员 1 人,湖北省图书馆学会副会长 1 人,湖北省信息协会常务理事 1 人。

中心阅览楼和书库面积 10 000 平方米,信息资源丰富,截至目前,馆藏文献 235 万册;其中,中文现刊 10 000 多种,外文现刊 9000 多种,外文数据库 84 个,中文数据库 9 个,自检数据库 12 个,专业门户网站 15 个。中心坚持全年 365 天 8:00—21:30 开门服务,全部馆藏面向社会开放服务,形成“查、阅、借、藏”一体化模式。

二、发展状况

1. 科研一线服务能力建设

中心组建的学科馆员团队为武汉、南京、苏州、广州和深圳的 25 个中科院研究单元提供学科咨询服务,服务方式包括:普遍服务——解答文献信息咨询、培训文献信息用户等;知识服务——深入课题组,跟踪研究动态,开展文献信息调研,提供专题信息服务;特色服务——协助建设科学数据库及机构知识库,参与制订研究所学科发展规划和资源保障计划等。2013 年,举办信息素质教育培训 97 场 1680 人,解答用户咨询问题 7371 个,查找文献 5589 篇,提供知识服务产品 58 份,为各研究所搭建学科组网络平台 37 个,协助研究所维护 57 个,组织研究所申请新增能力项目 14 项,获批 8 项,完成 9 个研究所的资源保障分析。

2. 科技决策支撑能力建设

中心围绕新能源、新材料与先进制造、生物安全等领域开展情报监测、态势分析、专利分析、标准分析等,针对中科院、国家的重大目标和需求,为国家、中科院和地方提供重要的情报研究服务,多份报告被中央办公厅、国务院办公厅采用,受到国家领导人的批示。

2013 年,中心策划并推出了年度重大战略研究产品《材料发展报告》《先进制造发展报告》《先进能源科技发展报告》《生物安全发展报告》,与已有的《先进能源科技研究动态监测快报》《先进制造与新材料科技研究动态监测快报》《先进能源科技研究动态监测快报》《生物安全科技研究动态监测快报》《标准化信息快报》《国际重要能源信息专报》《能源与科技参考》《制造与材料战略参考》和《学科领域国际发展态势分析》等系列情报产品在新材料、先进制造、先进能源和生物安全领域形成了年度性、综合性、战略性重大产品系列布局。

中心深度参与中国科学院和国家多项重大战略研究咨询活动:参与国家能源局“能源科技创新总体战略研究”课题,完成《国家能源材料发展指南》编制工作;应能源局要求开展了美国能源示范工程、钍基熔盐堆等调研任务;联合申请的国家发改委“全球可再生能源发展展望研究”课题获得立项,承担“全球可再生能源技术发展展望研究”任务;参与科技部《二氧化碳利用技术评估报告》《第三次气候变化国家评估报告》部分章节编写工作;参与中科院 4D 打印调研工作;应中科院院办公厅要求参与了院应急预案的制定工作;参与中科院文献情报新增能力项目“影响经济社会重大体系的战略性科技问题分析——以先进材料与绿色智能制造体系为例”;参与我国高等级生物安全管理条例的制定;参与中科院研究所国际同行评估工作,完成 2013 年度 15 个试点研究所国际评估专家质量控制研究;承担中科院条件保障与财务局的工作任务《中国科学院标准化工作战略分析》,完成《中科院标准化工作发展战略分析研究报告》

3. 信息系统知识服务能力建设

中心对中科院群组知识平台需求开展深入研究,构建了支持科研过程中各类科技信息资源管理与利用的专业领域知识环境平台,如 IIP、SKE 等,已被 50 多个研究所采用,2013 年,中心推出中科院集成信息平台 CAS-IIP3.0;完成了“STKOS 科技知识组织体系共享服务平台”“科技与经济情报信息监测分析系统”“集成各类动态信息的定制化通报工具”“机构知识管理平台”“开放社会经济信息集成揭示与服务系统 OSE 平台研发”以及“煤炭领域科技信息监测分析系统 V2.0”等信息系统的研发。

中心作为中国科技网武汉分中心,承担中国科技网武汉地区科研网络运营与管理的职责。通过 2.5G 高速接入北京的中国科技网总中心,为中科院武汉各研究所使用千兆光纤提供网络服务。

4. 面向国家与区域的支撑服务能力建设

(1)参与建设全国科学院联盟,服务省市科学院。武汉文献情报中心积极响应中科院建设全国科学院联盟的号召,加强对地方科学院的合作与服务的工作部署,先后与安徽省科学院、武汉市工程科学技术研究院和湖南省科学院签订了“文献情报服务共享”合作协议。根据协议,双方将联合共建“文献信息共享服务站”,共享文献情报资源。此外,中心将为各省科学院培养科技情报人才,提升科技情报服务水平,支持各省科学院的科技决策和科技创新。协议签订后,中心迅速组织多个部门的馆员,为三省科学院开展各类信息服务,建设相关信息服务平台,提供情报信息资源共享服务,对省科院科技创新起到积极的推进作用。

(2)产业技术分析中心建设取得新进展。武汉文献情报中心与湖北育成中心共建产业技术分析中心、生物城信息中心取得新进展。2013 年,产业中心与武汉高科医疗器械园、中国光谷激光产业基地等产业园达成情报咨询服务合作协议,完成湖北省科技厅“湖北省公共技术服务平台建设模式和运行机制研究”、《湖北省基础研究调研报告》等多份高水平分析报告。服务高新区产业规划,为东湖高新区光谷激光产业基地及多家激光企业提供《湖北省激光产业发展规划》;与武昌船舶重工有限责任公司合作项目“舰船曲面分段柔性生产线关键技术研究”和“浮式生气储卸油装置关键技术研究”,为中国船舶制造技术的研发与创新提供服务;为华大基因、嘉吉烯王、中科光谷等企业提供多份产业技术分析报告。

(3)拓展 NSTL 服务站服务,支持产业发展

2013 年,中心在充分利用 NSTL 和现有信息资源的基础上,不断拓展 NSTL 东湖服务站的创新服务模式,持续走进东湖高新区企业及园区企业开展各项信息服务,高质高效支撑区域科技创新和企业发展,荣获 NSTL“2011 年服务进步二等奖”和“2012 年特殊贡献奖”。

5. 信息服务能力建设

中心正式上线集成信息服务平台——能源行业开放社会经济信息集成揭示与服务系统(简称 OSE,网址:http://ose. whlib. ac. cn),先期涉及领域——能源行业新能源汽车和太阳能综合利用。

中心 NSTL 东湖服务站的用户不断增加,区域辐射力度不断加强,2013 年文献服务总申请量增长了 14%,满足率为 96. 46%,为 3 省科学院提供文献信息保障服务和信息需求服务。完成阅览室布局合理调整,进一步强化报纸上架下架的流程管理,协助开展网络巡展与科普活动。

中心的查新检索中心继续品牌提升战略,各项业务工作较上年均有较大增长,特别是面向地方区域服务以及兼职人员参与方面,数量与质量均创历史新高,受到用户广泛好评,实现社会效益和经济收入双丰收。

6. 稳步推进科学传播和出版工作

中心作为“湖北省科普教育基地”“武昌区全民阅读示范基地”,致力于建设成为在区域内具有较强影响力的科学文化传播中心。2013 年,中心积极参与和组织开展湖北省科技周活动、图书馆宣传周活动、武昌区科普日活动、全国科普开放日活动、世界读书日活动、“美妙的小宇宙”青少年科普活动以及“请给他们一个家”环保系列讲座等。自主设计制作主题展览《二氧化碳的捕集、利用与封存》《公共卫生综合科普图片展》,在多地进行展出。

由中心主办的《长江流域资源与环境》入选“2012 中国国际影响力优秀学术期刊”,在第三届《中国学术期刊评价报告》(2013—2014 年)中,被评为“RCCSE 中国权威学术期刊”。

7. 人才队伍建设

截至 2013 年年底,中心在岗职工 132 人,博士 12 人,硕士研究生 74 人,其中 2 名期刊出版领域引进优秀人才,3 名院青年创新促进会会员。学历结构不断优化,年龄结构不断年轻化:硕士学位及以上人员占在岗人员 65%,35 岁及以下青年人员占在岗人员的 63%。高学历人才正逐步根据创新发展的需要,向情报研究、学科馆员、信息服务等核心业务领域和“产业技术分析”这样的新的业务增长点富集,有效保障创新业务深入开展。

2013 年,中心全年在研项目 33 项。出版专(译)著《纳米》《图书馆战略规划研究》《可持续能源:事实与真相》3 部,发表国内外学术论文 36 篇。积极创造条件,推进业务骨干出国访问交流工作,促进对外交流。中心职工参加各类学术会议 200 多人次。

三、展望未来

中心将继续加快服务转型,全面形成科学决策一线、科技创新一线、国家区域发展一线的知识服务模式;着力建设数字化、网络化、移动化、大数据时代的知识服务核心能力;着力建立起具有重大影响的团队核心产品体系;强化将帅人才的吸引与培养,优化人才队伍建设,推动发展面向国家与区域的重点战略服务能力,为全面实现“十二五”发展目标奠定可靠基础。

1. 着力提升面向战略决策的情报服务能力

以推进中科院战略性科技先导专项服务和凝练重大产出为工作基本点,争取建制性参与并扩大先导专项、服务国家、院和区域战略研究及咨询活动,并持续开发核心竞争力产品,奠定可持续发展基础。采取多项扎实推进相关先导专项情报研究与服务,重点做好面向低阶煤先导专项和页岩气先导专项情报研究支撑工作,争取参与即将启动的新材料先导专项;根据中科院管理机制改革新形势,研究和落实面向新管理布局的战略研究支撑模式和重大产出,切实做好各项重点项目的情报研究工作。

2. 全面推进一线知识服务转型发展

持续做好面向科研一线的学科化普遍服务,不断提高服务覆盖率;持续做好知识服务策划与产品体系建设,充分发挥学科化服务在面向研究所“一三五”及创新发展中的推动与支撑作用;进一步加强团队建设,根据学科特点建立面向任务的专业化服务团队;强化学科馆员个人优势特色能力建设,根据团队成员能力特点,部署个人专业化发展方向;充分发挥骨干人员在学科化服务中的引领带头作用;积极开展相关理论研究,不断开阔视野,重点开展知识服务工具、方法、技术的学习与应用,以推动学科化服务创新。

3. 持续深化面向国家与区域的战略性信息服务

围绕院地合作和区域发展需求,结合国家平台和地方平台建设,集成各方信息资源,继续深入开展院省合作,推进生物城信息中心建设,努力拓展政府、科研机构与企业用户,发挥武汉分馆的示范引领作用。加强产业经济数据库、服务平台、监测信息、咨询平台的建设,有机嵌入湖北省中小企业服务网络,形成对光谷生物城、国家自主创新示范区、武汉市、湖北省的有效竞争情报服务支撑,结合中科院研究所的科研成果转移转化和产业化需求,形成辐射服务全国的产业技术分析服务。

4. 持续开展特色资源建设

继续围绕武汉文献情报中心专业领域知识服务中心和区域信息服务中心定位,建设能源、新材料、先进制造、生物安全、社会经济技术等特色信息资源，增强保障能力。

在目前能源行业开放社会经济信息集成揭示与服务示范系统上，加强建设工作流程化、标准化建设，快速拓展行业覆盖面与信息资源量，以产品化、市场化机制打造武汉分馆资源建设核心竞争力，形成可持续发展能力。

5. 积极开展知识服务平台的研发与应用

结合群组平台三期技术支持服务工作，面向科研活动全过程，深挖用户需求，通过新技术发展知识服务工具建设，发展 CASIIP 和 XKE 系列的知识服务能力，推进 STKOS 科技知识组织体系共享服务平台接口子课题在示范系统的应用建设。

研究与发展领域社会化媒体建设；加强云计算下的科研知识服务的研究与应用；服务 973 项目组“我国自然宿主及媒介昆虫病毒病原数据库及资源库”科研一线；加快科技云文献监测分析研究，服务中科院先导专项；通过 OSGi 动态模块系统实现系统功能模块化设计与应用，分阶段、按规划形成核心产品。

中科院武汉文献情报中心
陈妮娜

中国科学院兰州文献情报中心
中国科学院资源环境科学信息中心

一、概述

2013 年，中国科学院国家科学图书馆兰州分馆（现中国科学院兰州文献情报中心）坚持大数据开放信息环境下的科技信息和知识集成服务机构、资源环境科技战略研究与决策咨询服务机构的发展定位，坚持建设国内领先、国际一流的开放型科技信息与知识集成服务、科技战略研究与决策咨询知识服务体系的发展目标，以提高知识服务的产出质量和贡献为中心，全力推进单位“一三五”发展规划的深入实施，抓好知识服务的成果产出，大力提升知识服务的效果，着力建设开放知识服务创新人才队伍，加强知识服务学术研究与能力提升，构思先进的知识服务发展模式，加强规范管理和科学管理，加强党建与创新文化建设，在发展开放知识服务业中努力发挥引领示范作用，努力实现知识服务发展的新跨越。

二、发展状况

1. 年度重点工作

面向科研决策一线的决策咨询服务：

（1）参加院重要战略研究工作《科技发展新态势与面向 2020 年的战略选择》。

（2）积极开展科学前沿、热点科学问题和社会关注焦点问题的决策咨询研究工作。提供多份得到院及国家采纳的重要决策咨询建议报告。

（3）主要承担完成院前沿与教育局战略研究委托任务《中科院地球科学领域学科建设分析报告》。

（4）承担组织和编辑出版院科学与社会系列报告《2013 科学发展报告》。

（5）组织部署和参加主编出版国家科学图书馆重要战略情报研究报告《国际科学技术前沿报告 2013》。

（6）组织翻译出版《气候变化再审视——非政府国际气候变化研究组报告》。

（7）承担中科院—基金委学科发展战略研究委托任务“关键带研究发展战略分析”。

（8）承担的中科院先导专项“碳专项”课题“区域碳排放与减排配额”和“国别排放与政策分析数据库”，建成“中国气候变化信息服务平台”（www. globalchange. ac. cn）；参加第三次《气候变化国家评估报告》撰写工作；发表期刊论文 11 篇，完成咨询报告 3 份。

（9）与澳大利亚墨尔本大学澳中水资源研究中心合作，主持承担了国家自然科学基金黑河流域科学计划重点项目，开拓了水文化水政策与水环境变迁耦合研究的新方向。

（10）承担了中科院先导专项“海洋专项”战略研究任务。

(11)承担国家科技专项“大型油气田及煤层气开发”专题任务,完成了《盆地深层条件下流体物理化学性质、相态系统及其油气成藏效应》研究报告。

(12)争取承担了中科院“页岩气”先导专项的战略研究任务。

面向科研一线的学科知识服务:

(1)深入开展研究所知识服务需求调研。与中科院西北高原生物所、盐湖所、寒旱所、海洋所、兰州化物所等研究所的领导召开服务座谈会等,深入沟通,了解服务意向。

(2)持续夯实资源保障服务和常规信息服务。不断完善联合协同服务机制,组织完成8个研究所的资源保障分析报告,报告中的建议在某些研究所已被采纳并取得一些显著的效果。通过网络服务和到所服务等多种形式,为研究所科研人员提供文献利用培训指导、资源与服务宣传推介、用户需求调研等普遍服务。

面向区域发展一线的区域信息服务:

根据单位“一三五”发展规划,研究制订了《兰州分馆 2013—2015 年区域信息服务(院地合作)规划》。积极组织策划跨部门、跨单位的联合与合作,推进与甘、青、宁、新等省区的地方政府、科研机构、高校、创新型企业等重点服务对象建立长期的建制化的合作关系。

推动传统优势服务业务持续发展。

知识管理与信息系统开发:

(1)“开放知识资源登记系统”功能完善并开展服务。

(2)继续加强网络基础设施建设、信息化与信息安全建设。

数字期刊发展:

继续稳步提升学术期刊质量和办刊资源争取能力。高质量地完成了《地球科学进展》(月刊)、《遥感技术与应用》(双月刊)、《天然气地球科学》(双月刊)、《黄金科学技术》(双月刊)等 4 种刊物全年 30 期的编辑出版任务。

2. 改革创新举措

(1)加强知识服务创新人才队伍建设。按照大力发展知识服务的新要求,围绕业务布局和团队岗位布局的调整,招聘了 7 名硕士青年人才,引进 1 名急需管理人才。在岗职工队伍中,35 岁以下人员占 47%,博硕士学位人员占 56%。在岗业务人员队伍中,博硕士人员占 69%。目前有 2 人在职攻读硕士、6 人在职攻读博士。

(2)加强学术能力建设。继续本着以学术研究促进知识服务、以知识服务带动学术研究的工作思路,推动业务人员持续加强学术研究能力建设,促进高质量学术研究成果的产出。全年公开发表论文共 60 篇,达到历史最高水平,其中 SCI 论文 1 篇。出版专(编)著 4 部、译著 1 部。获甘肃省科技情报学会科学技术奖一等奖 1 项。

全年共组织专题学术会议、专题学术论坛、专题培训、讲座等 7 场次,并参加国家科学图书馆总馆、兰州分馆、中科院相关部门组织的各种培训 1073 人次,派出参会 79 人次,参加视频培训 275 人次。

(3)规范管理。探索建立面向知识服务重要产出的评价机制,不断改革完善内部评价机制,在全馆树立以支撑创新的成效和贡献为中心的价值观、绩效观和管理机制。

持续推进科学规范的一流管理,进一步推进和完善了各种管理决策和咨询机制,形成了重大事务有规范的议事程序,日常管理事务有规章可循的规范的管理环境。

(4)创新文化。开展知识服务推广与科学文化传播,成功组织“我心中的知识服务”活动。科学文化传播活动不断丰富扩大。

加强党建和创新文化建设。认真组织学习贯彻落实党的十八大精神、十八届三中全会精神和习近平总书记系列重要讲话精神,严格执行中央“八项规定”及中科院党组“十二项要求”,制定了兰州分馆《贯彻落实改进工作作风密切联系群众有关规定实施细则》。

结合党的群众路线教育实践活动,切实解决一些突出的遗留问题。廉洁从业风险防控工作取得重要进展。充分发挥党委、党支部、部门、工会、职代会、团总支、妇委会等组织的作用,采取有效措施,推进和谐单位、和谐部门建设。

3. 科研项目争取

狠抓发展的资源建设,重点加强了科技战略研究、知识服务、知识管理、科技期刊、区域信息服务等多方面、多层次的资源争取工作,项目争取力度不断加强,项目资源争取能力逐年提升。2013 年全年新增各类研究项目和服务课题 26 项,其中国家级项目 2 项、院级项目 2 项、院内外委托项目 12 项、国家科学图书馆项目任务 10 项。

三、特色资源与特色服务

1. 知识管理与信息系统开发

承建的中国科学院机构知识库网格(CAS IR Grid)2010 年起全面推广,促进了全院研究所知识资产的有效保存和广泛利用,推动了高端科研成果的开放共享。

2. 数字期刊建设

全面启动建设“资源环境科技期刊集群建设试点”,初步建成了“资源环境科技期刊集群”(LORES)平台。

3. 区域信息服务

(1)承担开展研究所“一三五”规划评估评价和深层次咨询服务。

(2)积极组织策划跨部门、跨单位的联合与合作,推进与甘、青、宁、新等省区的地方政府、科研机构、高校、创新型企业等重点服务对象建立长期的建制化的合作关系。与甘肃省科技情报研究所、甘肃祁连山水源涵养林研究院等签订了战略合作和信息服务协议,与兰州新区管委会、科教园和软件园建立了服务联系。继续巩固和深化了与兰州大学、西北师范大学、石河子大学图书馆的合作关系。积极开拓面向新疆乌鲁木齐经济技术开发区、面向青海省盐湖资源企业、宁夏科技型企业的知识服务。

(3)面向甘、青、宁、新科技创新单元提供深层次知识服务产品。积极推进中科院科技促进发展局和金川公司合作项目“金川镍钴新材料产业发展路线图及循环经济发展战略研究”,完成相关研究报告 19 份。

积极组织开展面向乌鲁木齐经济技术开发区(头屯河区)管委会及区内相关科技型企业的个性化知识服务。针对八一钢铁集团转型发展的需求,组织开展了汽车用钢专题调研。

针对青海省科技厅产业科技战略决策需求，组织完成了《盐湖镁锂提取技术国际发展态势分析》报告，并在由中国科学院科技促进发展局、兰州分院和青海省科技厅联合举办的“盐湖资源和油气资源技术对接会”上进行了交流。针对一些用户提出的反馈意见，进一步调研并完成了《盐湖锂镁分离提取技术中微观分析》《食品级氯化镁市场及产品升级概述》《盐湖专用设备调研报告》《盐湖钾锂镁产业主要竞争对手扫描》等产业发展咨询报告。

联合宁夏农林科学院图书馆，共同面向该院的“枸杞种质创新与遗传改良研究”团队开展嵌入重大研究项目的情报分析服务。完成了《枸杞研究国际态势分析》和《国内枸杞研究态势分析》报告。

加强面向甘肃、陕西省科学院的知识服务，在为科研人员提供基本科技文献保障和专题检索服务的同时，完成《甘肃省科学院科技竞争力分析报告》和《陕西省科学院科技竞争力分析报告》2 份报告，为陕西省科学院西北生物农业中心编发生物农业快报 5 期。

四、展望

2014 年工作发展思路如下：

1. 认清发展形势和挑战，切实把握发展机遇

主动积极监测国际科技知识服务领域的发展新动态和新趋势，全面认识和把握实施创新驱动发展战略对科技创新和知识服务业提出的新挑战，深刻认识中科院“四个率先”发展对科技战略研究与知识咨询服务的新要求，坚持以用户为中心，树立创新开放知识服务的新思维，树立以支撑科技创新的成效和贡献为中心的价值观、绩效观，以“重新思考、重新定位、重塑发展、优化队伍、重组结构、不断创新”的“6R 战略”，主动适应信息环境的新变化，适应知识用户不断发展变化的新需求，不断明确单位和部门发展的新定位、新目标和新任务，迎接发展挑战，把握发展机遇，再造发展优势。

2. 面向和融入国家和院重大项目，开展战略研究与咨询

深刻把握和实践专业型、计算型、战略型、政策型、方法型“五型融合”的科技战略情报研究新范式，持续争取建制化融入国家和院重大项目开展战略研究和服务。努力做好承担的中科院“碳专项”“海洋专项”“页岩气专项”等重大项目的战略研究与决策咨询服务任务，不断做出有影响的高质量的战略研究产出。积极面向和融入中科院和国家的其他相关重大和重要研究项目，策划和承担开展战略研究与决策咨询服务任务，努力形成有重要影响的战略决策咨询研究报告产出。围绕国家和院“十三五”发展布局的需要，积极融入和承担开展有关学科和科技发展战略的前瞻研究任务。

3. 面向和围绕科技创新活动的需求，开展专业化知识服务

全面把握和实践面向需求针对化、学科领域专业化、融入科研过程全程化、服务小组团队协同化、支撑创新活动咨询化的“五化贯通”的学科信息服务新要求，继续深化推进馆所协同服务机制，努力为研究所“一三五”发展规划评估提供深层次、有重要咨询价值的学科知识服务与咨询产品。

面向区域科技创新体系发展的需求，继续培育开放协同的知识服务联盟和建制化服务机制，推进面向区域创新主要主体的专业化知识服务，推进不断产出有效支撑区域发展的集成知识服务案例和重要服务影响。面向知识管理与决策的需求，着力推进知识管理服务系统与平台的优化与完善建设，探索知识管理服务系统可持续开发与运行服务的有效机制。

4. 着力建设知识服务创新人才队伍

采取措施引进优秀人才，优化人才队伍结构，抓人才队伍建设，抓和谐部门和创新服务团队建设，用好现有人才，稳定关键人才，吸引急需人才，培养未来人才，特别是加大对现有青年人才的培养和激励机制，不断创新和完善促进人才成长和发展的政策机制。不断改革完善内部评价机制，明确知识服务的重要产出的激励导向，完善知识服务绩效考核评价办法、知识服务重要产出奖励办法等，强化形成以知识服务的重要产出为导向的评价和激励机制，激励和促进优秀知识服务人才的成长和脱颖而出。

5. 加强科学规范一流管理

全力推进单位"一三五"发展规划的落实，细化"一三五"规划的具体任务和落实责任人，明确实施目标和考核依据，推动规划内容的落地和见效，促进知识服务的突破发展和转型发展。以矩阵式的业务分工与工作管理理念，推动部门建立和完善工作组织机制，规划、组织业务人员的能力布局和任务布局，促进开放知识服务团队的建设和业务发展，向科学管理要业务发展效益。采取有效措施，大力推进学习型、创新型、贡献型部门和知识服务团队建设。

进一步完善规章制度，进一步规范修订经费管理、设备资产配置管理等规章制度，明晰管理权责和办事流程，加强风险防控建设。继续坚持加强和完善部门合同任务书和月度工作计划管理与评价机制。

6. 加强党建和创新文化建设

围绕中心、服务大局，认真组织学习贯彻党的十八届三中全会精神，加强学习型、服务型、创新型党支部和党委建设，贯彻"要在学习、重在服务、贵在创新"的理念，充分发挥党支部和党委在促进和谐创新单位、和谐创新部门建设，促进知识服务业深入发展中的战斗堡垒作用和政治核心作用。加强中层干部队伍建设，扎实推进创新文化建设、党风廉政建设等工作。

落实党的群众路线教育实践活动的一系列要求，切实改进工作作风、密切联系群众。抓好党的群众路线教育实践活动的整改落实、建章立制工作，以制度建设和流程管理为核心，扎实推进廉洁从业风险防控工作，保证单位各项工作的顺利开展。

中国科学院兰州文献情报中心

中国科学院国家科学图书馆成都分馆

2013 年是中国新一轮改革的元年，党的十八大提出“要始终把改革创新精神贯彻到治国理政各个环节”。十八届三中全会审议通过《中共中央关于全面深化改革若干重大问题的决定》，进一步对全面改革进行部署。7 月，习近平总书记在视察中国科学院时提出了“四个率先”的要求，进一步强调科学院要率先实现科学技术跨越发展，成为国家创新人才高地、国家高水平科技智库和国际一流科研机构。中国科学院为响应改革号召，提出建设“科学、协同、规范、高效的机关”，率先进行院机关改革，按照创新需求，重组院机关并调整机关责任，以凝聚创新资源，提高创新活力。

中国科学院国家科学图书馆成都分馆作为中国科学院重要的科技文献情报机构，也是中科院科技智库的重要组成部分，担负着为国家、中科院提供科技文献保障和战略情报支撑的职责，同时也承担着支撑国家创新驱动发展战略实施和地方科技创新发展的重要任务。2013 年，成都分馆认真学习和贯彻党的十八大会议精神和十八届三中全会精神，紧紧围绕中科院改革与发展的战略需求，深入实施中科院“创新 2020”和成都分馆的“一三四”战略规划，加强战略研究，凝练发展目标，着力改革创新，实现跨越发展，持续推进业务和管理创新，全面强化特色能力建设，拓展服务外延，深化服务内涵，不断推进各项工作向前发展。

2013 年成都分馆在资源建设方面，改革资源采购与管理模式，在保障决策、科研、教育需求的基础上，围绕中科院机关及院属科研单位的改革需求，结合成都分馆特色服务能力，增加信息科技、生物医药、知识产权及产业经济相关文献资源的配置。在情报服务方面，改革和调整情报支撑对象及服务模式，将支撑重心由院决策层转向一线科研团队、重要课题组，重点针对国家和中科院的“十三五”科技规划、信息化规划、战略先导专项、“863”项目等提供专业的情报支撑。在学科化服务方面，逐步从提供基础的学科咨询服务，转向提供学科情报分析和初步的知识化服务，包括为研究所建设知识服务平台。在信息技术研究与服务方面，分馆在中科院网络中心的支持下，通过实施中国下一代互联网示范工程（CNGI），实现了 IPV4 和 IPV6 双链路连接，同时建设了中国科学院科学数据中心成都分中心。在编辑出版方面，《天然产物研究与开发》尝试运行国际先进的出版方式，蝉联年度“中国国际影响力优秀学术期刊”。《世界科技研究与发展》提高了选稿标准，改变了关注重点，向文章的数字化推广倾斜。

2013 年成都分馆的特色服务能力——知识产权信息研究与服务取得了长足的进展，中国科学院知识产权网和知识产权分析评议工作等两个方面都取得良好的发展。中国科学院知识产权网进行了全面改版，新增了政策与法律数据库。知识产权分析评议工作越来越得到院内外政府机关、科研单位和企业的认可，承担了国家、中科院及地方委托的知识产权分析项目。成都分馆的区域发展工作也得以快速拓展，按照立足西南、辐射全国的思路，与政、产、学、研等形成良好的合作关系。重点拓展了面向省科学院的合作与服务，在提高地方科学院资源保障和服务水平的基础上，延伸与地方政府机关、企事业单位的合作。

2013 年，成都分馆在文献情报领域的工作成效和影响力都有显著提高，但也存在一些问题，主要是支撑能力尚不能满足发展的需要，管理制度有待进一步完善和强化，内部沟通协调共享机制有待进一步加强。未来，我们将根据业务发展需要，不断推进“一三四”战略规划的实施，构建核心竞争能力，拓展和深化区域发展服务，加强人才队伍建设，完善管理和激励制度。

一、资源建设

由于中科院文献情报系统采用资源统筹采购和分散采购相结合的方式，成都分馆的资源分为集中采购配置、分散采购和自主建设3种方式。2013年，成都分馆在电子资源方面，开通外文全文数据库106个，外文文摘索引和事实工具型数据库32个，外文电子工具书和电子图书数据库8个，中文全文数据库9个，中文文摘索引和事实工具型数据库11个，多媒体数据库2个，重点针对服务对象的要求，增加了Scinfinder、Wind资讯和万方创新助手。在印本资源方面，新增外文图书1557种，新增中文图书3034种，国外报刊达到282种。

通过自建的“中国科学院重要会议开放资源采集与服务系统”，收集整理国内外重要会议的题录及报告，截至2013年年底，数据库已收藏计算机科学、生命科学、数学与统计、健康医疗和工业技术等领域的1.5万余场的会议信息，会议文献记录达到5万余条。

二、文献与学科化服务

2013年，成都分馆继续保持全年365天开馆，接待读者18万人次，图书外借6000余册次，文献服务咨询6000余次。研究交流室和电子阅览室共接待读者1.3万人次，终端使用机时1.8万小时（不含读者自带网络终端）。全年通过中国科学院数字图书馆（CSDL）系统发送全文请求628篇，发送全文10 503篇，接收请求满足率95%；通过NSTL订购全文3125篇；通过其他方式，提供全文2000篇。全年开展各类信息素质培训活动28场次，参加人员2000余人次。

2013年，成都分馆开展的学科化服务已覆盖西南、华东、华南的18个研究所和1个教育基地。成都分馆不断探索和筹划学科化咨询服务的手段和方式，如筹划了以知识服务工具为主线的年度宣传服务活动，在上海和云南这2个责任所相对集中的地区，组织开展了知识服务工具主题宣传活动；在深入研究所一线时，应研究所领导的要求，推出名为“支撑科研，服务创新”的图书馆咨询服务日活动。年度策划“你读书我买单”服务宣传活动，首次将互联网思维和手段与服务相结合，申请并启用微信公众账号，成为第一个“学科馆员”微信公众账号，引入活动平台二维码，将此二维码融入宣传海报中，此次活动得到了广大用户的认可，也获得了国家科学图书馆年度优秀单项奖。

2013年全年共开展到所服务253次，为345个课题组及3000余位硕博士研究生提供了服务，为用户检索查找文献3579篇，解答咨询问题7529个，提供专题信息检3293份，开展查新等服务65次，全年开展133场次多层次信息利用培训，培训3244人次。

三、特色资源与特色服务

成都分馆坚持将知识产权信息研究与服务作为特色和核心能力，长期重点建设和培育。主要工作分为 3 个方面：一是知识产权资源的建设与维护，二是知识产权分析方法、工具的研究与应用，三是知识产权服务的开拓与创新。

在知识产权资源的建设方面，重点加强了中国科学院知识产权网的建设，重点增加了知识产权法律法规数据和科技成果数据，完善数据种类和数量。在知识产权分析方法、工具的研究方面，重点丰富和完善了专利评估评价指标体系，重点培养利用社交网络、语义本体、TRIZ 理论、自动推理模型、可视化等分析工具开展专利信息的分析和挖掘，重点开展了促进科技成果转移转化的工具、平台的建设，逐步形成数据 + 平台 + 网络的特色能力格局。

在知识产权服务的拓展与创新方面，对内，在持续为院决策层提供全院知识产权分析报告和跟踪国际发展态势的基础上，拓展为战略先导专项提供全过程的知识产权信息服务，探索在专题领域和细分领域的深度专利分析，2013 年为战略先导专项提供的知识产权分析报告——《芯片微冷却关键技术知识产权态势分析》获得白春礼院长的批示。对外，继续加强与国家知识产权局的合作，并为其提供咨询动态报告；加强与地方政府机关、产业园区和企业的合作，重点与四川省知识产权局、四川省经信委、德阳市科技与知识产权局、成都市科技与知识产权局等以项目委托形式，开展合作，获得了地方政府和企业的良好评价。

四、情报研究与咨询服务

按照全院统一分工，成都分馆主要承担信息科技、生物科技领域的情报研究与咨询服务。成都分馆的情报研究服务的主要服务对象为科技宏观决策层、科技管理机构和科研创新单位，主要服务内容为科技政策与发展战略、学科发展趋势研究与分析、特定领域或专题的发展态势跟踪、高新技术领域的研发竞争格局、研发前沿及相关产品与市场的情报服务。

2013 年成都分馆在两个领域的情报服务任务全面完成，一是对中科院战略决策的信息支撑工作：为院重大任务局、发展规划局提供战略情报服务，为院信息化战略决策工作的顺利开展提供了系列情报产出，承担中科院 A 类先导科技专项“面向感知中国的新一代信息技术研究”子课题，获得 2014 年“863”计划子项目“基于科学文献的微生物领域知识挖掘与情报研究”；二是围绕工业生物技术领域开展科研创新评价研究：策划推出重大情报产品《中国工业生物技术白皮书》，开展了面向国家保密局的有关战略情报服务，发挥作为国家科技智库的重要作用。全年提供各类情报服务产品 125 份(期)，被中办采用 1 篇专报稿，被院办公厅采用 5 篇“对上专报”和“领导参阅”稿件，“领导参阅”获得白春礼院长的批示。

2013 年成都分馆在开展学科化情报服务方面，根据各责任研究所“一三五”规划，部署了面向研究所重大突破方向、先导项目、研究所战略部署与人才引进、技术产业化发展等方面的学科情报服务，为责任研究所搭建完成 17 个学科群组平台，完成 53 份学科情报产品。

五、新型服务拓展

成都分馆作为西南地区资源丰富的科技图书馆，承担着将中科院的资源优势、人才优势转化为地方创新驱动力。成都分馆按照立足西南、辐射全国的理念，全面拓展和深化面向区域的科技信息服务，逐步形成了政产研“三螺旋”的合作框架，在平台建设方面、咨询服务方面、省科学院服务、科学文化传播方面都取得了较为丰硕的成果。

在平台建设方面，拓展与四川省经信委、四川省发改委的合作，共建四川省工业企业技术创新服务平台；与绵阳市政府合作共建中国科技城技术转移（军民融合）信息服务中心；与西藏科技厅和西藏科技信息研究所保持合作，共建西藏科技文献共享服务平台和西藏特色产业转移转化服务平台；继续和四川省科技厅合作共建四川省科技文献信息资源共享服务平台；与成都市高新区天府生命科技园管委会合作，共建中科天府生命科技园信息服务中心；与成都天河生物医药公司合作，共建科技查新服务窗口。

在咨询服务方面，承担四川省知识产权局委托的“专利传播（四川）基地服务地方经济科技发展的前瞻性研究”顺利通过国家知识产权局专家组的验收；成都市科技局委托的项目“成都市轨道交通导航产业”已完成报告的编写；德阳市科技和知识产权局委托的项目“德阳市新材料领域知识产权战略研究”项目已顺利完成，并通过四川省知识产权局专家的验收。

在省科学院服务方面，先后与广西科学院、上海科学院、重庆市科学技术研究院等 3 个地方科学院签署“共享文献情报服务”合作协议，共建文献情报服务站。挂牌后，为地方科学院建立了信息服务站，并开通了 NSTL 免费资源、中科院联合目录系统、战略情报平台、专利在线分析平台等。分馆还通过开展用户座谈和培训、编写科技竞争力分析报告、协助省科学院服务战略扫描等开展信息服务。

在科学文化传播方面，推动本馆特色科普活动——“科学文化传播走进校园系列”巡展，先后在成都七中初中学校、西南科技大学、西南民族大学、电子科技大学以及成都技术学院等举办了科普展览，展出了成都分馆自制的西部特色科普展览“三峡工程”“科学认识冬虫夏草”等。与电子科技大学已经签订“科学文化传播联合巡展协议”，计划长期展出本馆展览活动。

六、年度科研项目与科技成果

2013 年成都分馆全年新增科研项目 36 项，延续性项目 12 项。其中新增项目中，包括“863”项目 1 项（子课题），院级项目 6 项（含重大专项 1 项），省级项目 2 项，横向项目 5 项，其他纵向项目 23 项。延续性项目包括国家级项目 1 项，院级项目 4 项，省级项目 2 项，横向项目 6 项。

2013 年成都分馆获得软件著作权 1 项。专利系列论文集获得四川省哲学社会科学优秀成果奖。

七、学术交流与研究热点

2013 年成都分馆持续加强国内外的学术交流工作。在院内，科研人员受邀在中科院专利价值分析培训班上授课，在知识产权专员培训班上授课并与参训人员进行交流。在国内，鼓励科研人员积极参加各类有重要影响的会议，鼓励与会人员提交学术交流文章并争取大会演讲，先后参加了第八届科学计量学与大学评价国际研讨会、The 2013 Conference on Artificial Intelligence and Data Mining（AIDM 2013）、第三届中国科研信息化发展研讨会等。在国际上，鼓励科研人员大胆走出去，学习先进的经验，先后派出访问学者 3 位（半年期），派人参加了 ISSI 2013、79th IFLA 等，邀请美国 Orrick 硅谷知识产权业务部高级律师刘铮来馆交流。

主要研究热点：知识产权分析评议、语义本体研究与应用、社交网络、科学计量学、数据挖掘分析。

八、科技网络支撑服务

成都分馆作为一个科技网络与文献情报服务相结合的文献情报机构，在科技网络建设与服务方面也承担重要工作。

在网络建设与维护方面，成都分馆作为中国科技网网络管理中心成都分中心，担负着科技网在成都地区的运行维护工作，为成都分院的 ARP 系统运行提供了优良的技术支持；通过实施 CNGI 项目，提高了网络软硬件水平，与北京网络中心实现了 IPV4 和 IPV6 双链路连接，带宽达到 2.5G；中国科学院科学数据成都分中心正式建成并开始运行，初期形成 100TB 数据存储空间。

在信息技术研究与应用方面，成都分馆充分利用知识科学与应用研究联合实验室的优势，在实验室启动项目“基于移动终端的文献信息资源智能推送系统”的基础上，与国家科学图书馆总馆信息系统部和总分馆学科馆员一起成功申请院文献情报能力建设项目“移动版的文献情报服务平台建设”，目前项目已经取得阶段性成果；持续推进中国科学院文献情报能力建设专项“开放会议资源服务系统建设”二期项目的建设和完善，包括升级资源建设功能模块、改进系统内核引擎等。

中国科学院国家科学图书馆成都分馆
张邓锁

中国科学院高能物理研究所文献信息部

一、总体概况

文献信息部是高能物理研究所（以下简称“高能所”）的重要支撑部门，围绕机构科研创新中心工作，部门主要承担以下工作：①研究所文献资源保障，具体包括制定图书馆发展规划和图书经费年度预算，合理配置印本和数字资源；审定中西文图书、期刊、数据库的购置计划；负责国内外科研机构各类到馆资料的收存管理；负责高能所机构知识仓储中各类数字文献资源的采集、上传以及数据维护工作。②书刊流通服务工作，具体包括到馆文献资源的编目入库，读者的办证接待、书刊借阅，以及部分文献资料的原文传递及馆际互借。③学科化知识服务工作，具体包括对读者需求信息及文献利用的分析与研究，为研究所文献资源建设和服务创新提供信息和参考依据；开展面向科研管理、科研一线、年轻科研群体的论文引证与科技查新、学科情报服务工作。④信息系统平台支撑，具体包括对 OPAC、网络级发现系统、机构知识库系统、国际高能物理信息动态监测系统、高能所群组知识平台等系统的建设、运营和日常维护工作。⑤期刊出版发行工作，包括《中国物理 C》和《现代物理知识》的组稿和全部待发稿件的组织协调、编辑整理和出版工作，以及编委会及相关学术会议的承办组织工作。⑥其他工作，包括与上级有关部门的联络、沟通，组织馆际协作活动；应用新的技术手段，不断拓展服务项目。

随着时代的发展与网络化和信息化时代的推进，文献信息部图书馆经历了以纸质服务为主到数字化信息资源服务为主，再到基于先进文献计量方法和工具的知识服务的转变。目前图书馆馆舍面积 2300 平方米，纸版藏书 13 万余册，中外文纸质在订期刊 160 余种，各类数据库 100 余个，数字资源 8 亿余条，国际先进的学术资源集成与发现系统亦已建成开通。

近年来本馆致力于国家级研究机构科研一线学术信息服务能力国际化水平提升建设，围绕高能物理主流学科领域在数字资源组织、信息情报服务、开放获取应用实践等方面卓有成效地开展工作，得到机构管理者和科研人员的高度肯定。同时，积极与国际高水平研究机构学术信息服务部门进行合作，成为高能物理大型信息系统 INSPIRE 的亚洲首个参建机构代表，并为 SCOAP3 在国际范围的顺利实施，实现国际权威粒子数据表在亚洲的首次印制做出了贡献。

二、发展状况

1. 亮点工作

2013 年是文献信息部在诸多业务方向取得重要进展、水平保持快速发展的年份。亮点工作包括:具有国际水准的覆盖6亿余条海量文献数据的网络级发现系统 primo(科海搜索)正式上线运行;《中国物理 C》成功入围 CERN 主导的 SCOAP3 计划;部门成为中国机构知识库推进专家组成员并履行相关义务;与国际同行机构正式建立了高能物理大型信息系统 INSPIRE的建设合作关系;移动图书馆系统开发完毕,正由东莞分所试用,这将解决高能所大科学装置异地建设科研用户的远程资源获取需求。

2. 文献保障

2013 年度持续为研究所开通有影响力、高质量的综合数据库和专业数据库。除使用率最高的 10 余种大型核心数据库外,本年度新试用或开通了 Cos Pivot、JoVE、ISI BCI、InTech、Scientific Research Publishing、Optic Image Bank、Informa Healthcare、Springer Protocols、LWW、Adis International、新英格兰医学期刊、汉斯电子期刊数据库、Landes Bioscience、美国核学会 ANS 三本期刊、CNKI 系列库、CHEMnet BASE、Medical Physics 杂志电子版(访问下载年限至创刊年)、剑桥结构数据库系统(CSDs),开通试用美国地球物理协会 AGU 全文电子期刊数据库收录的该协会出版的 21 种期刊(2013 年 10—12 月),开通试用国家科技图书文献中心组织的 *Allen Press Journal* 等 33 种网络版期刊(2013 年 9 月)。同时,中文信息资源获取环境进一步改善,开通中文万方数据库、台湾科学学位论文期刊论文数据库、超星读秀与百链平台、超星中文发现系统、书生中文资源,加上原有的 CNKI、维普数据库,高能所中文资源元数据覆盖率接近 100%。

核心数据库电子资源使用情况在过去几年一直快速增长。高能所核心数据库包括 APS、AIP、ACS、Elsevier、IEEE、IOP、RSC、Science online 等 10 余个,2013 年核心数据库中全文下载超过 22 万篇,这还不包括中文数据库及高能物理常用的预印本库等 OA 资源。馆际原文传递是电子资源保障的重要补充服务手段,2013 年度,图书馆提供的馆际原文传递服务数量约 1800 篇,与往年持平。

纸版馆藏保障方面,2013 年度读者到馆总书刊借阅量(不包括续借)较 2011 和 2012 两个年度稍下降,但大致稳定在 1000 册/月以上,最高 1500 册/月。

2013 年度文献保障投入较往年有所增长,其中外文书刊和数据库占经费的 97%,电子资源与纸版资源投入比接近 1:1。

3. 知识服务

首先是为帮助研究人员更好地了解和掌握科技信息资源的获取和利用方法、熟悉常用数据库的使用技巧而开展的数字文献资源利用培训工作。该项工作始于 2011 年 6 月,并成功成为部门的常规服务之一。工作开展地点为图书馆装修改造后新建成的资源培训室,培训师资为国家科学图书馆专业学科馆员以及高能所图书馆馆员。2013 年针对研究所科研工作特点,共开展 Endnote、论文收录查证、研究热点分析、课题文献调研、开放获取、文章写作等 20 余次相关专题的循环课堂,吸引读者超 500 人次。

论文收录引证工作,2013 年共提供引证报告 50 份。为研究所科研人员申报各种奖项(百人计划、杰出青年基金、特聘教授、课题组报奖等)、职称评定、申请学位等工作提供客观、准确、权威的依据提供了方便。该服务流程为:首先是由获得认证资质的高能所图书馆馆员完成对 SCI、EI、CSCD 和 CPCI 等数据库的收录与引用检索证明,然后报经中科院文献情报中心流程式审核盖章。从而大大提高了高能所科研人员的论文收录和引用检索工作效率，实现了对研究所科研人员“论文收引检索”一站式服务。科技查新服务，相比 2012 年度的 12 份报告（3 份为高能所人员申请），2013 年度申请总量减少为 5 份（1 份为高能所人员申请）。

科研产出量化分析工作。2011 年起，部门开展机构期刊论文及专利产出量化统计工作，后经一年的努力，该项工作最终得到研究所的认可，顺利成为部门常规性服务内容之一。截至目前，除完成 2011 年、2012 年、2013 年《高能所期刊论文及专利产出统计分析报告》外，还完成了《2006—2010 高能所期刊论文和专利产出分析报告》《2002—2011 年度国际高能物理领域七大研究机构科技论文与专利产出比较分析报告》。上述报告印刷后正式发送所领导、所学术委员会委员、各科研中心主任，已经得到诸多专家领导的好评。2013 年，情报服务团队为高能所国际化评估小组提供 2008—2012 年全所论文及专利产出数据及分析材料，受到国际专家高度认可。2013 年底为研究所人事部门提供各研究单元发文统计数据，用于机构年终考核量化评估。

4. 开放获取相关工作

首先是机构知识库建设工作。持续收集、存储研究所产出的数字文献资源，并提供一站式检索，目前机构知识库存储的数据条目数近 5 万条，被访问量超过 100 万次，全文下载量近 10 万篇。访问者遍布 90 个国家和地区，有力地宣传了高能所的科研产出及知名度。

其次是参与 INSPIRE 国际合作。自 2013 年 4 月份起，与 INSPIRE 国际建设团队建立起联系，稳步推进合作密切度，正在为该高能物理大型信息系统中的中国人名作者的个人信息及发文数据准确度提高做出贡献。

三、未来展望

以网络技术、信息处理技术、新媒体技术等为代表的现代技术的发展使得文献资源载体、类型与来源日趋多样化，数字出版方兴未艾；同时科研用户信息获取行为和方式也日益多元化。如何深度融合传统图书馆业务与数字图书馆业务，进一步拓展文献信息业务领域与服务模式，适应现代化文献信息发展方向，充分满足科研工作不断增长的信息需求，成为部门事业发展中亟待解决的问题。

为解决上述关键问题，围绕部门战略规划业务发展目标，未来几年重点做好如下工作：

（1）进一步加强人性化服务。充分体现以读者为中心的理念，打造有品质的馆舍环境。

（2）进一步细化个性化专业服务。图书馆信息门户嵌入群组知识管理平台，增设学科分类导航栏目，有效组织与展示机构重要研究方向涉及的信息资源。

（3）进一步提升数字资源管理平台建设水平。运用现代信息技术手段挖掘高能所外文 primo 和超星中文学术资源发现系统内 8 亿余条数据的潜在价值。

（4）进一步丰富文献管理内容。除传统的图书、期刊外，加强特色馆藏如重要专业会议录、国际高能物理研究机构馆际交换资料（年报、科技报告等）的收集力度，同时建立起集成的管理与揭示平台。

(5)进一步增强本机构科研人员(含机构内学术活动)产出的正规(期刊文章、专利、著作)与非正规文献信息资源(演示报告、视频、照片等)的系列收集、存储、分析、揭示与再利用能力。

(6)具备开展国际合作能力。与 CERN 图书馆、KEK 图书馆等业界同行建立起合作关系。

(7)拓展新型业务,协调人力匹配。使部分人力转向从事专业和技术含量高的业务,如深层次知识服务、大型信息系统建设与维护、Open Access(包括 SCOAP3 计划)甚至是机构科技报告、会议文集的整理与出版发行等已经开展和未来可能开展的业务。

总之,“以用户为中心、数字化为主流、加强交流与协作、鼓励开发和利用新技术、提高和拓展服务水平及内容”将是部门未来业务运行的主题。

中国科学院高能物理研究所文献信息部

中国科学院上海生命科学信息中心

一、机构概况

中国科学院上海生命科学信息中心(以下简称"信息中心")整合组建于2002年6月,由原中国科学院上海文献情报中心(创建于1953年)和中国科学院上海生命科学创新基地的信息服务支撑单元整合建立,是中国科学院为支撑全院生命科学领域的科研创新进行的一项信息服务支撑系统创新建设的重要部署,系中国科学院上海生命科学研究院(以下简称"上海生科院")的成员单位之一。

信息中心致力于建设成为我国生命科学及其交叉学科领域国内一流、国际知名的国立研究型信息支撑服务机构,聚焦国家战略、学科前沿和经济与社会发展,保障科学研究不断进步的信息需求,围绕中国科学院实施"创新2020"规划和实现"四个率先"目标,做好为上海生科院乃至中国科学院生命科学研究领域与沪区各研究所以及上海地区社会化的科技信息服务工作。

经过近年的改革与创新,信息中心已集聚了科技文献、科技情报、学术出版、档案、学术团体等资源与网络计算机技术,逐步发展成为中国科学院生命科学研究领域重要的综合性科技信息支撑和服务基地。信息中心现下设生命科学图书馆、情报研究中心、生命科学期刊社、网络计算机中心、档案馆、学会联合办公室6个业务板块。生命科学图书馆是围绕我国生命科学研究与发展需求建设的专业图书馆,馆藏以生物科学、医学、化学、农学及相关学科为特色,设有馆藏文献服务、学科馆员服务、文献传递等主要业务,自主建设中国生物学文献数据库(以下简称CBA)等特色资源。情报研究中心下设4个研究部,在战略情报、学科情报、产业技术情报、科技查新、知识挖掘等方面形成生命科学与生物技术情报研究与服务体系,为国家战略、学科发展和区域技术创新需求提供卓有成效的信息支撑和情报服务。生命科学期刊社承办5种SCI收录英文期刊(*Cell Research*、*Molecular Plant*、*Journal of Molecular Cell Biology*、*Acta Biochimica et Biophysica Sinica*、*Neuroscience Bulletin*)和6种中文期刊(《生理学报》《植物生理学报》《中国细胞生物学学报》《生命科学》《生命的化学》《中国生物学文摘》),涉及生命科学的各个研究领域,尤其在分子与细胞生物学、生物化学、植物生理与分子生物学、生理学与神经科学等学科领域形成了各自不同的特色。网络计算机中心承担上海生科院及下属13个研究所/中心、5个园区的网络技术支撑与IT项目开发职能。档案馆承担上海生科院的档案管理职能。学会联合办公室有挂靠上海生科院的4个国家级学会(中国生物化学与分子生物学会、中国细胞生物学学会、中国神经科学学会、中国植物生理学会)和6个地方学会(上海生物化学与分子生物学会、上海细胞生物学学会、上海神经科学学会、上海植物生理学会、上海昆虫学会、上海生物工程学会)秘书处联合办公。

信息中心现有在职职工119人,平均年龄37岁,其中高级专业技术岗位人员50人(占42%),具有博士学历人员24人(占20%)、硕士学历人员48人(占40%),具有海外学术经历人员9人,有1人入选中共中央宣传部首批“全国宣传文化系统‘四个一批’人才”,4人入选“中国科学院文献情报和期刊出版领域引进优秀人才计划”获择优支持,2人入选上海市“浦江人才计划”,设有科技期刊博士后流动点和生物情报学硕士研究生培养点,拥有一支知识化、年轻化、专业化的信息支撑人才梯队。

二、2012—2013 年度进展

2012—2013年,信息中心进一步凝练“十二五”发展目标,全面实施各项重点建设任务;全力推进研究型信息支撑服务机构的建设,积极承担国家、中科院和地方科技任务;重点开展面向科研一线的知识服务创新和知识平台建设,加快传统文献服务转型发展;重点构建科技情报研究与服务体系,形成一定支撑战略研究与学科发展决策和产业技术创新的能力;重点打造国内高端学术期刊集群,努力提升精品学术期刊的国际影响力;加强网络、档案、学会等综合信息保障;加强人才队伍建设和党群工作、创新文化建设。使信息中心各项事业蓬勃发展。

1. 积极争取科技任务,推进研究型信息服务机构建设

面向国家战略需求和区域科技发展,积极承担国家、中科院和地方科技任务,争取项目数量总体保持平稳向上态势,承担大项目能力显著提升。2012年,新增项目17项,其中国家各部委项目5项、中国科学院项目10项、地方及委托项目2项,全年在研项目32项。2013年,新增项目25项,其中国家各部委项目4项、中国科学院项目8项、地方及委托项目13项,全年在研项目40项。

2. 加快传统服务转型,提升科研一线知识服务能力

信息中心以“科研一线知识组织与服务”为重点,推动信息服务转型发展,构建网络环境下的知识服务阵地,建设一批学科领域知识平台(库),不断提升资源保障能力和知识获取能力,着力提升学科知识服务水平。

(1)信息资源建设与保障。以科研需求为导向,建设结构合理、利用高效的数字资源,在中科院的总体资源建设规划和支持下,截至2013年年底,已开通数据库113个,其中全文数据库90种、工具型数据库13种、索引数据库10种,开放到研究人员桌面的电子期刊26 444种、电子图书194 592种,对上海生科院的综合文献资源保障率达到95%以上;初步搭建了智能文献网络传递服务平台,打通了生物学、医学及生物医学应用的文献需求链,2年内累计接收中国科学院各研究所文献请求8039篇,完成请求率98.2%;同时,参与承担了国家科技支撑计划“面向外文科技文献的超级科技词表和本体建设(STKOS)”生命科学部分词表加工、中国科学院“研究所科技文献保障分析与规划”等资源建设项目。

(2)知识服务平台建设。构建网络化科研信息环境,完成和在建“植物领域科学家网络知识平台”“神经所机构知识库”“昆虫博物馆集成知识平台”等3个知识服务平台建设,完成了“乙型肝炎专题知识库的构建与信息挖掘整合技术的应用”项目的研究。其中,“植物领域科学家网络知识平台(http://ske.slas.ac.cn/ske/)”创新性地将实验视频融入科研知

识环境建设中，在知识存储和共享方面尝试了一条新的途径，入选了2013年“中国图书馆学会年会”示范展览项目。

（3）个性化学科知识服务。嵌入课题组做科学家的“信息官”，为“空间生物学”“细胞库”等多个课题组个性定制、持续提供信息支撑，两年内累计提供定制数据近2000条；深入各研究所开展科研人员信息资源利用、研究生信息素养培训等，两年内累计培训1046人次；承担了中国科学院国家科学图书馆参考咨询服务网络（生物学）、上海中心图书馆知识导航咨询网络（生命科学、化学、图书馆学情报学）的在线学科咨询服务，两年内累计提供咨询843次；参与完成了“上海市重点研发领域个性化知识服务体系建设与完善”项目，运用新的信息技术探索个性化服务模式，面向上海市的重点领域的研发企业，跨学科、跨领域整合各资源和服务，有效满足上海市重点领域的个性化学科知识服务需求。

（4）特色资源开发与建设。自主建设CBA数据库，截至2013年年底，累计在库数据量达到了45.7万条，完成了“CBA信息整合技术的研发与应用”项目研究，并继续与欧洲生物信息中心（EBI）在CiteXplore平台上开展信息整合与关联的合作，带动CBA功能与服务升级；开展馆藏珍贵中医药古籍数字化保护，截至2013年年底，10种古籍被《国家珍贵古籍名录》收录，3种古籍被《中国中医古籍孤本大全》收录，34种古籍被《上海市珍贵古籍名录》收录，是上海市首批古籍重点保护单位。

3. 培育情报研究中心，提升科技决策信息支撑能力

2012年年底，信息中心将情报业务从图书馆的工作职能中分离出来，单独设立了开放型的“情报研究中心”，在战略情报、学科情报、产业技术情报、科技查新等方面形成以生命科学与生物技术为特色的情报研究与服务体系，为国家战略、学科发展和区域技术创新需求提供信息支撑。

（1）战略情报与学科情报服务。2012年，信息中心承担或参与各类战略情报和学科情报项目20项，2013年为28项。其中，主要承担或参与了国家部委情报项目7项，有国家自然科学基金委项目“合成生物学发展战略研究”“基于系统生物学的慢性疾病预防发展战略研究”，科技部项目“生物技术领域专利信息应用示范”“进一步发挥重大科学研究计划作用及机制问题研究”，国家开发银行项目“我国生物产业现状与发展趋势调研”等；承担或参与了中国科学院重点部署（知识创新工程重要方向）项目、先导项目和学部项目12项，有“现代农业科技发展与资源环境保护政策支持研究”“整合生物学战略研究”“生物资源与生物多样性领域战略研究”“工业生物技术信息服务与情报研究”“人口健康领域科技发展路线图战略研究”“生命科学战略决策咨询研究”“干细胞与再生医学先导专项战略情报服务与研究”“合成生物学发展战略研究”“植物代谢组与人类营养健康的战略研究”“维护老龄健康面临的挑战与对策”“生命科学方向咨询项目预研”“生命医学伦理研究”等，其中“生命科学与生物技术战略决策研究”项目获得2012年度“上海科学技术情报成果奖”一等奖；参与编写出版了7本情报专著，有《工业生物技术发展报告》《生物资源与生物多样性战略研究报告》《中国生物技术发展报告》《国际科学技术前沿报告》等。

（2）产业技术情报与科技查新服务。科技查新服务辐射广泛，以长三角地区为主设有17个省级或市级科技查新合作分中心，年平均查新量7000余项，以良好的服务质量赢得了高校、科研院所和高新技术企业用户的信任和好评，近年来已经发展成为我国有一定影响的

大型科技查新机构之一。在此基础上,近两年来不断开拓新的服务领域,成立了“产业与技术情报研究中心”,大力发展产业技术情报研究与服务,有力支持区域产业技术发展对情报服务的需求,承担多项上海市科技发展研究基金软科学研究项目,开展战略新兴产业技术路线图的研究与绘制,其中“发达国家对中国高技术出口管制目录的分析与研究”项目获得 2013 年度“上海科学技术情报成果奖”一等奖,“生物产业决策支撑系统的建设与应用”“聚乳酸产业发展战略分析”项目分别获得 2012 和 2013 年度“上海科学技术情报成果奖”二等奖;分析、提炼科技创新型企业的信息与情报需求,有针对性开展企业技术情报和专利情报咨询,尤其是针对企业开展知识产权分析评议服务,获得了研究院所及企业用户的一致好评。

4. 建设高端期刊集群,提升中国学术期刊国际影响力

信息中心抓住体制机制改革之机开展期刊集群化建设,持续推进学术期刊改革试点,期刊国际影响力建设和期刊集群建设都取得了突破性进展,并且相继启动了创办 Discovery 系列 OA 刊、建设英文期刊数字发布平台等一系列学术期刊创新业务发展,从战略高度不断增强期刊的可持续发展能力。

(1)期刊国际影响力不断提高。*Cell Research* 2012 年影响因子为 10.526(Q1 水平),实现了中国科技期刊影响因子超过 10 的历史突破,在 SCI 收录的 169 种发表原创论文的国际细胞生物学领域期刊中影响因子排名第 14 位,已稳固确立了在国际细胞生物学领域权威期刊的地位,在亚洲期刊中影响因子继续排名第一;*Molecular Plant* 2012 年影响因子为 6.126(Q1 水平),在 SCI 收录的 178 种发表原创论文的国际植物科学领域期刊中影响因子排名第 6,已跻身国际植物科学领域主流研究类期刊之列,在亚洲同领域期刊中影响因子继续排名第一;*Journal of Molecular Cell Biology* 2012 年影响因子为 7.308(Q1 水平),已连续两年影响因子稳固在 7 以上,在 SCI 收录的 184 种国际细胞生物学领域期刊中影响因子排名第 31 位,在 SCI 最新收录中国期刊中影响因子排名第三;*Acta Biochimica et Biophysica Sinica* 2012 年影响因子为 1.807;*Neuroscience Bulletin* 2012 年影响因子为 1.365。

(2)高端期刊集群基本形成。信息中心建设一个国内生命科学学术领域的高端期刊集群已初步成型,期刊集团优势和影响力逐步显现。两年来,获得各类国家政府、部委和全国性奖项 15 项次,其中有 1 种期刊荣获“第三届中国政府出版奖期刊奖”,2 种期刊分获中国科协“优秀国际科技期刊奖”一等奖和二等奖,6 种期刊入选“2012 年中国最具影响力优秀学术期刊”,5 种期刊入选“2013 年中国最具影响力优秀学术期刊”,1 种期刊入选“2013 年中国国际影响力优秀学术期刊”;获得各类基金资助 11 项次,主要有中国科学院“期刊改革试点项目”、中国科协“精品科技期刊工程项目”、中国科协等六部委“中国科技期刊国际影响力提升计划”、国家自然科学基金委员会“重点学术期刊资助项目”、上海市“促进文化创意产业发展财政扶持资金”。信息中心的办刊实践得到了各级领导的肯定和媒体的关注,2012 年 11 月 12 日,《人民日报》发专题报道“这两本期刊为什么行?——《分子植物》和《细胞研究》组成的‘双子星座’一扫国产期刊的灰霾之气,崛起为国际上响当当的字号”。2012 年 9 月,在国家新闻出版总署、中国科学院、国家自然科学基金委、中国科协和中国期刊协会的大力支持下,信息中心还成功举办了“精品国际科技期刊建设和发展座谈会”,并公开出版了《探索建设精品国际科技期刊之路》一书,在国内学术期刊界产生了较大的影响。

5. 加强综合信息保障,稳步推进网络、档案和学会工作

(1)网络计算机管理与服务。建立了直接面向课题组的网络计算机服务体系,承担上海生科院的网络系统管理、ARP运行维护、网站开发、软件开发等技术服务,完成了中国下一代互联网示范工程、邮件迁移工程、园区基建项目光纤与弱电配套工程、ARP二次开发工程等多项工程,为科研工作创造了良好的网络信息环境。

(2)档案管理与服务。完成了各年度的文书档案、财务档案、科研课题档案、基建档案、设备档案、名人及声像档案等收集整理及日常管理工作,目前馆藏文书档案13 619件,科研课题档案1062卷,基建档案38个,工程项目1140卷,设备档案81卷,财务档案19 840册。期间,还完成了沈允钢、尹文英、李载平、张友尚、刘新垣、吴孟超、陈宜张等7位院士的老科学家学术成长采集工程的档案编目工作。

(3)学会服务。进一步深化10个挂靠上海生科院的学会联办机制,为学会发展提供良好的服务平台,联合举办2012和2013年度"上海地区生命科学学会会员日"等科普活动,联合申报"中国科协秘书长沙龙""党建强会计划十百千特色活动"等项目并获得优秀组织奖,联合在"上海市英特尔青少年科技创新大赛"上设立了"上海市生命与自然科技创新奖",在促进学术交流、集聚专家资源和举荐优秀人才等方面发挥了重要作用。

6. 面向"十二五"规划,提升人才队伍创新发展能力

信息中心十分重视人才队伍建设,不断创新人才工作思路,优化人才发展环境,提升队伍创新发展能力,在选才、用才和激励机制等方面进行了积极的探索和实践,保障"十二五"规划全面实施。2012年以来,信息中心积极引进优秀人才,共招录19人,其中博士8人(5人具有海外学术经历,5人具有博士后经历)、硕士9人,充实到信息支撑服务队伍中来;在引进人才的同时,还十分注重发挥好引进人才作用,培养好青年人才和培育出优秀团队,有2人入选"中国科学院文献情报与期刊出版领域引进优秀人才计划"获得择优支持,有16人次获得各级各类奖项和荣誉,其中1人获得"第三届中国出版政府奖优秀出版人物奖",1人获得了"第五届谈家桢生命科学创新奖",1人获得"上海出版人奖",1人获得"上海市档案工作先进个人"称号等国家、省部级和全国性奖项。

三、展望未来

信息中心制订的"十二五"发展规划中,明确提出了"一个战略定位、三个重点突破方向、六个重点培育方向"。即,信息中心的未来发展将致力于建设成为我国生命科学及其交叉学科领域国内一流、国际知名的国立研究型信息支撑服务机构,聚焦国家战略、学科前沿和经济与社会发展,保障科学研究不断进步的信息需求,服务中国科学院实施"创新2020"规划和实现"四个率先"目标;将在科研一线信息服务能力、科技情报研究与服务能力和学术期刊国际影响力上实现3个重点突破;将重点培育和发展情报研究中心、科技文献服务中心、生命科学学术期刊集群、数字资源服务系统、档案资源数字化服务和管理系统、学会联办平台等6个方向。

随着这一规划的全面实施与深入推进，可以预见未来几年，信息中心将基本改变传统图书馆的服务模式与格局，推动以“面向科研一线的知识组织与服务”为重点的服务创新，进一步提升资源保障能力和知识获取能力，升级开发中医药古籍、CBA 数据库等特色资源，构建起新型的信息服务阵地；将初步建成一个开放型的情报研究中心，情报业务进入可持续发展阶段，形成情报研究与服务的体系和若干拳头产品；将初步建成一个具有自主知识产权、国内领先、在国际上有一定影响力的生命科学期刊出版集团，*Cell Research*、*Molecular Plant* 争取进入国际顶尖期刊行列，更多英文刊争取进入国际一线期刊行列，开拓出 Discovery 系列 OA 刊、英文期刊数字发布平台等一系列学术期刊创新业务，吸引国内其他优秀生命科学期刊合作与加盟；将进一步扩容网络、档案等综合信息保障的能级，扩充公共信息服务空间，加强对学会的服务，聚拢学会资源，以满足科研体量快速增长所溢生的新的信息支撑保障需求；将逐步建成一支 160 人以上规模的专业信息服务人才队伍，引进将帅式人才、学科带头人和优秀业务骨干 50 人左右，形成若干研究与服务团队，以支持信息中心总体目标的实现和各项事业的可持续发展。

中国科学院上海生命科学信息中心

中国科学院力学研究所图书馆

一、概述

中国科学院力学研究所(以下简称“力学所”)是以“工程科学”思想建所的综合性国家级力学研究基地,以国家重大需求为着力点,瞄准空天科技、海洋工程、能源与交通、灾害与环境、生命科学等领域,力争为我国经济建设、国家安全和社会可持续发展做出基础性、战略性、前瞻性的重大创新贡献。力学所图书馆 1956 年由首任所长钱学森先生创建,郭永怀先生当年亲自参与图书馆的设计和资源建设。

中国科学院力学研究所文献情报工作由图书信息与资产中心全面负责开展,在信息化的科研与服务环境下,构建力学所全方位、多层次的知识服务体系。图书情报工作主要包括文献情报资源保障建设、多样化的参考咨询、以项目为引导具有针对性的学科情报服务、个性化的研究所机构知识库建设和全方位不同层次的用户培训等。

2013 年,力学所图书情报工作继续有序开展,各项资源和服务持续支撑科研活动。作为中国科学院首批机构知识库建设单位,完成了以机构知识库为内容的特色分馆建设,并不断提高平台质量,数据完善、类型多样,到目前为止,全文比例达到 90% 以上,力学所机构知识库逐渐在科研管理中发挥了重要作用。2013 年,还顺利完成了“力学所科技文献资源保障分析与规划建设”项目,对研究所的资源现状和科研人员需求有了更深层次的梳理和规划,完成各类资源调研、分析及规划报告 4 份。与此同时,“研究所群组集成知识平台可持续服务能力建设”项目的执行,提升了从课题组到实验室直至研究所的各级知识服务能力,使力学所的图书情报工作嵌入科研活动过程中,同时也提高了科研团队的影响力和科研过程管理的信息化水平。

图书馆作为各类图书情报工作的集中地,2013 年度,还对图书馆网站进行了全面的梳理和改版,以“一站式”服务为目标,增加了电子图书、数据库导航等栏目,并扩展外文期刊集成中的首字母缩写检索功能,网站设计力求简洁明了,与研究所网站风格一致,突出检索区域,最大限度地集成各种资源和服务,方便读者获取所需信息。同时考虑到读者对电子图书的需求,对图书馆收藏的经典图书、教材和资料室收藏的内部资料进行数字化处理,以方便读者利用。

此外,各类形式和主题的培训、交流由图书信息与资产中心不定期组织(7 次),提高了科研人员和研究生的文献信息素养,让科研过程更加高效。作为中国科学院文献情报中心的检索授权机构,承担所内用户各类检索服务,提供论文收录引用报告、定题检索报告等。图书馆的日常借阅、参考咨询、数据目录加工、馆际互借和全文传递等基础工作同时服务广大所内外用户。

二、发展状况

1. 承担项目情况

（1）“力学所科技文献资源保障分析与规划建设”项目。选择 SCIE、EI、JCR、ESI 为数据源，通过历年来研究所的期刊论文数据和资源保障情况，采用文献计量统计分析方法，利用 TDA、Endnote 等工具，对力学所的资源现实需求、潜在需求、趋势需求进行分析，评价研究所信息资源的保障情况并对未来资源规划提供支持。本项目于 2013 年年中结题，完成结题报告——研究所科技文献资源保障需求调研报告、研究所科技文献资源保障需求分析报告、研究所科技文献资源保障分析年度报告。

（2）“研究所群组集成知识平台可持续服务能力建设”项目。结合力学所的学科布局和“一三五”规划的重大突破和重点培育方向，遴选重点研究单元构建集成知识服务平台，形成集知识资源融汇、成果管理展示、对外交流和宣传等功能为一体的综合服务平台；面向科研活动，构建嵌入科研过程的、具有个性化知识组织与服务的力学所群组集成知识平台；针对研究所重大课题组或实验室需求，建立高效、具有个性化知识组织与推送的研究所—实验室—课题组三级结构的群组集成知识服务平台。使研究单元能够高效、便捷地发现知识、获取知识、跟踪知识、传播知识和利用知识，提高研究所的科技创新能力，并增进对优秀人才的吸引和合作。

平台采用 IIP 基础构架，首先分别试点建设了中文版和英文版平台，在不同实验室选择了有代表性的课题组，完成了“分子—细胞生物力学与空间生命科学知识服务平台 http://cbb.imech.ac.cn（中文版）”和“冲击与耦合效应知识服务平台 http://ifs.imech.ac.cn（英文版）”的建设。在此基础上，开展对全所实验室、课题组的网页现状和平台建设需求的调研（图 1），并根据调研情况组织了关于“面向课题组的集成知识平台”讲座以及“群组集成知识平台建设”培训。

除上述两个平台外，2013 年还完成了另外 5 个群组平台的建设，分别是激光制造课题组平台（中、英文版）、镀层工艺力学与摩擦学课题组平台、海洋土力学课题组平台（中、英文版）。

在 2013 年度中完善了平台的建设流程，总结了平台建设经验，在“群组平台通讯”共享了关于平台建设的一些经验。共计编写了 12 份文档，形成了平台可持续建设的机制。

2. 力学所机构知识库（IMECH-IR）建设与服务

（1）IMECH-IR 2013 年内容建设情况。截至 2013 年，力学所机构知识库注册用户 889 个，数据 12 871 条，全文率 90% 以上。2013 年 IMECH-IR 新增 852 条数据，主要是期刊论文、会议论文、学位论文、科普文章和专利。2013 年，在原文本型内容类型的基础上，新增了非文本内容（图像、视频、网页等），设计了元数据、提交模板，并实现了视频内容的网页播放（见图 2）。

课题组网页建设需求调查表

<table>
<tr><td>课题组名称</td><td colspan="5"></td></tr>
<tr><td>课题负责人</td><td colspan="2"></td><td>部门</td><td colspan="2"></td></tr>
<tr><td>联系人</td><td></td><td>电话</td><td></td><td>Email</td><td></td></tr>
<tr><td colspan="6">栏目设置需求</td></tr>
<tr><td>栏目名称</td><td colspan="2">是否需求
（需要打√，不要打×）</td><td colspan="3">具体描述</td></tr>
<tr><td>主页</td><td colspan="2"></td><td colspan="3"></td></tr>
<tr><td>新闻动态</td><td colspan="2"></td><td colspan="3"></td></tr>
<tr><td>研究领域</td><td colspan="2"></td><td colspan="3"></td></tr>
<tr><td>科研项目</td><td colspan="2"></td><td colspan="3"></td></tr>
<tr><td>科研装备</td><td colspan="2"></td><td colspan="3"></td></tr>
<tr><td>团队介绍</td><td colspan="2"></td><td colspan="3"></td></tr>
<tr><td>论文专著</td><td colspan="2"></td><td colspan="3"></td></tr>
<tr><td>学术活动</td><td colspan="2"></td><td colspan="3"></td></tr>
<tr><td>专题资料</td><td colspan="2"></td><td colspan="3"></td></tr>
<tr><td>联系我们</td><td colspan="2"></td><td colspan="3"></td></tr>
<tr><td>其他需求</td><td colspan="5"></td></tr>
</table>

图 1　群组平台项目建设需求调查表

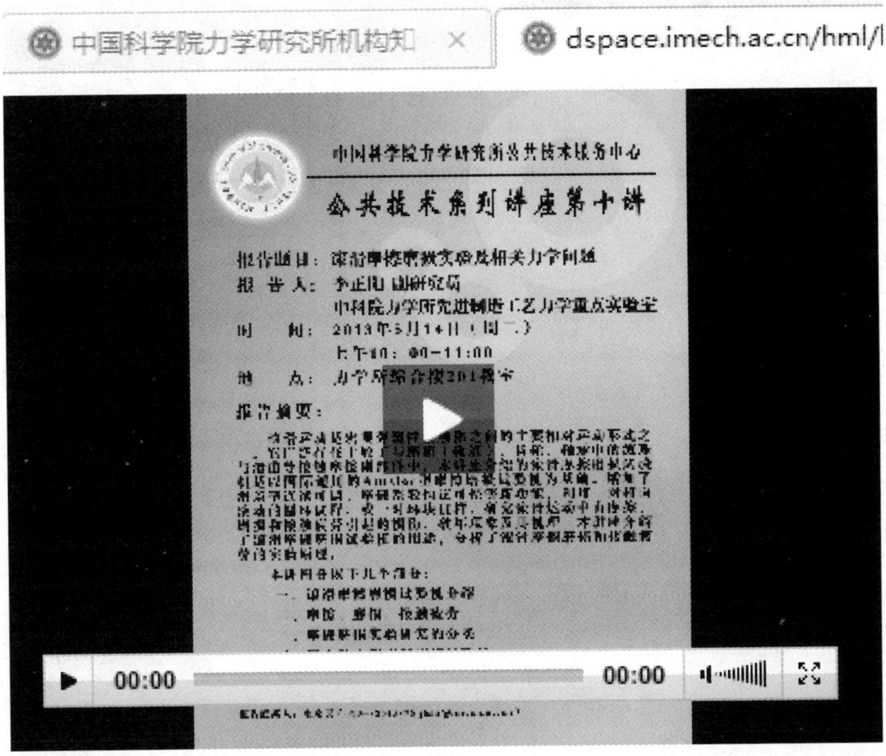

图 2　视频播放截图

（2）编制机构知识库季度运行报告。2013 年起，开始编制《力学研究所机构知识库（IMECH-IR）季度运行报告》，在机构知识库中发布。运行报告的内容包括：IMECH-IR 的浏览总量、下载总量，新增数据的数量及其内容类型，季度访问量、下载量以及访问的国家和地区分析，季度访问量和下载量前 10 名的论文列表等。在运行报告中，还对各季度的数据进行对比分析，第四季度对总体情况进行分析。

（3）IMECH-IR 内容存缴传播权益管理办法的修订与正式发布。2013 年，在 IMECH-IR 运行了几年后，我们对 IMECH-IR 内容存缴传播权益管理办法进行了修订并正式发布。

3. 图书馆网站改版

图书馆网站是直接面向科研用户的第一站，2013 年对运行了十多年的原有图书馆网站进行了改版，新版图书馆首页（图 3）采用标签式集成各类检索入口和资源及服务类目，将网页整体长度尽量缩短。在原网站框架基础上，增加电子图书、数据库导航等栏目，并将各块内容总体分为资源、服务和概况三大类，各级页面层级明确，读者利用便捷。网站设计力求简洁明了，与研究所网站风格一致，突出检索区域，最大限度地集成各种资源和服务，方便读者获取所需信息。

图 3　新版力学所图书馆首页

网站最突出的改进是扩展了外文期刊集成中的首字母缩写检索功能，检索期刊只需键入实词首字母缩写即可，详见图4。

图4　外文期刊集成首字母缩写检索

4. 馆藏资源的数字化建设

考虑到电子资源的便捷性以及图书的长久保存等问题，自2013年起，对图书馆收藏的经典图书、教材和资料室收藏的内部资料进行了数字化。2013年度匹配并加工了馆藏中文部分的图书近1万册，读者通过专门的电子书平台浏览检索，同时平台也集成了图书馆不定期通过论坛、社区等网上空间收集的电子资源，尤其是国外原版电子书。馆藏资源的数字化建设不仅为读者提供了更加高效便捷的服务，同时也扩大了馆藏资源量。

三、展望

展望未来，我们深知作为一个国家级研究所的支撑机构，做好服务是我们的根本，无论是基础性的传统服务还是极具特色的个性化深度服务。而各项服务都离不开科研人员和研究所工作的切实需求，以需求驱动服务，以需求推进服务，同时以服务催生新的需求，实现需求和服务螺旋式的上升。

随着我国科学研究事业的跨越发展，科研管理的变革以及力学学科方向的调整和研究方法的变化，图书情报工作也紧紧跟随研究所的发展脚步，更加重视图书情报的深度分析和动态监测，以项目为牵引，提升图书情报机构的情报分析能力，密切结合“十三五”力学学科重点发展领域，按照力学所的学科布局和发展定位，立足力学学科的新特点，结合国家科学技术和社会经济发展需要，明确“十三五”期间力学所的重点发展领域，为研究所的战略规划提供支撑。

随着数字科研、数字教育和数字流程的日益普及，机构知识库已经成为基础知识设施。据不完全统计，到2013年年底，全球已有3500多个机构知识库提供开放服务，5200多万篇学术论文可以从机构知识库中获得。近一阶段，力学所将认真分析机构知识库所具有的重要潜力，利用机构知识库支持科研管理和科研过程，进一步发挥机构知识库在科研成果展示方面的作用，真正将机构知识库嵌入科研活动过程，利用机构知识库对科研团队或个人进行评价与管理,实现知识再创造。

此外,中国科学院力学研究所怀柔园区的建设已经极具规模,大型仪器设备和相关科研人员已陆续进驻怀柔园区,图书情报服务也将跟上研究所区域发展的步伐,在未来 2—3 年内完成怀柔园区图书馆的建设,通过现代信息技术手段实现中关村园区和怀柔园区图书情报的无缝化服务。

中国科学院力学研究所
张凌晨　朱涛

中国医学科学院图书馆

一、概况

中国医学科学院/北京协和医学院(简称“院校”)医学信息研究所/图书馆(简称“医学所馆”)是国家级医学信息研究中心、医学信息资源保障与服务中心、国家科技图书文献中心医学分中心、院校卫生政策与管理研究中心、世界卫生组织(WHO)卫生与生物医学信息合作中心、全球卫生图书馆(GHL)中国委员会主任馆、中国 MEDLARS 中心、卫生部医学信息工作管理委员会办公室挂靠单位,承担国家医学信息资源保障与服务、医学信息研究与情报调研、卫生政策研究等方面的重要任务,是为国家医药卫生事业改革发展和医学科技创新提供信息服务与决策咨询的重要支撑单位。

图书馆前身是创办于 1917 年的北京协和医学院图书馆,是我国藏书丰富、历史悠久的著名医学图书馆,1957 年被国务院指定为“全国第一医学中心图书馆”,1990 年成为卫生部全国医学文献资源共享网络的国家中心馆和“WHO 储藏图书馆”,2000 年被指定为国家科技图书文献中心医学分中心,承担着国家医学图书馆的重要职能。随着信息技术的发展、服务能力的提高和服务范围的拓展,在做好传统信息服务的基础上,积极开展学科化和个性化知识服务,为决策咨询和科技创新提供更加方便高效的信息支撑。

医学信息研究所围绕国家医药卫生事业改革发展和医学科技创新的重大任务,在医学信息研究与情报调研、卫生政策与管理研究、医学信息分析评价、生物信息学、卫生信息化等领域开展大量的研究和决策咨询服务。挂靠医学信息研究所的卫生政策与管理研究中心重点开展卫生政策与管理的前瞻性、战略性问题和新理论、新方法的研究,为政府等有关部门和组织机构提供政策依据和决策咨询服务。

二、年度发展情况

2013 年是积极推进医学所馆“十二五”发展规划的关键一年,也是各项事业深化发展的一年。医学所馆持续加强医学信息资源保障与服务创新发展,突出医学信息学和卫生政策与管理研究等方面的研究特色,积极承担国家医药卫生决策及卫生信息化项目,形成由资源建设、信息服务、信息传播、信息研究和决策支持等多种功能互为支撑的完整服务体系,为政府、社会和广大科技人员提供一流的、全方位、多层次的医学信息服务和决策咨询,成为国家医药卫生事业改革发展和医学科技创新体系中一支不可替代的重要支撑力量。

1. 加强资源建设工作规范化管理,开拓信息服务新领域

(1)深入调研用户需求和出版规律,资源保障能力持续提升。2013 年订购外文期刊达

3703 种(续订 3624 种,新增 83 种),中文期刊 1429 种(续订 1415 种,新增 14 种)。依据国家中长期发展规划和国家“十二五”规划中对医学领域建设的要求,关注创新主题、重点项目及重点专项的建设;关注知名出版社及学协会出版的刊物;依据不同学科的资源增长比率采选书刊,重点加强经典著作、高版次以及新创刊、高质量的中外文印本资源建设。2013 年共套订外文图书专著 440 套(续订 431 套,新增 9 套),零订外文图书 621 种,采集中文图书 538 种。根据数字资源的发展和用户需求的变化,电子资源建设持续加速。重点调研、评估用户需求普遍、学术质量较高的期刊全文、电子书、分析工具型数据库,调整扩展部分数据库的开通范围。根据年初各项电子资源建设计划,完成 48 个数据库的价格谈判、确定续订方案和付款存档工作,2013 年新增 5 个数据库。

为加强资源建设规范化管理,加强编目、签到等信息加工的及时性、规范性,全面核查印本资源订购信息。对 2008 以来订单进行集中维护和规范工作,达到各年订单同种文献信息一致、订单与编目数据一致、同种文献信息一致。规范期刊品种信息主要包括订购号、题名、套订名、出版社、分类号、学科/主题等信息。文献信息组织揭示更加规范与全面,根据业务流程要求,修订《资源建设部期刊编目手册》。

(2)以重大专项服务为抓手,拓展信息服务领域。2013 年共计接待到馆读者 2.1 万人次。完成原文提供服务共计 35.9 万篇,课题委托检索 212 项,定题跟踪服务 4 项,与信息检索、文献资源利用等相关的参考咨询 2400 件。深入院校二级所院、“重大专项”课题组等开展专题培训讲座 19 场次,培训 1590 人次。

继续做好“面向‘重大新药创制’‘艾滋病和病毒性肝炎等重大传染病防治’科技重大专项的专业化信息服务”专项工作。结合用户反馈意见,调整《新药研发动态》栏目内容,重点梳理 2013 年新药相关的临床前研究、临床试验和上市信息。全年共编写 6 期《新药研发动态》(10 万字),定期推送《新药研发动态》纸质和电子版共计 600 份。通过推送服务产品宣传推广专业化信息服务。《新药研发动态》得到了较好的反馈,为科研人员获取药物信息提供了一个快捷的窗口。接受中国科学技术交流中心、中国健康教育中心、北京市疾病控制中心、北京朝阳区疾病控制中心、北京协和医院等机构重大科技专项课题组和科研项目管理部门的委托,提供《科学技术在应对全球性重大传染病中的作用》《国内外慢性病健康教育适宜技术研究进展》《亚太经合组织成员国应对新发突发传染病防控策略、措施及其效果》《毒理学在人群健康相关的疾控工作中的职责定位调研》《学校症状监测指标体系及早期预警技术研究进展》《有关儿童免疫预防接种率评价方法调研》等 12 份咨询报告(共计 15 万字)和《H7N9 专题跟踪》等 24 期简报(共计 15 万字)和《水痘/带状疱疹科技文献》数据库服务。

承担“医学信息援疆援藏服务”专项任务,对西藏大学医学院、西藏人民医院、西藏藏医院、新疆医科大学等医疗科研单位的医学文献服务的需求进行了调研。配合 NSTL 服务工作组开展援疆援藏的宣传培训工作,在西藏自治区科技信息研究所、西藏自治区人民医院、新疆维吾尔自治区图书馆举行了信息检索与利用的专题讲座。逐步开展西藏医学院、新疆维吾尔自治区食品药品检验所的文献服务直通车,以及新疆医科大学图书馆对口交流等公益性服务援助工作。

继续开展面向“院士团队”的学科化服务,为王陇德、邱贵兴、洪涛、胡亚美等院士提供著作收集与整理、文献检索与获取等的文献信息服务。参与中国工程院“我国转化医学发展战略研究——疾病防控转化医学研究”咨询项目，参与撰写《疾病防控转化医学研究报告》和《慢性退行性疾病防控转化医学研究报告》。

通过走访、座谈会等形式加强与用户联系与沟通，先后与北京市疾病预防控制中心、北京协和医院内分泌科等召开座谈会。到北京协和医院、阜外心血管病医院、医药生物技术研究所、苏州独墅湖图书馆等举办专题宣讲5场次。

(3)加强数据质量管理，数据加工和数据库建设取得新进展。2013年文摘数据加工计划量44.3条，完成各类文献的文摘数据44.8万条，完成年计划量的101.24%。完成引文数据1232万条，完成年计划量的112.42%。共完成MEDLINE数据库文献标引1.4万篇。数据加工工作坚持以巩固提高、稳中求进为原则，围绕数据加工时效、质量和数量，加强加工监控管理，推进制度建设，深入理解和贯彻执行数据加工标准规范，全面实施本地加工系统，优化加工流程。

继续开展中文引文、机构和基金数据的规范研究，加快引文数据库、机构知识库、基金知识库建设进度。完成SinoMed平台中英文文摘和学位论文数据加工更新工作，测试新版SinoMed，新增引文检索、学术分析功能正式对外提供服务。继续做好MeSH词表的翻译维护工作。

3. 医学信息研究与情报调研、卫生政策研究与决策咨询工作取得新进展

(1)医学信息研究与情报调研取得新成绩。医学所馆认真组织实施“十二五”国家科技支撑计划项目《面向外文科技文献信息的知识组织体系建设与示范应用》的建设工作。在项目中组织承担课题“科技知识组织体系的协同工作系统和辅助工具开发”的研究工作，并参与了课题“STKOS超级科技词表及本体建设”等相关工作。2013年，医学所馆积极投入，精心组织，认真完成各相关课题的年度研究任务。

坚持以国家需求为导向，结合国家医药卫生科技发展、战略新兴产业发展需要，加强医学信息学理论与实践、信息技术、医学知识组织研究，认真组织实施“公众健康知识整合与服务技术研究与应用”等研究工作。积极构建医学科技创新决策支持平台，深入开展我国医学研究机构科研竞争力评价研究与实践，组织实施“医学科技发展十三五战略/规划研究”等课题，完成多份医学情报调研咨询报告，编写出版《中国医学科技发展报告2013》。

(2)卫生政策研究和决策咨询工作不断深入，国家新农合信息平台建设有序推进。围绕卫生中心工作，深入开展卫生政策领域研究和决策咨询。积极推进“我国卫生资源配置与规划研究”“人口健康绩效评估试点研究”“国家新农合信息平台联通技术方案及相关政策研究”等一批课题和项目。重点参与英文版《“健康中国2020”战略规划研究报告》的编辑出版工作，参与国务院办公厅组织的全国基层卫生综合改革督查以及地方医改调研工作，完成“部分国家及地区卫生资源配置和规划的做法与启示”等多份调研报告。

根据国家卫生信息化建设的整体部署，积极推进国家新农合信息平台建设与联通工作。2013年已实现与16个省级新农合信息平台及19家大型医院的信息系统的互联互通。完成业务监管、决策支持和跨省协同等主要功能模块的开发，提供参合患者跨省就医费用的核查服务，在实现跨省异地就医结报中发挥重要作用，中央电视台新闻联播栏目、新华网等媒体进行了报道，影响力不断扩大。继续完善国家新农合信息平台门户网站功能，实现与公众健康知识服务平台的对接。

4. 科研教育、国家合作、编辑出版工作不断发展

(1)科研能力稳步提升,学术影响不断扩大

2013 年医学所馆共获得卫生部、科技部、WHO 等各级各类科研项目和课题 92 项,其中国家科技支撑项目 2 项、国家社会科学基金 3 项、国家自然科学基金 1 项;以第一作者发表论文 152 篇,其中 SCI 收录期刊上发表论文 8 篇;主持或参与编写学术专著 8 部,形成咨询或研究报告 85 份。科研管理日益科学规范,科研能力稳步提升,科研产出能力显著增强,学术影响日益扩大。

(2)教育培训与学术交流工作取得好成绩。2013 年硕士研究生毕业 13 名,录取 19 名,在读研究生 51 名。新增研究生导师 1 名,主持开设卫生管理学、卫生经济学、社会医学、医学信息学等 10 门课程。全年组织各种学术活动、座谈会、课题评审会 29 次。积极参与北京协和医学院教学改革项目和学科评估工作,教育培训管理工作日益规范,导师队伍得到加强。研究生规模不断扩大。

(3)国际合作不断深入。完成世界卫生组织(WHO)、世界银行等国际组织和机构资助的多项课题研究,做好 WHO 卫生与生物医学合作中心与 WHO 在华合作中心协调办公室日常工作。组织和参加国际学术交流活动,与原卫生部国际合作司、WHO 共同举办中国医改进展吹风会暨中国—世界卫生组织国家合作战略(2013—2015)发布仪式;受 WHO 西太区办公室委托,成功举办 WPRIM 数据库培训班;受原卫生部国际合作司委托,承办第四届中国卫生论坛中非卫生青年领袖圆桌会议。全年出国参加学术交流活动 14 人次,接待国(境)外来访 19 人次。

(4)编辑出版刊物学术影响不断扩大。《医学信息学杂志》《医学研究杂志》《中国卫生政策研究》《中国医药导报》和《中国现代医生》等刊物全年共出版 108 期约 4.7 千万字,发行约 12 万册。加强学术刊物策划、编辑出版队伍建设和质量管理,《医学信息学杂志》《医学研究杂志》《中国卫生政策研究》《中国医药导报》和《中国现代医生》影响因子等质量指标排名均有所提升;《中国卫生政策研究》杂志入选中国科学引文数据库(CSCD)来源期刊,成为首次进入该数据库的医药卫生管理类期刊;《医学信息学杂志》入选中国科技核心期刊。编辑出版《重大疾病防治动态》《艾滋病科研动态》《妇幼保健与社区卫生工作动态》《妇幼卫生科技进展》《计划生育科研动态》等内部刊物。

三、未来展望

1. 开拓创新医学信息资源保障与服务模式

在继续夯实国家医学信息资源战略保障的基础上,加大对数字资源整合、揭示和共建共享的推进力度,优化资源结构,积极推进数字资源保障体系建设。积极配合院校加快图书馆新馆建设;在院校的领导支持下,加强医学信息资源共建共享,尤其是学习借鉴中国科学院等单位在数字资源建设上的成功做法;创新信息服务模式,针对医教研及各类创新主体提供个性化的信息服务。

2. 深入开展医学信息与情报研究

重点围绕大数据、云计算发展的要求，全面加强医学信息学理论与实践、信息技术、知识组织、专业知识服务平台的研发和应用，全面提升医学信息研究能力。以实施“面向外文科技文献信息的知识组织体系建设与示范应用”研究为契机，加强医学知识组织体系研究与建设。以数据库建设为基础，加强基础网络和数据中心建设，完善、整合面向科研人员、医务人员、卫生决策者和公众等不同用户需求的系列信息知识服务平台。认真做好医学信息分析评价、医学科技发展规划、重大疾病防治信息、公共卫生信息研究等情报调研工作，为院校和国家医学科技创新体系建设提供信息服务和决策咨询。

3. 加强卫生政策与管理研究，服务卫生改革发展

围绕卫生计生重点工作和深化医药卫生体制改革要求，继续做好卫生政策与管理研究，服务卫生科学决策，发挥思想库作用。以国家新型农村合作医疗信息平台建设、人口与健康科学数据共享平台工程技术中心建设、医学科技创新决策支持平台为抓手，加强卫生信息标准规范及相关技术研究，在国家卫生信息化建设中发挥重要作用。

4. 加强人才队伍建设，着力建设高水平人才团队

树立人才是医学所馆事业发展根本的观念，以高层次人才和高技能人才为重点，统筹抓好各类人才队伍建设。重点加强高层次、复合型领军人才队伍建设，建立健全引进、培养、使用等人才政策和机制。积极开展层次多样的学术交流活动，加强教育培训工作，提高编辑出版质量和水平。拓宽渠道，加强与世界卫生组织等国际组织和机构的合作与交流，与国际知名大学建立长期稳定合作关系，扩大医学所馆国际影响。

中国医学科学院图书馆

中国中医科学院图书馆

一、概述

2013 年,中国中医科学院中医药信息研究所/中国中医科学院图书馆(简称“中医药所/馆”)以中医药信息学科为支撑,以信息服务为目标,以解决服务需求中的关键科学问题为出发点,进一步加强资源建设和服务能力建设,在完成既定工作目标的基础上积极拓展服务新领域,为 2014 年工作夯实基础。

2013 年度,中医药所/馆内设 7 个研究室、1 个中心,分别为文献资源研究室、古籍资源研究室、科学数据研究室、信息技术研究室、情报研究室、多媒体资源研究室、中医药信息原理与标准研究室、杂志出版中心,在资源建设、情报信息服务、数据库开发研制与服务、标准研制等方面取得优异成绩。资源建设上新增图书 2331 种 5397 册,收集未藏古籍资源 50 种(其中孤本资源 45 种),新增数据 65 033 条;文献及情报服务分析能力较之 2012 年有明显提高,坚持国际传统医药信息的快速反应上报机制,编制中医药资讯及信息统计相关资料;中医药相关标准的研制取得突破性进展,有 2 项中医药信息标准在国际上得以立项;积极开展对外数据库建设服务工作,提供有针对性的数据挖掘服务。

杂志出版中心负责如期发行中医药所/馆主办的 3 本中医药信息类期刊——《中国中医药信息杂志》《国际中医中药杂志》及《中国中医药图书情报杂志》,其中《中国中医药图书情报杂志》原刊名为《中国医学文摘——中医》,经中华人民共和国新闻出版总署批准,从 2013 年第 37 卷第 2 期开始更名,并由二次文献变为一次文献。《中国中医药信息杂志》总被引频次、影响因子及基金论文均较 2012 年度有明显提升,综合评分在 29 种中医学类科技核心期刊中排名第 7 位,并再次入围 2013—2014 年中国科学引文数据库数据(CSCD)的遴选;《国际中医中药杂志》在 2012 年度中华医学会系列杂志审读工作中获计量单位优胜奖。

2014 年度中医药所/馆将加快中医药信息标准研制步伐,进一步开展文献分类标准研究以及 ISO/TC 215 及 ISO/TC 249 等行业标准相关问题研究;加强中医药信息学科建设,整合资源,组建创新团队,研究解决中医药信息资源建设与服务中的科技问题;加强特色资源建设,开展学科化知识服务研究;推进《中华医藏》工作;加强中医药信息统计中心的建设,继续做好对上服务工作和政策研究工作;开展“研究岗位”“服务岗位”的动态管理,建立岗位任务完成的基本绩效工资考核制度,完善绩效考核制度。

二、发展状况

1. 资源建设

2013 年新增图书 2331 种 5397 册,其中外文 526 册,中文 3030 册,读者赠书 1556 种

1841册（其中王雪苔先生赠图书期刊1544种1815册）。期刊：外文期刊134种1031册，中文期刊614种10 517册。电子资源：续订11种，新增9种，试用14种。通过影印、复制等技术，收集未藏古籍资源共计50种，其中孤本占45种。

中医药相关数据库继续进行数据增容，其中文献库49 825条，疾病库5374条，药理库2378条，化学库1128条，个案库2828条，方剂库3500条；多库融合平台的中医药期刊文献数据库新增2010—2012年数据45 136条，并对2010—2012年原有的数据进行了更新，现共有记录1 212 744条；中药化学成分数据库新增数据13 561条，现共有数据27 593条。

2. 文献服务

中医药门户网站采用一站式登录方式，现共有200余家单位用户，1390名个人用户；中医药在线www. cintcm. com共计拥有487个用户，2013年的下载量达705 795条。用户主要来源于国内外中医药及传统医学研究机构，其中港澳台单位用户为20余家。15个中外文数据库2013年的访问量总计为6 236 227次，全文下载量为575 740篇。中医古籍数据库共收录中医古籍元数据信息2300种，其中可在线阅读古籍1220种。注册用户344人，累计在线阅读古籍6649种次。

3. 特色资源与特色服务

依托国家古籍保护中心及修复中心，一是完成《中国中医科学院馆藏古籍普查登记书目》，并将普查成果转录登记全国古籍普查平台；二是影印出版《中医古籍孤本大全》第八批28种，第九批31种，再生性保护、抢救孤本濒危古籍59种；三是点校整理20种中医珍稀古籍，2014年可正式出版；四是海外回归复制国内失传中医古籍30余种，并调研俄罗斯及远东地区中医古籍藏书情况，目前已基本掌握欧美地区中医古籍藏书情况，并整理成中医古籍书目；五是根据中医古籍文献价值、学术价值、版本珍稀程度，调研遴选《中华医藏》收录书目，目前已形成《中华医藏》书目，共收汉文中医古籍2020种。

中医药信息标准建设方面，一是完成了中医药主题词表树型结构的搭建工作，全年完成主题词选取8000条，并对各大类结构进行系统研究；二是完成中医药临床术语平台的开发工作，为进一步修订术语并开展中医药临床术语语料库的研究工作奠定了基础；三是4项中医药信息国际标准研究即《中医药学语言系统分类框架》《中医药文献元数据标准》《中医临床术语分类标准》《针刺知识分类框架》取得积极进展，其中《中医药学语言系统分类框架》《中医药文献元数据标准》获ISO/TC 215立项，《中医临床术语分类标准》获ISO/TC 249立项，提高了我国中医药领域在国际标准研究中的地位，开创了我国参与中医药国际术语标准研究的历史。

4. 情报研究与咨询服务

在情报服务方面，研究完成一批快速反应报告。如完成WHO西部卫生行动项目《广西、重庆、陕西三省（市、区）基层中医医疗资源与服务现状分析报告》、国家中医药管理局政策研究项目《中医药健康服务国际贸易研究报告》，起草了《中医药海外发展国家战略（讨论稿）》《中医药发展战略研究报告（讨论稿）》《中医药事业发展白皮书（讨论稿）》和《关于对“洋中药在全球大行其道”的情况报告》；完成了《年度中医药科技论文统计与专利分析报告》和《中医药发展环境与动态趋势调研报告》;完成了快速反应资料 18 篇,情报监测相关资料 81 篇,《中医药国际参考》2013 年第 1—12 期,《中医药月度统计资料》2013 年第 1—12 期。

2013 年完成查新报告 189 项(其中加急 139 项),引文检索 28 项(811 篇,7147 次),检索 14 项(4271 条,原文 321 篇)、检索证明 4 项。

5. 新型服务拓展

努力开展多方位、多渠道对外服务:一是搭建了《构建基于 Web 的中医药防治疫病综合信息平台》,创建了《中医药科技查新知识管理系统》。二是合作支持完成了天津中医药大学第一附属医院、湖北中医院肝病研究所、长春中医药大学附属医院和北京中医药大学东直门医院 4 项基地文献库建设工作,并顺利通过了国家中医药管理局的验收;支持中国中医科学院的基础所、临床所文献数据库建设,提高对外科技服务能力。三是开展数据挖掘科研服务,完成中风数据的数据挖掘、治疗中风的中药—证候—证状复杂网络相关分析、开展心脑血管病的复杂网络相关分析研究;四是与粤澳中医药科技产业园开发有限公司合作,提供中医药信息服务咨询。据统计,2013 年达成了 6 项合作协议,引进资金 70 余万元。

6. 年度科研项目及科研成果

2013 年共申报各级各类课题 96 项,中标课题 10 项,其中国家自然基金 3 项(创历史最高水平)、部局级 4 项、院级客座研究员项目 2 项、院首批科技创新团队立项 1 项;结题 13 项,其中国家自然科学基金 2 项、所级自主选题 11 项;获奖 2 项,其中《中医药知识密集型数据利用模式及应用》获 2013 年度中西医结合学会科学技术三等奖、《语义网环境下中医药信息化标准方法》获 2013 年度中国中医科学院科学技术二等奖。中医药所/馆发表论文 86 篇,其中 SCI 6 篇,EI 5 篇,核心期刊 74 篇。

《中医药文献数据库建设共性技术及建库规范研究》形成数据建设相关技术规范 17 项,促进了文献数据库的内容组织、技术架构和接口规范、运维与服务工作质量规范化,提高开发效率和质量。《中医药信息环境及知识服务方式的深入研究》建立中医病案类文本嵌入式知识服务模式,形成"智能在线提示系统",可以降低医生的误诊率,增加中医临床教研中学生的练习机会和效率,实现病案的自动化分析等。

7. 学术交流与研究热点

举办全国性学术活动 3 次,国际小型研讨会 1 次;参与国际学术会议 5 人次。2013 年度获批国家中医药管理局继续教育项目 5 项并已全部完成,接受培训学员达 200 多人。

2013 年 6 月 19—21 日组织召开了全国中医药信息学重点学科带头人会议,对当前学科存在的问题及未来发展趋势进行了深入的交流与探讨,为中医药信息学全面健康地快速发展起到了积极的推进作用。

2013 年 6 月 19—21 日,在浙江杭州召开了中国中医药信息研究会中医药信息数字化专业委员会暨中国中西医结合学会信息专业委员会 2013 年度学术交流会,与会专家学者就中医药信息学科建设与发展、中医药图书馆建设与知识服务、大数据环境下中医药科学数据分析与利用、大数据环境下学科发展趋势等几方面进行研讨,来自全国各地近 130 人参加此次会议。

2013 年 12 月 12—13 日,“世界中医药学会联合会信息专业委员会第三届学术年会暨大数据时代中医药学发展的机遇(2013)”在山东济南召开,会议紧紧围绕着大数据时代中医药学的发展机遇、中医药信息学的发展概况、中医临床信息学、中医药的知识网络以及在大数据背景下图书馆在做好信息服务的基础上如何应对挑战等专题进行交流,总计 60 余人参加此次会议。

2013 年 10 月 15 日,在北京召开了“中医药学本体构建 2013 年国际研讨会(北京)”,美国斯坦福大学生物信息研究中心高级研究员 Samson Tu、HL7 中国委员会主席李包罗教授等人参加此次会议。会议由 Samson Tu 进行了关于本体的报告,介绍了 ICD 11 的最新研究进展。

为推进研制标准的国际化进程,积极派员参加 ISO TC215 健康信息技术委员会会议(墨西哥)、ISO TC249 中医药技术委员会会议(南非)、ISO TC215 健康信息技术委员会会议(澳大利亚)。

中国中医科学院中医药信息研究所/中国中医科学院图书馆

解放军医学图书馆

解放军医学图书馆于1990年由军事医学科学院图书馆和解放军总医院图书馆合并扩建而成,是目前全军规模最大的图书馆,是我国最大的生物医学图书馆之一。现隶属于军事医学科学院。邓小平同志为该馆题写了馆名。本馆的主要任务是为全军卫生系统提供医学文献信息服务保障,并开展医学文献信息组织、信息技术、数字图书馆等研究工作。目前,本馆形成了军事医学特色的医学馆藏信息资源体系,建立了集医学文献信息采集、组织、存储、发布和检索为一体的医学信息资源管理与服务平台,开展了学科馆员服务、医学文献数据库研发、医学情报研究、文献检索、科技查新、参考咨询、定题服务、音像视听、读者培训、文献复制、文献传递、馆际互借等多种文献信息服务。

2013 年度,本馆紧紧围绕军事医学科学院、解放军总医院和全军其他卫生单位和卫生科技人员的信息需求,大力推进特色馆藏资源建设,不断提升知识服务效能,全面加强信息平台支撑,主要业务进展情况包括以下 5 个方面:

一、加强分析评估,军事医学为特色的馆藏建设科学发展

一是全面开展馆藏发展策略调研。调查分析美国国立医学图书馆、霍普金斯大学 Welch 医学图书馆等 12 家先进图书馆的馆藏发展政策,开展馆藏信息资源保障能力评估,为外刊订购工作提供参考数据。二是调研引进权威、特色文献资源。深入医教研一线调研文献需求,积极拓宽订购渠道,组织举办外文新书展,新订“SciFinder(‘化学文摘’网络版)”“英国皇家化学会 RSC 电子期刊数据库”“美国微生物学会电子期刊数据库”“Informa Healthcare 期刊数据库”“Faculty of 1000(F1000)数据库”及“Thomson Innovation 专利分析工具”等 6 种数据库和工具。全年采集各类文献数据库 72 种,外文期刊 7292 种,中文期刊 7506 种,中文图书 2890 种 4158 册,外文图书 329 种/册,学位论文 3335 册,会议资料 264 册。三是组织开展引进资源发现系统的调研论证。对 Primo、Summon 等资源发现系统进行调研论证,研究确定引进 Summon 资源发现系统,为科技人员精准获取所需信息提供文献支撑。四是有效推进医学文献资源共建共享工作。积极开展和三所军医大学图书馆对生物医学外文期刊的联合订购工作,编制全军生物医学外文期刊总目录,削减重复订购,增订 4 种全军高引用率期刊,协调引进 10 种高影响力期刊。继续加强与国家级、地区级文献共建共享系统的协作,大力开展文献传递与馆际互借,提供文献 1.24 万余篇。面向全军免费开展馆藏文献传递服务,为 24 个军队卫生单位、2607 名卫生科技人员免费传递文献 5516 篇。

二、针对信息需求，知识保障为重点的服务效能全面提升

一是继续夯实学科化信息服务。不断深化面向重点实验室和一线专家的重点服务，动态嵌入课题立项、在研和结题等科研过程，为31个研究室、43项国家和军队重大、重点或专项课题提供研究进展和热点问题等信息跟踪服务。坚持“常下所”机制，做好面向医、教、研人员的资源推广、文献保障、咨询培训等普遍服务，全年学科馆员实地下所132次，参加各所学术活动34次，通过各种方式联系室主任或主要负责人605次，及时掌握用户的课题进展及动态化需求，主动发现、及时推送用户所需文献信息。二是深入拓展情报研究工作。利用情报分析工具，完成“军队医院2012年度科研产出分析报告”“军事医学科学院2012年度SCI论文统计分析研究报告”等研究报告。面向军事医学科学院、第三军医大学等单位，做好专题信息服务保障工作。三是圆满完成应急信息服务保障任务。组织完成H7N9禽流感信息动态等50余项应急信息服务任务，得到领导和专家的一致好评。四是有序推进科技查新工作。继续加强科技查新站建设，严格落实军队医药卫生科技查新有关规定，规范应用科技查新信息管理系统。全年共完成科技查新和论文查收查引项目907项，其中科技查新项目711项，查收查引项目196项。五是认真做好读者服务工作。组织举办以“快乐阅读、幸福人生”为主题的世界读书日活动，开展馆藏军事医学史料展、“读书之星”评选表彰、名家讲座、问卷调查、图书漂流、书刊赠送、资源宣传与培训、文献传递服务推广、学科化服务推送等系列活动，进一步扩大图书馆的影响力。组织举办英文科技论文写作、文献数据库使用等现场培训和网络培训，受到科技人员的欢迎和好评。全年接待来馆读者10万余人次，出借图书1.76万册，办理还书1.64万册。复印文献130万页，装订期刊11 300册，印刷资料6500册290多万张。

三、深化技术应用，支撑服务为目标的网络信息平台建设稳步推进

一是基于互联网环境的图书馆网站建设持续加强。完成电子图书平台等应用平台的升级，加强网络安全、网络通信、存储网络、虚拟服务器集群的管理维护。全年网站主页访问量354 237人次。二是全军卫生训练教材库正式上线发布。引进部署方正出版系统，组织进行卫生训练教材库的软件测试及功能完善，接收教材等资料7300余册，面向全军卫生基层单位开通运行并提供服务。三是军事医学科学院机构知识库建设稳步推进。根据数字化军事医学科学院建设任务要求，采用分面检索技术完成机构知识库软件研发，实现了资源浏览与检索、档案借阅、数据提交、用户管理等功能，现已完成该院人员产出的近4万条期刊论文、会议论文、学位论文、专利等各类知识资产数据的收集整理与入库。四是数据库产品研发与推广有序开展。改进《中国生物医学文献数据库》（简称CMCC）系列数据库产品的生产加工，加强数据质量监控，新增入库数据近50万条。与人民军医出版社签订《中国疾病知识总库》（简称CDD）的合作协议，完成《中国生物医学期刊引文数据库——机构知识版》和《引文在线搜索整合平台》的软件研发，拟于2014年正式推广使用。五是全军远程医学信息网双

向站点设备全面升级。完成卫星演播室设备的安装调试，全面升级为高清视频系统，作为全军远程医疗和教学培训系统平台，可接收各类远程教学培训在线授课。

四、围绕学科发展，转化应用为目的的科研学术工作有效开展

一是行业影响力日益突显。图书馆主办的《中华医学图书情报杂志》在2013年中国科技核心期刊（科技论文统计源期刊）评审中成功入选，刊物学术影响力大幅提升。在文化部组织的2013中国图书馆榜样人物的评选活动中，解放军医学图书馆陈锐馆长顺利当选。二是科研工作成效显著。申获军队科技进步三等奖1项，作为第二完成单位申获军队科技进步二等奖1项。三是学术交流氛围活跃。组织召开全军医学文献信息资源共建共享工作暨第十四届全军医学图书情报学术年会，来自全军各大单位卫生部、军医大学、各医院和疾病预防控制中心的80余位代表参会；组织召开中国图书馆学会医院图书馆委员会第六次会员代表大会/第21届学术研讨会暨2013年学术年会，顺利完成第六届医院图书馆委员会换届改选工作，解放军医学图书馆连任主任委员单位。组织召开中华医学会医学信息学分会常务理事会，承办中华医学会第十九次全国医学信息学术会议。编撰专著1部，发表学术论文60篇，选派业务技术人员参加学术会议58人次，其中4人次赴美国和新加坡进行业务交流和考察，全国、全军性会议大会报告13人次。组织开展“岗位大练兵”活动，组织举办全馆性学术报告和业务讲座20余次，参训人数550余人次，选派人员外出培训35人次，有效提高了全馆人员的业务素质。

五、注重素质提升，拓展服务为特点的教育培训能力持续增强

一是继续加强研究生培养与教学工作。增列硕士研究生导师1名，录取2名研究生。加强医学信息检索教研室建设，完成“医学信息检索”和“医学文献信息组织与分析”两门课程的教学改革，1人被评为军事医学科学院优秀教师，1人被评为军事医学科学院优秀教育工作者，1人获军事医学科学院研究生教学示范课评比优秀奖。二是积极开展科技培训活动。开办“军队晋升职称英语、计算机考试培训班”“博、硕士研究生入学考试英语强化班”等培训班21个班次，参训人数达1500余人。三是继续加强自学考区建设。作为全军高等教育自学考试考区，组织举办了7个考前辅导班，圆满完成相关专业的考前培训和考务工作，参考人数201人。四是不断强化地方院校教学实习基地建设。接收吉林大学、中国医科大学等院校医学信息系统与信息管理系学生20余人来馆实习，教学工作得到校方一致肯定与认可。

解放军医学图书馆
陈锐　郝继英　张利

中国农业科学院图书馆

一、概况

国家农业图书馆作为国家唯一重点支持的国家级农业图书馆，拥有全国最丰富的农业科技文献信息资源，是国家农业科学数据中心。国家农业图书馆在2000年被确定为国家科技图书文献中心的农业分馆，不仅承担NSTL国际农业科技文献数字化和馆藏文献数字化加工任务，还肩负着国内外农业科技文献资源体系建设、全国农业科研系统电子资源共建共享体系建设以及全国农业科研系统电子资源集团引进工作。

国家农业图书馆拥有丰富的文献资源，现有藏书210万余册，33万余种，订购中外文科技期刊4000余种，其中1100余种外文期刊是全国的孤本，拥有40多种中外文全文、文摘数据库。古籍图书是特色馆藏资源，目前有宋、元、明、清代古籍15 000余种。自行研发的“中国农业科技文献与信息集成服务平台”(NAIS)，在实现资源整合基础上，面向全国提供“一站式”农业科技信息服务与知识传播，为全国农业科技、教育、管理等领域用户提供全方位、多层次文献信息服务，包括文献检索、查新、原文提供、馆际代查、论文收录和引用检索、参考咨询、定题和专题信息服务、动态信息提供、个性化信息推送、文献借阅等。

2013年是国家农业图书馆发展历程中不平凡的一年。2013年11月18日，举办了国家农业图书馆新馆首展活动，标志着国家农业图书馆新馆的正式启用。新馆总投资2.02亿人民币，建筑面积3.19万平方米，图书馆大楼具有公益服务、科技创新、学术交流三大主体功能，是亚洲第一大、世界第三大农业图书馆。新馆引进了国外先进的图书馆自动化集成管理系统和资源统一发现与获取系统，装备了150TB的高端磁盘阵列、虚拟磁带库等相关软硬件设备近200台套，健全了到馆服务、现场一线服务和网络化服务协同发展的综合服务保障体系。

2013年，国家农业图书馆结合国家创新驱动发展战略，以及依靠农业科技保障国家粮食安全和支撑现代农业发展战略需求，充分发挥资源、人才、技术等方面优势，在深入开展国外农业科技文献信息资源采集、数字化加工建设和网络化文献信息保障服务基础上，还开展了机构知识库系统构建，基于微博开展“微文献信息”服务，快速响应建立抗震救灾专题信息平台支援灾区，以及面向西部地区积极开展跨平台联合专题等特色服务。

经过多年持续建设与稳定发展，国家农业图书馆已在文献资源采集、数字化加工和文献信息服务等方面为我国农业科技文献信息保障服务系统奠定了坚实基础。但在农业科技信息资源结构和网络信息环境下多元化、个性化、知识化服务能力方面还有待提高。

国家农业图书馆将充分利用新馆的先进设施和现代信息技术手段，加强文献需求、出版趋势分析与文献评价工作，优化资源结构，适应资源建设转型要求，推进信息资源规范、高效、深度加工，拓展服务国家重大发展需求的新途径，提升文献信息服务成效，在支撑我国农业科技创新、研究生教育、服务全国农业科技发展等方面发挥重要支撑作用。

二、发展状况

1. 系统平台建设

（1）自动化系统及资源发现系统实施。对引进的以色列艾利贝斯（Ex Libris）公司的图书馆软件套装进行了集中实施，图书馆各项业务和服务工作得到更有力的支撑。组织完成自动化系统从金盘系统到 Aleph 系统的迁移，并推出新版馆藏书目检索系统（OPAC）；通过对资源发现系统（Primo）和学术资源链接系统（Sfx）的实施，推出了“农业学术搜索系统”，为读者提供不同来源、不同结构的各类学术资源的“一站式”发现与获取服务；还有基于 Sfx 的期刊导航、基于 Metalib 的跨库检索等功能。这些都展现了全新的用户体验。

（2）一卡通系统实施。部署和实施了图书馆一卡通系统，包括设备及系统选择、安装、卡的设计与制作、管理办法起草等，并完成了与图书馆自动化系统（Aleph）的集成，终结了国家农业图书馆书刊借阅信息手动登记的时代。

（3）启动网络化服务平台（NAIS 平台）改版工作。图书馆网络化服务平台“中国农业科技文献与信息集成服务平台”（NAIS 平台）已经运行服务多年，经用户需求、平台运行与使用状况调研，以及行业专家论证咨询，国家农业图书馆启动了 NAIS 平台改版工作，将在学术资源的“一站式”发现与获取、在线订单提交与支付、移动图书馆等方面加强功能与服务。

2. 资源建设

文献信息采集方面，2013 年共采集外文期刊 2463 种，外文会议录、科技丛书等文献 282 套，共计 2745 种。2013 年共采集中文期刊 1180 种，中文报纸 54 种，中文图书 2243 种，受赠中文学位论文 1010 种。共完成中外文图书（包括光盘）验收 4635 种 4666 册，新增图书（包括光盘）MARC 编目 4388 种 4408 册，共完成中外文期刊验收、登到和加工共计 30 426 册，新增期刊 MARC 编目 52 种，编目数据库维护 1346 种。订购并按时开通 12 种文摘/事实型数据库、11 种全文数据库，集团采购 PAJ/PBJ 数据库共计 105 个馆次。

文献信息加工方面，2013 年共完成期刊编目 228 条、文献编目 903 条、期刊签到 16 649 条，加工完成外文期刊、会议录和文集汇编等文摘数据 21 万余条，外文期刊引文数据 408 万余条，中文期刊文摘数据 30 万余条，完成 6000 余种开放获取期刊和近 1200 个开放获取会议信息的更新维护。

3. 文献服务

2013 年，通过加强馆际互借、广泛拓展服务渠道，不断提高工作质量和效率，保证了将全部文献在 24 小时内准确无误地传递给用户。全年累计完成全文提供服务约 28 214 篇，比去年同期（20 577 篇）增加 6.8%。结合定题服务、参考咨询等其他方式为用户提供中外文文献全文 4318 篇，通过微博服务提供 800 余篇，通过网络、电话、邮件请求原文近 1000 篇，为到馆读者提供文献复印 1718 篇。除全文文献外，还提供中外文摘要或题录 7000 条，到馆读者外借和浏览 2800 册。面向农业系统科研、管理人员和研究生持续开展农业科技文献信息资源及服务的宣传推介和培训近 1000 人次。

4. 特色资源与特色服务

(1)中日双方开展文献交换。按照农业部与日本农林水产省中日文献交换任务要求,经与日方多次通过E-mail商榷,确定了2013年双方交换文献品种。目前我方已发寄中文交换期刊10种92册,收到日方发送日文交换期刊35种92册。

(2)开展多种形式农业援疆援藏服务工作。2013年,积极推进农业援疆援藏服务,完成西藏数字化平台从物理服务器至虚拟机的迁移,对西藏数字图书馆和西藏数字化平台两个平台的资源检索功能进行了整合,协助完成新疆农科院235种作物审定品种信息的数字化,抽取牦牛、青稞、哈密瓜、葡萄、棉花等与两区农业特色产业相关文献18万条,并向新疆、西藏地区用户提供文献和定题服务,提供远程技术指导。派出技术人员在拉萨和新疆乌鲁木齐举办的“NSTL西部阳光服务行动”及“利用国家科技信息资源建立本地化特色图书馆”培训班上进行专题培训。通过设计问卷,调研了两区相关农业机构平台建设和使用现状、科研用户信息需求特征,为进一步制定援助计划提供依据。

(3)快速响应建立抗震救灾专题信息平台支援灾区。2013年4月20日,四川省雅安市芦山县发生7.0级地震,给当地人民造成重大人员伤亡和财产损失。为普及防震、抗震知识,支援灾区人民重建家园并尽快恢复生产,国家农业图书馆充分发挥资源、技术等优势,积极抽取抗震救灾相关中外文科技文献,建立了抗震救灾专题文献数据库;通过对新闻门户网站的监测,实时采集地震救援动态新闻,形成了抗震救灾网络信息库;通过搜集有关防震抗灾、地震救援、灾后农业生产恢复和疫情防治等信息,建立了抗震科普知识库。这些资源将为广大群众了解地震发生及救援情况提供信息支持,为政府部门抗震救灾决策提供参考。

5. 情报研究与咨询服务

(1)面向转基因重大专项开展学科化服务。2013年,新增有关转基因科研机构信息、人员和项目信息近200条,采集科技动态数据2000余条。对中国农业科学院、中国水利水电科学研究院、中国热带农业科学院、中国农业大学、华中农业大学、农业部事业单位转基因相关课题组进行了信息需求和满意度调研。编制印发了2期《转基因生物新品种培育科技资讯》,主题分别为“生物安全”“基因克隆新技术和新方法”,内容涉及动态消息、会议资讯、技术集萃、成果精选等5个栏目,提供了印刷版和网络电子版,资讯发放对象包括农业部重点支持的“转基因生物新品种培育科技重大专项”的19家研究单位及其课题组。

(2)中国农业科学院作物学科评价研究。为探索现代信息环境下知识化学科化服务工作,充分发挥资源建设人员在文献信息采集和评价工作上的优势,在中国农业科学院科技局支持下,开展了“中国农业科学院作物学科评价研究”工作。通过对项目、论文、专利、新品种及推广面积、成果、人才和平台等方面的信息采集和计量分析,初步建立了作物学科竞争力评价体系,研究确定作物学科竞争力评价的方法。共采集相关机构作物学科领域科研条件、科研产出、科技成果应用等方面数据信息25万条,规范、清洗、知识标注各指标数据15类,数据处理量达8万余条,形成了“中国农业科学院作物科学评价报告”。

(3)多途径开展参考咨询,不断提升咨询服务水平。2013年,通过网络实时咨询和表单咨询等,全年完成咨询解答1994项,其中实时咨询1674项,表单咨询320项。每月、每季度都进行了咨询质量检查,纠正不完善咨询解答,提升咨询解答质量。修订和编制完成2013

年版咨询员工作手册，通过常见问题栏目设计和素材组织，完成 FAQ 栏目编制，对提升用户自助学习和查到问题的解决方案提供了有效帮助。

6. 新型服务拓展

（1）构建中国农业科学院院所两级机构知识库系统。作为“中国机构知识库推进小组”的成员单位之一，国家农业图书馆积极参与和推动中国机构知识库建设与实践活动。在开源软件 DSpace 二次开发基础上，采用“院—所”两级 IR 建设模式，通过 OAI 收割程序，实现资源的“分散部署、集中揭示”。现已建成一个院级 IR 平台与 3 个所级 IR 平台，存储本机构知识产出近 3.5 万余条。

（2）基于微博完善“微文献信息”服务新方式。2012 年开始，积极响应中央一号文件，利用国家农业图书馆官方微博作为服务平台，为广大地方乡镇农业局、农业技术推广站、动植物疫病防控站、种植养殖企业等机构或涉农个人快速提供中文农业实用技术文献查询和网络传递服务。2013 年在图书馆新馆搬迁的情况下，继续加强微博的更新维护，并积极开展微文献信息服务。截至 2013 年年底，关注国家农业图书馆官方微博的用户数有 4884 人，发布包括农业信息所新闻、网上数据库培训通告、涉农书评及相关博文共计 546 篇，收到评论 578 余篇，转发本微博 2340 条，完成咨询服务 49 项，提供中文农业实用技术文献 800 余篇，收到来自基层农业机构、农村合作社和种植养殖户等用户的积极响应和大量好评。

（3）面向西部地区积极开展跨平台联合专题服务。2013 年 7 月，国家农业图书馆联合国家农业科学数据共享中心、国家农作物种质资源平台和家养动物种质资源平台等，在宁夏启动了“面向西部地区农业科技信息机构的联合专题服务”活动。针对西部区域性特色产业和社会热点问题的专项需求，搜集建设了 24 大类、近百个数据集共 2GB 的农业科学数据、科技文献及种质资源，涵盖了西部地区作物、动物、渔业、区划与草业等学科领域。联合专题服务促进了西部地区农业科研与信息服务机构开展区域共享服务能力的提升，为当地的农业科研及生产经营等提供了信息资源及技术支撑，取得了较好的社会反响。

7. 年度科研项目及科研成果

国家农业图书馆主持的“十二五”科技支撑计划项目课题“基于 STKOS 的知识服务应用示范”（编号：2011BAH10B06），是为适应和满足网络信息环境下充分发挥该项目其他课题研究构建的科技知识组织体系（STKOS）中超级科技词表、领域本体以及科研本体在知识组织、知识关联、语义推理、知识挖掘等方面的潜力和优势，开展科技信息监测、领域知识结构及其演化分析、领域学术关系网络分析、领域科研信息环境构建和科技信息资源的关联数据服务等深层次知识服务应用研究，进一步提升科技信息服务机构在支持国家科技创新活动中的作用和地位。

2013 年，课题组取得了重要进展，突破了模型构建、语义推理、知识挖掘等一系列关键问题和技术难点。构建了基于 STKOS 的科技监测、知识结构与知识演化分析、学术关系网络分析、领域科研信息环境、科技文献语义关联等模型，设计并开发了一系列重要知识服务原型系统和支撑工具。

8. 学术交流与研究热点

先后参与关联数据研讨班、知识组织与知识链接学术交流会、专业图书馆分会年会、中国开放获取周、CCEU 年会等学术会议，了解国内外领域发展动态，促进部门各项业务开展，提升基础工作能力和服务能力。

2013 年 6 月，国家农业图书馆正式启动了 NSTL 资源建设业务开展试点工作，在 NSTL 试点工作小组指导下，开展了资源建设岗位工作内容和人员情况的详细摸底，对文献采集、编目、登到、数据管理等业务岗位情况进行了分析，为岗位设置工作打下良好基础。

积极推进农业科研系统电子资源建设与服务联盟建设，于 2013 年 11 月 20 日在国家农业图书馆新馆组织召开了联盟第五届学术研讨会，31 家联盟成员馆代表以及国内外数据库代理商共 112 余人与会。

广泛开展参考咨询业务交流研讨。组织完成“2013 年 NSTL 咨询员工作交流会”和“2013 年 NSTL 网络参考咨询员培训交流会”。培训交流内容丰富，既包括新技术手段在参考咨询中的运用，也包括参考咨询员的素质能力要求及咨询解答技巧，还包括对 NSTL 资源及服务进展的了解及对参考咨询问题的分析和对策。拓展了参考咨询员的视野，深化了对 NSTL 资源与服务及参考咨询工作发展趋势的认识，提升了参考咨询员的理论水平与业务能力。

9. 其他重要工作

持续推进数据人工质检，不断提升数据整体质量。通过连续两年承担并组织开展了 NSTL 数据质量检查专项任务，初步建立数据人工质检的流程、方法和配套工具及平台，通过数据抽样和人工质检，发现了一些典型错误和问题。建立了开展数据协同质检的运行机制，积累的经验和成果也将逐步融入到 NSTL 联合数据加工系统中。

继续开展国外农业科技新书评介工作。2013 年，进一步加强书评宣传的时效性、规范性。编辑出版频率由去年的 3 期调整为 4 期，全年出版了 1 期“CABI 专辑”、1 期“Wiley 专辑”、2 期“Springer 专辑”。本年度书评图书共计 123 册，将 2007—2012 年出版的 CABI 书评共计 243 篇汇编为《国外农业科技新书评价 2007—2012 合集》，将出版的《国外农业科技新书评介》免费发放给全国 110 个农业科研机构及大专院校图书馆及国家图书馆等部分公共图书馆。

配合新馆首展活动，加强电子文献资源服务。11 月 20 日组织举办了“国家农业图书馆电子资源培训活动”，通过培训方案拟订、讲座和上机安排、《国家农业图书馆电子文献资源介绍》编制、宣传活动全方位的宣传与组织，将活动推广到京区科研人员和研究生，参加培训人员达到 300 多人，超出了预期效果。

中国农业科学院农业信息研究所
鲜国建　赵瑞雪　颜蕴　寇远涛

中国林业科学研究院图书馆

一、概述

2012 年是林业科研机构百年，中国林业科学研究院图书馆（以下简称“中国林科院图书馆”）也迎来了新馆的落成。2012 年 8 月中国林科院图书馆开始从运行了 30 多年的旧馆迁入新馆，2013 年 1 月新馆正式开馆迎接读者。2012—2013 年中国林科院图书馆的各项工作继续围绕“服务现代林业建设，服务林业科技创新”的总体方针展开，结合林业基础研究和科研热点，优化馆藏结构，改善并提高服务手段，扎实而稳步地推进图书馆走上新的台阶。在保证信息资源建设连续性的基础上，增加外文电子图书的引进，弥补图书馆在外文电子图书资源建设方面的空白。整合中国林科院图书馆馆藏的纸质文献、中外文期刊数据库资源和国内外电子图书、网络版学术期刊等数字资源，建成了林业移动图书馆和林业资源统一检索平台，为用户提供“一站式”全文检索服务。通过开展馆藏资源与服务宣传、信息资源利用培训、文献传递等多种形式的信息服务，提高了文献利用率及科研人员的信息意识。在进一步加强林业信息基础平台建设的基础上，扩大了林业特色数据库的建设规模，为解决海量数据处理与存储问题，初步建成了林业行业的云数据中心。承担的林业行业公益项目“林业行业科技文献信息支撑系统”，于 2012 年 3 月通过了国家林业局组织的专家验收。获计算机软件著作权 4 项，认定 1 项科技成果“林业科技文献信息支撑系统研建与应用”，开发的“林业 948 项目综合管理信息系统”软件获软件著作权登记证书。

二、2012—2013 年发展状况

2012 年年初中国林科院图书馆新馆落成，8 月，图书馆开始搬迁工作，经过几个月的搬家、内部整理、设备调试，2013 年 1 月中国林科院图书馆新馆正式开馆迎接读者。与旧馆相比，图书馆新馆改变了维持几十年的陈旧的封闭式管理，完全建立在开放、便捷、多功能、现代化的基础上，书刊阅览室全面开放，馆内实行一卡通管理，增加了自助借还、自助文印、远程打印、电子阅览室自助上下机、触摸屏展示及读书读报机等自助设施。新馆地下书库配备了智能型密集书架及恒温恒湿设备，在更好地利用有限空间的同时，也为读者高效利用文献及妥善保存老旧文献提供了条件。图书馆新馆无论是藏书环境、阅览环境、服务方式还是各项设施方面都得到了全面改善。

1. 信息资源建设

2012—2013 年，中国林科院图书馆在信息资源建设中，继续围绕林业基础研究与科研热点，优化馆藏学科体系，在丰富各类文献资源的同时，逐渐完善馆藏资源体系。丰富的信息

资源是林业科研的基础保障，2012—2013 年，中国林科院图书馆在保证对林业及相关学科印本文献的收藏与加工的同时，加大了对数字资源的投入力度。首先对图书馆已购买的清华同方学术期刊、博硕士论文，重庆维普中文科技期刊，万方博硕士论文、会议论文，方正 Apabi 年鉴、电子图书等镜像站点数据库进行了数据更新及版本的升级。为保证国外林业重点核心资源的连续性，利用申请的财政专项经费购买了 Science、Nature、ProQuest、Elsevier、Wiley 和 Taylor & Francis 等学术期刊全文库及 CABI、AGRIS、AGRICOLA 三大农林数据库的网络版使用权。2012—2013 年，图书馆对 70 个自建的林业数据库资源也进行了及时维护和更新，新增入库信息 27 万条。

2012—2013 年，中国林科院图书馆利用申请的专项经费继续加大电子资源的建设力度，2012 年采购了超星电子图书全文数据库，经过筛选，引入超星电子图书 80 375 种。2013 年新引进 OVID 平台上农林类的电子图书，弥补了图书馆在外文电子图书资源建设方面的空白，2013 年还新引入了外文资源 Annual Reviews 期刊全文数据库。

经过多年的资源建设，中国林科院图书馆印本及电子资源的数量和品种日益增加，但读者的使用效率却没有显著的提高，为便于读者更好、更便捷、更有效地使用图书馆的信息资源，2013 年建成了林业资源统一检索平台，该平台由统一检索和林业发现两部分组成，整合了中国林科院图书馆馆藏的纸质图书、中外文期刊、CNKI、维普、万方等镜像站点数据库资源和国内外电子图书、网络版学术期刊等数字资源，几乎囊括了本馆的所有国内外信息资源，为用户提供“一站式”全文检索服务，图书馆未购的资源也可通过 E-mail 实现原文传递，随时随地快速获取所需文献。

2. 信息服务建设

2012—2013 年，图书馆的传统服务工作在稳步开展，随着中国林科院图书馆新馆的启用，图书馆的接待能力有了显著的提升，共接待读者 5643 人次，2013 年到馆读者比 2012 年上升了将近 30%。为读者提供原文传递服务 551 篇，文献复印 31 871 页。完成鉴定、报奖和开题立项的查新项目 63 个，代理申请植物新品种 16 个，其中报奖 21 项、立项 12 项、成果鉴定 17 项、收录引用 13 项。

中国林业信息网是中国林科院图书馆网络服务的信息支撑平台，在这个平台下，共有中国林业科技网、中国林业数字图书馆、林业科技基础数据分中心、中国林业信息网虚拟专网系统、林业行业科技文献信息支撑系统和速生丰产林建设科技支撑信息系统等 10 多个网站，为林业科研用户提供数据共享服务。根据各数据资源服务器后台数据统计，到 2013 年，中国林业信息网用户访问量累计达到 450 多万人次，平均每天的读者访问量达到 1 万多人次，全院用户累计下载文献原文达到 320 多万篇，是中国林科院开展科研工作不可或缺的文献支撑服务平台。2013 年中国林科院图书馆初步建成了林业行业的云数据中心，解决了海量数据处理与存储问题、软硬件资源整合问题、异构数据源的统一访问和统一管理问题，提高了云数字图书馆平台的服务能力和水平。

为使读者可以不受地域、时间限制，随时随地获取所需信息资源，2013 年中国林科院图书馆以中国林业数字图书馆为依托，引进超星移动图书馆，读者可以通过智能手机、iPad 等手持移动终端设备，搜索、浏览、下载和阅读数字信息资源，完成自助查询和借阅业务。林业移动图书馆的开通，帮助用户建立起随时随地获得全面信息服务的现代图书馆移动服务平台，深受科研读者的欢迎。

3. 林业科技信息与知识产权管理研究

2012 年 3 月，中国林科院图书馆承担的林业行业公益项目“林业行业科技文献信息支撑系统”通过了国家林业局组织的专家验收，获计算机软件著作权 4 项，认定 1 项科技成果“林业科技文献信息支撑系统研建与应用”。新增 948 课题《2012 - 4 - 25 - 2 引进林业产业技术创新平台研建》和国家科技基础条件平台子项目《林业科学数据中心—文献中心》，均按任务书要求开展了数据的收集、建库和软件系统开发等工作。2012 年 4 月经国家林业局批准，依托中国林科院林业科技信息研究所成立国家林业局知识产权研究中心，主要从事林业知识产权相关问题研究和信息咨询服务工作，4 月 24 日，国家林业局知识产权研究中心成立暨揭牌仪式在中国林科院举行。

2012 年中国林科院图书馆承担了国家林业局的“知识产权战略实施与管理——信息平台与预警机制研究”项目，组织开展林业知识产权发展战略与政策研究、林业植物新品种保护制度和对策研究、国际知识产权制度与规则研究，为林业主管部门和国际履约提供决策支持。积极参与了 2012、2013 年全国林业知识产权宣传周系列活动，并负责《2011、2012 林业知识产权年度报告》的组织和编印，以及中国林业知识产权网的维护和管理工作。开展林业重点领域专利预警分析研究，主持编写并出版了《世界林业行业专利技术现状与发展趋势》和《木地板锁扣技术专利分析报告(2010)》。跟踪国内外林业知识产权动态，实时监测和分析林业行业相关领域的专利动态变化，做好专利数据统计和分析，建立林业知识产权预警指标体系和应急机制，为破解林产品出口的技术贸易壁垒提供支撑。2012 年 10 月开始负责编印《林业知识产权动态》内部刊物，双月刊，主要跟踪国外林业知识产权动态、政策、学术前沿和研究进展，提供林业知识产权信息服务。

三、问题与展望

1. 推进文献资源保障体系建设

近几年，虽然中国林科院图书馆每年都在加大对资源建设，特别是电子资源的投入力度，但却一直伴随着没有固定经费渠道、经费不足的问题，这极大影响了文献资源建设的完整性与连续性。随着林业研究涉及的专业领域越来越广，图书馆现有的馆藏结构已不能满足科研人员日益增长的文献需求，如何开拓渠道，争取政策支持，解决经费不足，以完善图书馆文献保障体系，满足科研人员信息需求，为林业科研做好战略保障和信息支撑的作用，是图书馆在今后的发展过程中亟须解决的重要问题。

2. 增强服务意识，提高服务水平

图书馆为科研用户提供的文献借阅、原文传递、科技查新、文献检索等传统服务正在稳步发展，但面向林业重点项目的个性化信息服务意识和服务能力还有待加强和提高。面对林业科研人员对图书馆知识化、个性化服务的需求，图书馆将通过开展读者调研，了解、掌握科研人员的信息需求与服务需求，密切关注、跟踪林业研究热点，通过加强知识服务能力建

设，培养图书馆人员的专业化服务能力，努力探索与科学研究相融合的服务机制，早日实现传统服务向知识服务的转变。

3. 加强队伍建设，改善人员专业结构

人才队伍建设是图书馆提高服务能力的基础。目前，中国林科院图书馆面临着馆员队伍日益老化、馆员专业结构单一的问题，亟须引进人才。今后在队伍建设的过程中，除图书情报类专业人才，将注重对计算机网络及林业专业人才的引进，以改善人员结构，努力打造复合型人才队伍，为更好地开展面向林业科研人员的知识服务创造条件。

中国林业科学研究院图书馆
孙小满

军事科学院军事图书资料馆

一、概况

军事科学院军事图书资料馆(以下简称“军科图书馆”)创建于1948年,是全军藏书丰富、历史悠久的专业图书馆,其主要任务是立足军事科学院,面向军委总部、全军院校、科研院所以及部队提供文献信息保障服务,是全军军事科研信息中心、全军唯一的国家古籍重点保护单位、中国国家数字图书馆全军首家分馆。

军科图书馆下设5个业务室,分别为采访编目室、典藏流通室、信息网络室、古籍保护室和音像资料室;设有6个阅览区(室),分别为军事书刊开架阅览区、外文图书开架阅览区、中文报刊阅览室、电子阅览区、国家数字图书馆资源体验区和资源体验室;建有7个辅助书库,分别藏有中外文图书、期刊、报纸、战争年代电报资料和民国书刊等,提供闭架借还服务。此外,还建有数字加工中心和1000多平方米的兵书珍品展厅。兵书珍品展厅以展藏丰富珍贵的古兵书和历史文献成为军事科学院对外交流的重要窗口和弘扬中国古代军事文化、研究中国古代军事思想的重要基地。

2012—2013年,军科图书馆紧紧围绕军事科学院科研方式转变,秉承“紧贴军事科研创新发展谋服务”的信息保障理念,按照“资源数字化、服务网络化、保障专题化”的原则,制定了加强军事科研信息服务保障建设措施,确立了建设目标、建设内容,并明确了具体建设任务;进一步加强了以数字资源为重点,纸本资源、音视频资源、特色资源为主体,各类型资源相互补充、突出重点、协调发展的馆藏文献资源体系建设;拓展了网络化信息服务内容和手段,建立科研专题数据库,升级信息服务平台,更换图书馆业务系统,全面启动了网络化信息服务体系建设;持续开展紧贴科研课题的专题信息保障,并突出院内、军队和国家重大重点科研项目,提供从课题开题—立项—研究撰写—结题等全过程的嵌入式信息服务;积极推动馆藏古籍的保护和利用,按照国家古籍保护中心“关于在全国开展古籍普查”的工作部署,有效开展了馆藏古籍普查工作;积极做好该馆承担的院内、军队课题的研究工作。

二、发展状况

1. 文献资源体系建设

继续做好年度文献资源采集任务。采购和新增电子图书、电子期刊等各类数字资源共计900余万篇,自加工数据140万条;采购中文图书9781种,中文期刊1743种,中文报纸202种,外文图书1625种,外文期刊386种,获赠中外文图书976种;采集音视频资源2万余条。丰富了馆藏资源数量和种类,保障了科研教学人员对综合文献信息资源的需求。

加大军事专业数字资源建设力度。通过采取自建、合作共建等方式,扩大军事图书、军事期刊、军事专题全文等数据库建设规模，其中军事专题全文数据库共有60多个子库，专题全文数据8万余条，涉及军事思想、军队建设、军事历史、军事装备等方面提升了科研信息服务保障的专业性和有效性。

加强国家数字图书馆分馆服务系统建设。充分利用国家数字图书馆的地位和影响力，进一步加强军事科研数字资源的定制与利用，修改完善军事科学院定制信息的选文标准、范围和数量，突出专题的综述性、思想性和时效性，定制并发布全文信息共计106期1万余篇；扩大触摸屏电子报阅读系统电子报刊数量，精选电子报刊种类，并利用已建成的读报终端，及时推送200多种电子报纸和200多种电子期刊，为科研教学人员提供方便快捷及海量的实时资讯。国家数字图书馆分馆服务系统以其量大质优的数字资源，满足了军事科研对非军事类以及敏感信息的需求，丰富完善了军科图书馆馆藏资源体系。

2. 网络服务体系建设

继续推进科研专题平台建设。根据院年度科研任务，建立军事学术专题数据库，涉及军事战略、国防和军队建设、国家安全等24个专题，完成并发布7000余篇全文数字信息，涵盖馆藏图书、期刊、论文等，保障了院课题研究任务对深层次专业信息和相关知识信息的需求；紧贴战略热点问题研究，建立南海问题数据库，围绕南海自然情况、中国对南海拥有主权等6个专题，完成22个子库的建设任务；更新维护网络采集平台，采用网络信息挖掘技术，通过自动采集处理、敏感词过滤、专题聚焦和信息发布等手段，完成了美国新军事战略、伊朗核问题等6个专题的互联网信息采集，同时更新完成了全军基层部队网络综合信息采集，满足了科研人员对热点问题的信息需求。

升级信息服务平台。升级解放军报读报系统，引进应用《解放军报》及《人民海军》《人民军队》等13种军兵种报，为科研人员提供解放军报自1956年创刊至今的导航、检索及全文阅读服务；升级CNKI全文检索系统，更新中国学术期刊、博士学位论文、优秀硕士学位论文、重要报纸等数据库数据共计847.6万篇，提升了知网信息资源的网络服务能力，满足了科研人员对信息资源方便快捷的使用需求。

更换业务管理系统。根据总参关于军队院校图书馆统一配发使用金盘图书馆业务集成管理系统通知要求，引进应用金盘GDLIS NET系统，完成馆藏47万种66万册数据转换，重新部署包括采访编目、典藏流通等11个业务子系统。

3. 科研信息服务保障建设

深化读者服务模式。在继续完成年度书刊借还、专题信息保障、课题信息检索等经常性读者服务工作基础上，注重转变信息保障方式，加强读者服务能力建设，与研究生部联合开展“品读经典图书”活动，利用图书馆良好的阅览环境和丰富的藏书，于每周二、四上午在军事书刊开架阅览区开设品读经典课堂，共接待学员近2000人；在全院推动“多读书、读兵书、读精品名著”活动，为科研教学人员采购、配发《之江新语》、《战争2.0——信息时代的非正规战》等20种优秀图书；加大信息产品印发工作，调整完善信息产品编印原则、内容，并根据需求继续扩大发放范围，完成《综合信息》《军事期刊论文索引》《新书通报》印发共计52期6500余份；延长书刊开架阅览服务时间，由每周5×8小时延长至7×8小时；加强为总部机关和部队服务，提供专题书目信息1.8万条、专题全文信息2.7万篇。

持续开展重大重点科研项目保障。紧贴科研课题需求，并突出院内、军队和国家重大重点科研项目，提供从课题开题—立项—研究撰写—结题等全过程的嵌入式信息服务，完成包括中华大典·军事典共计 50 余项重大重点科研项目专题信息保障，提供馆藏书目数据 5.5 万余条、专题全文信息 2 万余篇，提供古籍文献 108 函 560 余册、图片 3000 余张。

学术会议保障。充分发挥音像资料室职责作用，积极做好院各种学术会议录像保障任务。通过摄录、编辑、建库、发布、使用，努力扩大馆藏信息资源种类，增加音视频资源拥有量，提高音视频资源质量，为科研提供类型多样、内容丰富、质量上乘的学术视频资源服务。完成包括第四届香山论坛、全国孙子兵法研究会第四次全体会议共 40 余次重要学术会议摄录任务。

4. 古籍保护与利用

继续开展古籍普查工作。根据国家古籍保护中心“关于在全国开展古籍普查”的工作部署，完成古籍普查约 9000 册，其中 1795 年前古籍善本 587 种、古籍兵书 1061 部、古今图书集成 520 函 5544 册等；根据全军国有可移动文物普查通知要求，开展全军国有可移动文物普查，对馆藏 1911 年以前品相较好、价值较高的 586 套古籍进行了著录登记，按时保质完成了普查任务。

继续申报国家珍贵古籍名录，有 3 种善本入选《第四批国家珍贵古籍名录》，分别为《孙子集注》《重刊嘉佑集》《文山先生全集》。

继续扩大对外宣传交流。本馆兵书珍品展厅一直是军事科学院对外宣传交流的重要窗口，2012—2013 年承担的重大接待任务和外事活动较多，完成接待任务共 116 批 1700 人次，包括全国孙子兵法研究会第四次全体会议、全军外宣工作理论研讨会、中央党校省部级干部进修班、丹麦皇家防务学院高级参谋班及瑞典国防部军事代表团等。

5. 承担科研课题

承担军队级课题 2 项，分别是军事历史文献资源总库和军事科研学术成果资源总库。军事历史文献资源总库是 2012 年总参立项课题，现已建成包括革命战争年代报纸、民国时期书刊等数字资源总库，并提供全军部队和院校使用；军事科研学术成果资源总库是 2013 年总参立项课题，主要任务是收集整理、数字化加工、分类标引、建库发布军事科学院自建院以来的军事科研学术成果成品，建立研究报告、法规条令、学术著作、军事辞书、院内期刊和研究论文 6 个专题库。

承担院级课题 2 项，分别是馆藏古籍信息服务系统和馆藏音像资源信息服务系统。馆藏古籍信息服务系统重点建设馆藏古籍书目、镇馆之宝（入选国家珍贵古籍名录古籍善本）、兵书、战图阵图、兵书展厅等 6 个专题库；馆藏音像资源信息服务系统主要任务是建设硬件平台、软件系统、资源编目标准和资源数据库 4 个部分。提供全院科研教学人员使用。

三、未来展望

2014 年军科图书馆将围绕军事科学院科研方式转变，紧贴科研教学一线，在进一步做好图书馆全面建设的同时，突出抓好数字图书馆二期工程、科研基础数据库以及科研信息保障模式建设，实现军事科研信息保障跨越式发展。

1. 启动数字图书馆二期建设

进一步加强数字图书馆的四大体系建设，即标准规范体系、资源体系、技术体系和服务体系，全面提升基础信息保障能力和课题研究支撑能力，并形成数字标准规范、信息资源海量、网络系统先进和服务手段便捷的军事科研信息资源共享中心，力争成为国内一流、全军领先的数字图书馆。

2. 全面开展科研基础数据库建设

重点建立综合数字资源总库和军事科研专业数据库群，逐步建成具有较大规模、服务智能、特色鲜明的科研基础数据库，保障军事科研对信息资源广、新、精、深、专的需求。

3. 进一步拓展科研信息保障模式

大力开展"三熟知——熟知借阅规定、熟知图书摆放位置、熟知业务系统操作流程""三服务——热心服务、耐心服务、细心服务"活动，努力把服务保障工作做到位做到家；积极改进信息保障方式，强化主动式、多样性、深层次服务，使服务保障工作科学化和个性化；注重做好课题专项服务，明确保障任务、调整保障力量、制定保障方式，最大限度发挥科研课题信息服务效益。

军事科学院军事图书资料馆
骆建成　刘晓兰

中国科学技术信息研究所国家工程技术图书馆

一、概述

中国科学技术信息研究所(以下简称“中信所”)成立于1956年,长期从事和开展国内外科技文献信息的采集和服务工作,是国内最大的科技信息机构之一。2000年7月经国务院批准,中国科学技术信息研究所作为国家科技图书文献中心的主要成员单位,成立了国家工程技术图书馆总馆,是国内最大的工程技术领域专业图书馆,全面支撑国家创新体系,满足科技自主创新的信息需求。

2013年,国家工程技术图书馆采购国外工程技术领域科技期刊4472种,外文会议录等文献2823种,美国政府科技报告2.5万篇,外文学位论文3万份,中文学位论文32万册,订购和开通国内外文献数据库50余种。在优化资源采集、强化资源揭示工作的基础上,中信所进一步完善国家工程技术图书馆资源整合平台的建设,完成了从数据加工到数据仓储再到数据发布之间的流程细化工作;全面开展馆藏印本文献清理工作,基本完成1985年以来馆藏西文文献回溯编目,并全力开展1985年以前馆藏外文文献回溯编目;完善数据仓储资源建设。针对重点科研机构、科研项目和科研活动进行重点服务,并主动面向全国相关高校、科研单位开展信息服务与资源宣传推广活动。在2012年工作成果的基础上,继续推进“汉语主题词表”(工程技术版)编制工作以及叙词表理论与术语服务研究工作,全面启动英文叙词表的编制工作。2013年,为集成整合全国科技查新事实型数据资源,中信所进一步推进全国科技查新成果共享服务体系建设,研究并开发了全国科技查新事实型数据库系统。在从信息服务向知识服务转型过程中,在资源组织工具化、资源建设特色化和用户服务学科化趋势面前,需要在做好基础工作的同时,跟踪业界发展动向,增强资源建设的针对性,细化资源采集管理,推进数字业务管理流程,推进服务模式的改进和服务体系的建设,进一步加强学科建设和学术研究工作。

配合科技部全力以赴开展国家科技报告制度建设和试点工作,开展科技报告政策法规制定工作,积极参与国家科技计划科技报告试点的相关工作,组织开展了科技报告相关核心标准的制修订,承担了科技报告撰写和改写工作,全力开发国家科技服务报告系统,大力开展科技报告宣传培训工作,国家科技报告制度建设工作初见成效。

二、发展状况

2011年是中信所进一步推进信息资源数字化建设、深化网络化服务体系建设、加大文献服务推广力度、强化基础性科研能力的一年。在扎实做好信息资源建设和服务基础工作的同时,加快推进词表编制等重点工作和项目的实施,持续提升学术研究能力。全力参与国家科技报告制度建设和试点工作。通过优化业务管理流程、加强基础建设力度、突出服务重点范围、加大学科建设力度等多种措施，积极推进科技信息资源建设和服务工作的快速稳步发展。

1. 资源建设

中信所自20世纪50年代建所开始，即开展国外科技文献的采集和服务工作，经过50多年的资源积累，逐步形成了学科完整、品种齐全、数量丰富、语种多样的科技文献体系。自2000年中信所图书馆改名为国家工程技术图书馆（National Engineering and Technology Library，简称NETL）后，每年对国内外科技文献资源的经费投入力度持续加大，馆藏文献资源更加丰富和完备，目前已成为国内最大的工程技术领域专业图书馆，并成为国内最大的公共科技图书馆之一。

2013年，中信所在馆藏文献建设过程中继续实行强化遴选评价、优化学科结构、丰富品种数量、提升资源质量的策略和方针，在资源体系完善和特色资源建设方面取得良好进展。全年采购外文印刷版科技期刊4472种，开通外文网络版期刊7000多种，外文期刊的品种数量继续保持稳步增长。同时，收集印刷版中文科技期刊4000余种，订购网络版中文期刊9200种以上。继续加强国内外会议文献特色资源建设。2013年，采集外文会议文献2823册，涵盖了国外主要出版社和知名学协会出版的大部分工程技术领域连续性的学术会议，馆藏总量达到117 487册以上。同时，采集中文会议文献3926册，目前累计收藏达到68 123册，中文会议文献收藏量居国内首位。美国政府科技报告馆藏数量不断增长，2013年，采购美国政府科技报告2.5万份，馆藏科技报告总量达到133万份。作为我国自然科学领域硕博士学位论文的存缴单位，2013年收集中文学位论文32.3万册，目前累计馆藏达到了240万册以上，中文科技学位论文收藏量居国内首位。继续开展“863”计划、国家支撑计划、国家“火炬计划”、新产品计划等国家科技计划项目档案收藏工作，共收藏科技项目档案约1万份。

在数字资源建设与保障方面，2013年中信所采购开通国内外数据库50种，包括SCIE、SSCI、EI、INSPEC、CA等著名二次文献数据库，以及IEEE、SPIE、SAE、ASCE、ASME等专业全文数据库。中信所作为美国UMI公司电子版优秀博士论文集团采购的龙头单位和镜像站点之一，2013年采购和新增外文学位论文25 410篇，镜像站全年论文下载数量达到59万篇。另外，2013年从汤森路透公司采购世界专利组织、欧洲专利局和美国、英国、德国、法国“四国两组织”专利新增全文数据122万条，馆藏总量达到2461万件，成为国内专利数据最为丰富的图书馆。

在自建数据库方面，进一步加强了馆藏文献系列文摘和引文数据库的建设，全年完成馆藏文献文摘数据加工139万条。对6000种中文期刊和1000多种外文期刊进行引文数据加工，2013年新增引文数据1080万条。目前，馆藏文献文摘数据累计达到4828万条，引文数据累计达到9961万条。同时开发了知识链接系统在中信所网站上提供在线服务。

2. 网络化服务体系建设

2013年，中信所科技文献和信息保障与服务能力得到进一步提升，全年完成全文传递服务15万份，同比增长7%。完成国内用户文献代查代借4831份，国外用户文献代查代借494

份。全年受理科技查新 644 项，完成收录引证服务 1550 份。完成用户电话咨询 3964 人次，用户 E-mail 咨询 3430 人次。接待文献扫描复制量达到 60 万页。

国家工程技术数字图书馆服务系统网站是中信所网络化服务的主要窗口，集成了 50 年来积累的各种不同来源、不同结构的科技文献和数据库资源，是面向用户科研学习环境的网络化知识服务平台。国家工程技术图书馆以其丰富的自身资源及国家科技文献保障体系为依托，以数字化网络化的资源加工揭示、集成整合、发布服务平台为支撑，通过资源的有序组织与揭示，实现了对馆内各类实体资源、虚拟资源的高度整合与揭示，满足读者对各类馆藏资源多层次、多角度的检索需要。平台实现了科技查新、收录引证、原文传递、代借代查、知识服务、定题推送等各项服务的在线申请和在线服务，用户身份的统一认证和管理，设有"资源导航""馆藏检索""网络资源""院士著作馆""知识服务"等栏目，是融馆藏资源整合、揭示发布、业务展示交流、读者服务于一体的网络信息服务系统。网站后台的仓储系统文摘数据总量达到 7670 万条，全文数据总量 4300 万篇，引文数据总量 9961 万条。2013 年，所馆网站用户访问量达到 111 万次，页面访问 2920 万页，网站点击量达到 6278 万次。

在做好图书馆全文传递、代查代借、知识服务等传统服务的基础上，中信所以科研院所和两院院士为主体，进一步开拓和发展图书馆的重点用户，大力开展专业化和知识化的文献信息服务。在总馆分馆体系、重点项目跟踪体系和院士服务体系的基础上，进一步加强主动服务工作，构建主动的宣传推广体系。大力开展全国范围的资源与服务宣传推广和用户培训工作，在长春、南京、合肥、郑州、武汉、广州、上海、成都等地开展用户培训 25 场。

3. 特色化服务和新型服务拓展

继续开展重点用户服务工作，为长江科学院、中船重工 725 所、水科院、西北核技术研究院、中国兵器工业 205 所等十几家重点用户提供全文传递等服务。不断完善专题镜像平台，及时更新数据。2013 年新发展了江苏省电力公司电力科学研究院、中国人民解放军第二炮兵工程大学、陕西凌云电器总公司（国营第七六五厂）、中国航天科技集团公司第一研究院第十九研究所图书馆、中国人民解放军第 451 医院 5 家机构成为专题镜像平台的用户并进行了安装，平台用户总数达到 33 家。同时还加强了对专题镜像平台用户调研和回访，对西安服务站发展的 13 家专题镜像平台进行了使用统计分析，并就统计结果与服务站进行了沟通。组织召开了航天领域专题镜像平台用户交流会，邀请航天科技集团下属机构人员参加，宣传推专题镜像平台。

继续开展 NSTL 走入高校文检课推广活动，对参加过 NSTL 走入高校文检课培训座谈会的老师进行回访，涉及 90 多所高校 131 位教师，共收到 34 位教师的课件以及教材。举办了"NSTL 走入福建高校文检课培训讲座"，来自福州大学、福建医科大学、厦门理工大学等 15 所福建省高校图书馆以及福建各地区情报所的近 80 人参加了讲座。

继续开展用户分析与服务工作，对用户分析与监测系统的数据进行更新，利用数据进行用户文献使用行为统计分析。开展用户信息管理方式与用户体验调查研究，对国内外公益性信息服务机构进行了全面的调研，开展了公益性信息服务的宣传推广方式研究，对国内外图书馆的相关宣传推广活动进行了调研。

继续开展院士著作馆建设和院士服务工作，举办龙乐豪、秦大河、于本水等院士报告会 8 场，收集了 23 位院士捐赠的 98 册著作，重点加强院士风采物品收集工作，争取到已故院士董申葆的家属向院士馆捐赠董申葆院士的手稿和个人物品，还与涂光炽、侯仁之等院士的家属联系，力争能向院士馆捐赠院士风采物品。再次成功申报了北京市“2013—2015 年度科普教育基地”，参加了北京市科协举办的第十九届北京科技周活动，还积极配合海淀区委的“创建文明城区”工作，利用大众传媒加强爱国主义教育活动和科普宣传。做好院士 VIP 文献服务工作，为 7 位院士提供查找文献 3895 篇，提供原文 511 篇，包括为张锦秋院士查找到相关文献 534 篇，提供原文 176 篇，得到了院士的肯定与赞赏。

4. 承担研究项目及学术研究

2013 年，在做好资源建设及服务工作的同时，进一步提升学科建设水平。申请到社科基金项目 2 项，博士后基金项目 2 项，国家软科学研究计划项目 1 项，其他各类课题 13 项。继续开展汉语主题词表建设以及“十二五”国家科技支撑计划项目“面向外文科技文献信息的知识组织体系建设与应用示范”的“面向外文科技文献的超级科技词表和本体建设”和“汉语主题词表(工程技术版)与英文超级科技词表的映射研究”两个课题的研究工作。2013 年，《汉语主题词表》(以下简称“《汉表》”)(工程技术版)编制工作进入审核阶段，完成对其初稿的总审工作，进入出版准备阶段。《汉表》(工程技术版)覆盖工程技术所有学科专业，收录正式主题词(叙词)20 万条，非正式主题词(入口词)16.6 万条，等同率从上版《汉表》的 0.18 提高到 0.83。入族率从上版《汉表》的 0.68 提高到 0.98，相关参照度从上版《汉表》的 0.38 提高到 0.62。词族层级平均为 4 级，每个词族平均有叙词 45 个。概念属性包括范畴、英文译称、同义词、上位词、下位词、族首词、注释。计划按学科分为 13 个分册印刷出版，同时出版光盘版。

《英文超级科技词表》(以下简称“《英表》”)编制工作开展了英文术语素材筛选，制定了词表编制规则，开发了《英表》编制与映射平台。全面启动《英表》编制工作，14 家合作单位参与该项工作，负责相关专业的英文词表编制工作及其与《汉表》(工程技术版)的概念映射工作，共完成了 6.67 万个概念的归类、同义词归并及与《汉表》(工程技术版)中文概念的映射，已完成的工作量占全部工作量的三分之一。

学术研究产出方面，共发表核心期刊论文或国际会议论文 36 篇，被 SCI 收录 1 篇，申请软件著作权 14 项，完成各类研究报告 12 份。举办了“2013 年全国知识组织与知识链接学术交流会”，来自国内图书馆界的 270 多人参加了此次会议。派员参加了科技报告管理、知识组织、国际标准化组织 2013 年会(ISO/TC 46)、国际图联大会等国际学术交流活动，会上推选中信所所牵头 WG4(信息与文献术语)工作组工作，并决定由中信所承办 ISO/TC 46 2015 年会。培养研究生 5 人，为研究生开设《信息组织》《数字图书馆概论》《知识聚合与知识图谱》等 4 门课程。

5. 其他工作进展

在科技部计划司和所领导的领导下，图书馆全力以赴开展科技报告制度建设和科技部试点工作，2013 年相关工作取得明显进展和显著成效。一是开展了科技报告政策法规制定工作，参与起草了“关于建立国家科技报告制度的指导意见”和“国家科技计划科技报告管理办法”。“国家科技计划项目科技报告管理暂行规定”已颁布，“关于建立国家科技报告制度的指导意见”已上报审批，即将由国办转发。二是开展了科技报告相关核心标准的制修订工作，完成“科技报告编写规则”“科技报告编号标准”“科技报告保密等级代码标识标准”和“科技报告元数据标准”4 个标准草案的制订工作，并在广泛征求专家意见的基础上进行了进一步的完善，形成报批稿报国家标准化委员会，目前已完成公示，正形成报批稿报国家标准化委员会。三是配合科技部做好国家科技计划科技报告试点工作，组织开展了科技报告审核和改写工作，对国家科技计划科技报告试点工作收到的回溯科技报告集中进行了质量评估和审核改写，完成科技报告审核改写 10 000 多份。四是全力开发国家科技服务报告系统，10 月底完成系统第一阶段开发工作，12 月底将完成系统第二阶段开发工作，实现 3000 份科技报告上网试用。五是大力开展科技报告宣传培训工作，构建分级分类的科技报告宣传培训体系，编制了以科技报告基础知识、撰写规范、呈缴流程等为核心内容的培训教材和课件，面向重大专项、“863”计划、“973”计划等项目承担单位和各部门、各地方的科技管理人员开展广泛的宣传培训工作，累计举办较大规模培训 23 场。

随着信息技术的不断发展、出版方式的不断演变，以及用户对信息服务需求的日益增强，图书馆所面临的资源建设、服务方式也随之变化。各大图书馆既在加强合作，实现共建共享，又在开展竞争，实现特色化、知识化服务。中信所在不断提升信息资源建设和服务能力的同时，也要密切跟踪业界发展动向，强化人才队伍与协作氛围建设，增强资源建设的针对性，细化资源采集管理、推进资源聚合分析，建设数字化业务流程，强化学科建设与学术研究，推进服务模式的改进和服务体系的建设。在不断变幻的数字信息环境中，国家工程技术图书馆将更加致力于国家战略信息资源的建设，围绕创新型国家建设，提升集成化知识服务能力。集文献资源收藏、科技文献传递、知识组织服务、科技决策信息支撑等多功能于一体，通过开放联合、共建共享，最大限度地支撑国家科技创新体系，向国际一流的数字化、现代化和研究型图书情报机构迈进。

中国科学技术信息研究所国家工程技术图书馆

中国化工信息中心图书馆

一、概述

中国化工信息中心是全国石油化工行业综合性资源采集、技术研究、信息服务和计算机应用技术开发中心，是国家科技图书文献中心参建单位之一，设有全国化工节能（减排）中心、化工标准化研究所、全国化工国际展览交流中心、化工博物馆、化工档案馆、全国音像出版中心等，肩负着化工行业期刊管理、中国石油化工联合会化工情报信息协会、北京市生产力协会等部分政府管理职能，承担着科技部、商务部、国资委、工信部等国家科技成果信息服务平台、重点化工产品产业损害预警信息监测、重点行业产业损害预警数据中心、专利文献检索服务系统的建立与示范应用、企业知识产权战略和管理指南研究等国家重要课题项目，是国内外享有盛誉的石油化工技术咨询服务、网络技术开发和维护机构。

中国化工信息中心作为国家科技图书文献中心成员单位之一，承担石油、化工、化学及相关领域国内外科技文献信息资源建设，科技文摘数据库、引文数据库的加工，以及原文传递和信息咨询等多层次文献信息服务，是国家一级查新和专利技术中介机构。

中国化工信息中心作为原化工部的图书馆，承担着中国化工行业的资源保障、共建共享、信息服务等任务。

二、发展状况

2013 年中国化工信息中心图书馆围绕科技文献资源建设、信息咨询服务、刊物出版研究为重点的发展思路，全面推进行业资源保障能力和服务能力，取得丰硕成果。

1. 完成采集任务，文献资源结构进一步优化

2013 年度订购国外科技期刊 1246 种，会议录、科技报告、工具书等 903 种，事实性和全文数据库 20 种。同时优化学科结构，以资源利用为主，调整利用低和学术质量差的期刊 49 种，科技报告 3 种，停止三年来未到货和到货不好的期刊 38 种，会议录和科技报告 63 种；新增服务企业需要的信息类、市场类、统计类期刊和科技报告 42 种，数据库 3 种。学术质量和学科结构得到了进一步的优化。

2. 纸质、数字资源并重，电子资源比例进一步增加

2013 年新增订购单种电子版、网络版科技文献资源 62 种，网络版资源总量达到 176 种，全部在单位内部开通使用，大部分协商解决了本地化保存的问题，完成了数字资源平台建设。

3. 改进加工流程，数据揭示时滞进一步缩短

自 2012 年调整加工揭示流程和增加人员以来，基本保证资源到馆一周内，完成资源的登到、编目、揭示、建库工作，提供网络检索服务。2013 年共加工国外科技文摘 32 万条，科学引文数据 274 万条，中文文摘数据 12 万条。

4. 提高服务意识，文献传递服务进一步改善

加强服务人员的爱岗敬业教育，规范原文传递服务流程和要求，定期进行案例分析，吸取以往经验和教训。2013 年在周一至周三开馆的情况下，接待到馆读者同比有明显增加，文献复印量达到 8 万多篇，代查代借超过 2000 篇，服务传递总量增加 20% 以上。

5. 调整业务流程，工作成效得到进一步提高

2012 年年底，重新进行了岗位的设置，明确了各岗位的任务要求和考核指标，并调整从资源订购、催缺、登到、编目、流通、目次扫描、刊名规范、数据加工、借阅、原文传递等业务环节的文献资源交接流程和工作流程，精简了业务环节，缩短了馆内流通时差，人员精简了，工作效率提高了。

6. 参与课题研究，业务能力得到进一步提升

积极参加 NSTL 的"国家战略保障新的资源建设模式""数字环境下文献资源信息建设格局与策略"、国外元数据的采集、开放资源的获取和本地化保存、知识产权风险和规避政策等课题，以及面向联合目录的本地自动化系统升级改造、综合管理系统的改造等项目的研究，开阔了视野，提升了能力，保障了资源，规范了数据，赢得了赞誉。

三、特色资源

1. 技术咨询报告

美国斯坦福研究所、CMAI、CUR、Chem Systems、IHS 等国际机构出版的高度专业化的技术咨询报告（如 PEP、PERP、CEH、WA、SC）等，对国内的技术引进、技术开发、国内外化工产品的市场情况、撰写工程项目建议书和可行性报告乃至基础设计、投资、人力、电力等，是非常有实用价值的借鉴资料和可靠的参考数据，中科院研究院所的专家学者也常常光顾图书馆阅览，已经连续订购 30 多年。

（1）《工艺经济大纲》（*Process Economics Program*，简称 PEP）和《工艺经济大纲述评》（PEP *Reviews*）（20 种/年）。PEP 报告主要从经济上评论和分析重要化学品的工艺过程，从而确立工艺上可行的初步设计数据及操作条件。评价传统工艺与 PEP 报告中所设计工艺的优缺点，并提出改进办法和产品生产成本的估算方法。PEP 报告研究的不仅包括成熟的产品，也包括最近的新产品。PEP 报告叙述非常详细，资料来源可靠，可供化学工作者，尤其是设计、研究人员使用。其用途包括：①规划新的项目；②研究开发有关产品；③进行工艺技术比较；④引进国外技术时分析参考；⑤工艺预测算；⑥项目的可行性研究。

PEP 述评是 PEP 报告的一部分，就一种产品的某一种工艺方法进行评价和经济分析与比较，并与同类工业化工艺进行比较。

(2)《工艺评价研究计划》(*Process Evaluation Research Planning*，简称 PERP)(15—20 种/年)。PERP 报告评价世界上具有工业意义的技术进展，并将它与传统工艺进行技术经济比较。它提供关于重要化学品和石油化学品生产经济的实际规划，以及世界各大公司工艺开发现状的情况。此外，还介绍正在开发的技术。该报告同样适用于科技人员开发新项目、新产品选择最佳工艺和预测未来工艺等。

(3)《化学经济手册》(*Chemical Economics Handbook*，简称 CEH)(12 期/年)。CEH 报告主要研究世界各国化学工业经济进展。报道化工所有专业的原材料及各种产品的技术经济信息，包括现状、展望、生产方法、生产公司厂址和生产能力、产量和销售量、消费量、价格和销售单价及贸易状况。并从今后对技术的要求和化学品的消耗量来剖析未来的市场发展趋向。此外，还提供整个化学工业在经济方面、化学品消耗工业以及国际动态及其他有针对性的资料与统计数据。CEH 报告可供化学工作者，特别是设计人员、生产和贸易市场经营者使用。

另有 WA(石化产品分析报告)、SC(特种化学品)、TA(轮胎分析报告)、磷硫十年展望等技术报告。

2. 中文技术资料

完整收集新中国成立初期到 20 世纪 90 年代国内研究院所和大型企业内部出版的技术文献、咨询资料、统计数据、实验数据、会议文献等非公开发行的灰色资料，由于这些资料数据翔实可靠，至今在产品升级改造和节能减排等方面发挥重要的作用。

3. 专业化数据库、企业竞争平台

为了满足企业单位整合国内外科技文献资源的需要，近几年相继建成塑料、涂料、农药、有机硅、节能减排等 5 个专业化资源平台，将订购和收集到的资料整合建库，提供集中一站式服务；为徐工集团、氟塑科技、中海油集团等 18 家企业建立了个性化的企业竞争平台，这些平台整合了订购的国外几千种科技期刊、会议报告、数据库以及网络版资源的相关信息，将本企业关注的信息资源进行个性化整合，并能实现资源共享和信息分析等。

4. 国家科技成果网

在科技部的支持下，将全国各地区、各行业经省、市、部委认定的权威性科技成果 80 余万项，全部整合建库。实现了成果的查询、成果转让、技术洽谈、科研人才的查询、科研单位研究方向的查询、国家科技扶持政策的查询等服务。

科技成果：以网站拥有的内容丰富、权威的国家科技成果库为核心，配合先进、强大的搜索引擎功能，为用户提供科技成果、技术项目等方面的信息。

科研单位：提供国内各科研院所、高校、企业等所完成的科技成果的查询，基本体现各科研单位近几年的研发工作重点与能力，便于全面了解科研单位研发工作的规模、领域、水平，有针对性地选择科研单位解决技术难题。

科研人才：提供国内科研人才的查询，体现科研人员的研发重点领域。

科技资讯:第一时间向用户报道及时、详尽的国内外科技产业发展动态、研究热点、行业科技进展等,并发布科技部等权威机构提供的科技要闻、政策导向等。

科技政策:收录我国政府、行政管理部门公布的科技法规、管理办法、通知、细则及其他相关重要法规。

统计分析:提供全国科技成果的年度统计报告及其他专题分析报告。

排行榜:由国科网独家权威推出,“中国科研业绩百强榜”等榜单,排名情况实时更新,依据各单位完成并向成果登记部门登记的成果数量进行排名,并提供排名情况自助检索功能。

供需平台:本栏目为用户提供技术供需需求信息、投资信息等的发布。

四、展望

1. 国外科技文献信息资源保障体系

根据国家发展需求,结合国家科技图书文献中心的实际情况,国外科技期刊、会议文献、科技报告、科技丛书、科技工具书以及电子文献资源等科技文献资源,在未来几年内基本满足国内科技界对国外科技文献信息的需求,争取期刊达到1600种,会议文献达到700种,科技报告达到50套以上,行业主要国外科技资源收集基本齐全。

2. 国内科技文献信息资源保障体系

根据国家石油化工行业发展需要,重点收集国内出版的石油化工行业科技文献信息、统计信息、技术标准、专利、成果、年鉴等。国内科技文献资源的直接需求满足率达到90%以上,剩余的通过馆际互借和合作来满足。

3. 网络资源建设

加大网络版、电子信息资源的采集比例,争取到“十二五”末,单种电子资源的采集比例占全部订购资源的50%以上,网络数据库全文期刊超万种,开放期刊整合到电子资源平台,实现内部集中共享。

4. 加强人才队伍建设

继续坚持以人为本,培养、引进和吸纳高素质的复合型人才,造就一批能把握科技信息发展趋势,掌握现代信息技术的科技文献资源建设、信息研究、知识组织与技术服务等方面的人才队伍。

大事记

2012年7月6日,举办图书馆开发资源和电子资源使用讲座,来自单位50多位员工和到馆读者参加了本次讲座。大家在资源的采购政策、推荐流程、知识产权保护、合理使用等方面进行了现场提问,同时结合自身查找文献过程中遇到的有关问题进行了交流,会后还组织了部分读者到图书馆参观学习。

2012年8月22日，美籍华人Ywonne Hu女士在图书馆实习交流期间，举办了一场关于“提高英语听力与交流水平”的培训活动。她结合自身学习英汉双语的实际经验，以独特的视角介绍了关于学习英语的思路与方法，在多媒体技术不断进步和发展的背景下，重点介绍了一些依托于互联网学习的新方式。同时，她还根据生活感悟，在价值观、教育理念、饮食、着装、休闲娱乐等方面介绍了她眼中的中美文化差异。

2012年8月30日，由中国图书进出口（集团）总公司、中国图书馆学会专业图书馆分会、中国图书馆学会高校图书馆分会共同主办的第四届“中国图书馆馆长与国际出版社高层对话论坛”在北京举行。本次论坛是第19届北京国际图书博览会的重要文化活动之一，论坛主题是：学术出版与科学数据交流。出席本次论坛的有国家科技图书文献中心主任袁海波、中国科学院国家科学图书馆馆长张晓林、北大图书馆馆长朱强、中国图书进出口（集团）总公司总经理刘伯根以及来自国内外近150家公共、大学和专业图书馆的馆长和负责人、出版集团高层，国际知名出版社等机构的高管和代表也应邀出席，揭玉斌馆长成功主持了本届论坛。

2013年3月22日，与DIALOG公司签署系统联机服务事宜协议。合同要求购买的DIALOG国际联机检索系统能够检索世界范围内的信息，采用年包库方式，IP和用户名密码控制，在尊重知识产权前提下合理使用资源，年底提供检索使用情况清单。

2013年3月25日，与Questel Orbit公司签订专利元数据购买和分析工具使用协议。协议要求Questel Orbit专利分析工具，包含全球约100个国家的专利全文信息，能够实现专利全文检索、多语言检索、指令检索，可以对专利权人、IPC分类号、出版年、优先权日及发明人进行50多种不同图表的表征分析，并提供人员培训和日常技术支持服务。

2013年4月1日，国家科技图书文献中心袁海波主任等一行四人来中国化工信息中心图书馆检查科技文献的馆藏与库房管理工作。图书馆负责人做了主题汇报，围绕馆藏总量、库房分布、库房陈列、库房排架以及安全管理等方面做了全面阐述，并对未来10年科技文献的库房管理做了科学合理的预测与评估。

2013年7月15—16日，全国化工科技文献共享协作网年会暨国家科技图书文献中心资源宣传服务推广会在湖北宜昌召开。国家科技图书文献中心成员单位、NSTL服务站、石化行业研究院所图书馆、科技信息服务部门、石化企业等单位的46名代表参会，共同探讨新时代图书馆发展方向。

2013年7月25日，代表NSTL与北京合享新创信息科技有限公司签订SHAREPAT中国专利数据许可服务协议。协议规定，允许在NSTL网站上检索、浏览和分析被许可材料，NSTL合法用户可以访问、检索，用户为了专利研究和分析，允许下载规定量内的被许可的材料，但不允许商业使用被许可材料。

2013年8月29日，在北京临空皇冠假日酒店，揭玉斌馆长成功主持了第五届中国图书馆馆长与国际出版社高层对话论坛。主题为“电子图书与图书馆”，国内重要图书情报机构专家陈力、张晓林、朱强及国外出版集团高层，就数字出版和网络出版的趋势与战略、电子图书对图书馆的影响、电子图书的技术发展趋势、知识产权管理等热点话题开展对话讨论。

2013年10月21日，完成了2013年度国外科技文献资源的订购。侧重深化资源利用和质量分析，走访重点用户和研究院所，听取用户使用情况，对质量差、到货不好、利用率不高、已经能够开放获取等情况的期刊，主动停止了续订。节省下来的经费用于订购读者推荐和新出版的高质量的资源。2013 年新增订购期刊 49 种，会议文献 3 种。2014 年共订购国外科技期刊 1246 种，科技会议录、科技报告、工具书等 903 种，事实性和全文数据库 20 种。

2013 年 11 月 8 日承担的面向联合目录的本地自动化系统升级改造——主要是满足中国化工信息中心、机械工业信息研究院、冶金工业信息标准研究院、中国标准化研究院、中国计量科学研究院 5 家 NSTL 成员单位本地图书馆自动化系统应用及转型的需要。该系统采用主流的客户机/服务器及浏览器/应用服务器/数据库服务器体系结构，支持 SYBASE、ORACLE等大型关系数据库，支持中心馆、分馆图书馆业务和数据交互要求，包括采访、期刊、编目、流通、典藏、公共检索（OPAC）、系统管理 7 个模块。在 NSTL 五家成员单位稳定试运行一年后，顺利通过 NSTL 组织的专家验收。

2013 年 12 月 20 日，与北京创讯未来软件技术有限公司签订 NSTL 会议文献数据清洗系统开发设计合同。合同要求对 NSTL 九家成员单位会议书目数据进行系统清查，梳理并分析其中存在的问题，提出有针对性的解决措施，完善会议编目规则和会议元数据规范，形成内容完整、规范准确、符合质量要求的会议元数据和规范文档。

中国化工信息中心
揭玉斌　张俊明

冶金工业信息标准研究院

一、概述

冶金工业信息标准研究院始建于1963年3月26日，曾几经更名，并完成改制，现为国家级公益类科技信息研究机构。原为冶金部情报所，现为国家科技图书文献中心成员单位之一。冶金工业信息标准研究院（以下简称“冶金院”）的定位是全国冶金行业集科技文献资源中心，科技信息、产品标准研究中心，国家甲级工程咨询中心，冶金标准化技术归口单位于一体，综合实力强大的信息和标准化机构。发展目标定位为——建设成为政府和企业信赖的冶金信息和标准化科技服务机构。为国内外用户提供更多的“唯一、第一、专一”的产品和服务。

二、特色资源与服务

冶金院的资源与服务等工作主要是围绕国家科技图书文献中心的资源建设工作展开。

2013年发订外文印本期刊1105种，外文印本文献832种。文摘数据加工16.5万条。引文数据加工76万条。原文服务中NSTL网络服务系统15 419篇，本地冶金信息网服务系统21 129篇，合计完成原文请求服务36 548篇。科技查新完成700余项。

炼铁专业化信息服务平台、炼钢专业化信息服务平台、轧钢专业化信息服务平台、金属制品专业化信息服务平台、有色金属专业化信息服务平台、稀土专业化信息服务平台、节能减排专业化信息服务平台等7个冶金专业化服务平台服务效果显著，用户涵盖冶金企业200余家。扩大了NSTL资源的普惠力度，发挥了NSTL的资源保障优势。开展冶金行业企业化服务模式创新服务，为企业科技创新提供信息保障。

三、资源建设工作

1. 建章立制，提高科技文献采集精细化水平

2013年，为了进一步提高科技文献采集精细化水平，冶金院修订了《国家工程图书馆第二分馆文献资源评估管理办法》，规范资源建设工作，将资源的利用作为资源采集的评估指标。2013年，冶金院的数据库调整新增工作就是这一办法的产物，通过对在订资源的评估分析，将在订资源进行服务和利用效果评价，对资源工作的要求更加深入和全面，同时将资源建设与服务工作有机结合在一起，用制度约束并促业务开展。

2. 多项措施提高文献到货率和到全率

通过定期和不定期催缺、直接联系出版机构获得最新信息、到货虹桥签到和 EXCEL 表签到、北邮系统签到数据等相结合并派专人负责，以及定期多面核对、数据库建设加工任务完成日期倒逼机制、与代理公司的服务人员和进口人员直接沟通机制等多项措施，有效提高文献的到货率和到全率。

3. 深化资源分析，优化资源结构亮点

（1）遵守 NSTL 新增推荐的有关规定，结合行业“十二五”规划，制定本行业适用的新增推荐原则。冶金院 2013 年度外文文献新增工作延续 2012 年度外文文献新增工作的大原则，主要根据 NSTL 新增资源推荐的有关规定，结合《钢铁工业“十二五”规划》的钢铁工业发展规划思路，围绕矿业、冶金及工程材料学科领域，考虑用户推荐、现有馆藏资源学科、区域分布、语种分布、出版机构分布等状况，慎重推荐 2013 年度外文科技文献新增品种清单。具体优选原则为：推荐新增资源首先考虑学科保障和用户需求，资源能发挥对行业的支撑和保障作用；推荐新增资源确保能订购到货且能为用户提供服务；推荐新增资源本身确属权威机构或知名出版机构，在行业内学术质量较高；在订资源所在出版机构的优先。

根据中心新增文献原则以及推荐要求，综合考虑推荐文献的筛选原则、收藏分配和遴选办法，本单位优选报送期刊 21 种，文献 7 种，最终中心批复新增期刊 18 种，非刊文献 7 种。

（2）走访政府机构、企事业单位进行新增资源调研。采用资源建设群体参与策略，利用行业研究人员的专业知识优势，对大型知名出版社、行业出版社（学协会、咨询机构）出版物进行分析研究对比，优选出可利用资源信息推荐；重点走访宝钢、鞍钢、沈阳铝镁设计院、中国五矿集团、中国铝业等冶金行业用户，了解其科技信息文献需求，根据其需求推荐新增资源。再结合代理商推荐资源信息进行查重、对比、优选，进行新增资源推荐。

（3）国际重要咨询机构咨询研究报告的追踪。国际重要咨询机构每年出版的报告很多，涵盖矿业工程、冶金工业从矿产勘探、选矿、采矿到原材料制备、冶炼、浇铸、轧制、压力加工、产品制造、应用及市场需求、市场预测几乎全流程的信息资源。由于这些报告的利用价值很高，时效性强，对已订资源选择订购具有开发潜质及高附加值，能为国家和企业带来社会和经济效益，促进生产力和技术发展进步的资源信息，在规避知识产权问题的前提下进行研究开发利用。未订购资源，满足企业和专家研究需求，核心还是以用户需求为导向。优先选订矿业工程、冶金工业需求迫切、能带来社会和经济效益，以及能够加工析出单篇文献并提供原文服务的外文文献。

（4）加大工程技术类国外会议录文献的追踪。工程技术类国外出版机构出版物同其他类文献不同，其出版情况经常受全球经济发展形势、行业生产形势的影响，而使会议取消、出版物推迟或取消出版。会议文献的出版状况异于其他类文献类型的出版情况。有些会议文献是会前出版，有些是会后出版，有些在会后还需要收集资源、文章，因而不能及时获得，甚至其出版物会在下届会议文献出版之后出版。加大追踪力度，保障收藏并利用。

（5）在订资源的研究与利用。继续并加大对在订资源利用情况的分析研究与质量评估力度；重点资源关注跟踪到货及利用情况，以便进一步优化自身资源结构，提高馆藏资源质量，实现大范围的信息资源共建共享。用户需求趋于多样复杂，将资源服务拓展涵盖冶金行

业上下游产业链，提高改善资源利用状况，反馈并指导资源建设工作。

4. 拓展文献采集渠道，补充馆藏资源

（1）继续开展国际交换工作，补充馆藏资源。2013 年交换刊 4 种：《钢铁》（月刊）、《有色金属工程》（原《有色金属》，双月刊）、《化学分析》（月刊）、《金属学报》（月刊），获取其提供的交换刊近 20 种。

发往日本、马来西亚、德国、美国和俄罗斯 5 个国家的 11 个机构，其中，日本 7 个机构，俄罗斯、美国、德国、马来西亚各 1 个机构。

（2）参加会议交流，以会员身份获得部分资源。通过参加矿业、冶金及工程材料相关的会议，或者依靠冶金院行业优势，加入学协会成为会员，以便获得会议相关资料，补充了馆藏。

（3）与国内相关图书机构合作，过刊补缺期。国内一些图书馆（如国家图书馆、NSTL 成员馆等）进行交流，获取过刊的缺期期刊，补充馆藏文献。获得的这些期刊载体形态为电子版和印刷版两种。

（4）参加书展搜集资料，补充馆藏。国外出版机构、学协会网站获取免费信息，包括一些会议论文、统计数据、年鉴及其他一些免费资源，下载到本地，补充了馆藏资源。

（5）免费资源的收集。随着开放获取资源的增多，许多国外技术文献可在相应的网站上刊载，加强这部分文献的收集与研究，充分加以利用。

5. 文献编目

2013 年全年完成签到及编目数据情况如下表所示：

表 1　2013 年联编书目数量统计

文献类型		合计
期刊		31
文献	会议录	474
	科技报告	0
	工具书	40
	科技丛书	63
	文集汇编	20
	其他	0
	总计	597
合计		628

表 2　2013 年期刊签到数量统计

语种	西文	日文	俄文	港台中文	总计
合计（册）	8790	1416	811	109	11 126

6. 数据库建设

(1)文摘和引文等2013年数据加工工作的完成情况

表3 2013年文摘和引文等数据加工工作的完成情况

文献类型		2013年计划(条)	实际完成量(条)	完成比例
文摘	西文期刊	103 000	117 393	113.97%
	日文期刊	13 000	10 878	83.68%
	俄文期刊	12 000	10 447	87.06%
	外文会议	29 000	22 402	77.25%
	文集汇编	3000	344	11.47%
	科技丛书	-	3285	-
	小计	160 000	164 749	102.97%
引文		700 000	655 059条	93.58%

可见年初上报各文献类型的详细加工计划量有所欠缺,因此2014年的加工计划进行相应的调整。总体来讲,2013年的文摘和引文加工总量基本完成。

(2)钢筋、钢管和金属制品频道建设完成并成功发布。2013年"钢筋行业月度分析报告钢筋信息频道""钢管行业月度分析报告钢管信息频道""金属制品行业月度分析报告金属制品信息频道"成功上线发布和出版服务。开展行业专业化信息服务,信息涵盖技术和市场。月度分析报告内容有:热点行业咨询跟踪、热点企业咨询跟踪、工艺装备研发动态、国内外相关专利信息。信息频道内容有:宏观经济、热点资讯、统计数据、相关产品市场评述、上下游企业、定制服务。行业动态内容有:国内外动态、上下游动态、价格汇总、科技动态、政策法规。资源和服务有:科技文献、文献检索、定题付服务、国内外专利信息、特种文献、规格标准等。同期每月出版月度分析报告,为我国钢筋、钢管和金属制品企业开展个性化一站式服务。

(3)完善数据库建设制度。①实行期刊登记制度。经阅览室登到后进入加工组的待加工期刊必须进行再次登记,登记内容包括年、卷、期以及取刊与还刊日期。随时掌握加工进度。②坚持自行加工与外包加工并行的加工方式。自行加工依然采用线内加工模式,外包加工采用加工单位提交XML文件导入模式,严格审核制度,严把质量关。建立加工组待加工期刊每周核对制度。每周五统计下发错误回退后未返回的期刊数量并列表,及时与本院联编组及中心加工组沟通,尽快解决期刊积压问题。③历史数据的清理工作。为了保证为用户提供更好的服务,针对服务组在原文请求服务中发现的问题,冶金院对历史的错误数据集中进行了清理。

四、文献信息服务

1. 提高全文提供服务质量和时效

(1)值班责任负责制。原文请求工作人员实行轮流值班制,谁值班谁负责,负责的内容包括:原文请求的时效、收发邮件、附件文章质量的检查等。

(2)扫描人员固定。为了保证文献传递服务质量,首先固定扫描人员,最大限度地保证扫描文件的质量。文件处理人员将文件进行去除黑边修正,严格控制扫描质量,不允许有歪斜,并且严格执行中心的裁边规定;对于一些装订后比较厚的刊,也要求必须保证扫描后无缺失文字。

(3)固定接收请求时间和严把超时关。为了提高响应时间,每日接收订单要求至少每两个小时接收一次,同时分发给查号人员进行处理。对原文请求工作流程的每一个环节都有时间限制,确保以最快的响应速度发送给读者。同时,建立了时效考核制度,出现超时有处罚措施。

(4)加强内部交流和培训。服务人员在做原文请求和代查代借的同时也负责阅览、编目等工作,业务工作量已饱满,这样就要求工作人员不断提高工作效率和质量。因此,利用业余时间加强内部交流,交流查号、裁边、修正的技巧,交流光盘、数据库的使用方法,同时撰写使用规范和使用工作笔记,使工作人员在遇到困难时有章可循。另外有定期和不定期的岗位培训,使服务人员对馆藏资源更加了解,更加精通,也就更能胜任服务工作。

2. 宣传与服务

2013 年,冶金院加大对企业用户的宣传力度。通过参加行业会议、走访企业,宣传和推介 NSTL。同时冶金专业化服务平台开放中心接口,通过接口用户可以直接获得 NSTL 各成员单位发送的原文请求,宣传了 NSTL 丰富的资源和优质的服务。作为行业内信息资源最丰富的科研院所,冶金院立足于为行业服务,在开展查新、咨询及网站服务时,积极地向用户推荐中心丰富的文献资源。

(1)在行业媒体宣传。2013 年在《中国冶金文摘》发表连载文章,宣传 NSTL 的资源和服务。

(2)参加 NSTL 的西部阳光行动。冶金院参加了 NSTL 新疆和西藏宣传活动——西部阳光行动。

(3)2013 年与地方研究院所和成员单位一起合作开展企业服务。2013 年冶金院与中国标准化研究院、浙江省科技信息研究院、苏州独墅湖图书馆等一起合作,尝试背靠行业发挥地方优势,探索开展专业化信息服务新模式。

与中国标准化研究院合作——为企业提供国外冶金产品标准,翻译成中文,提供信息服务,为企业拓展国际市场提供当地标准信息服务。例如:天钢销售钢筋到伊拉克,急需了解伊拉克的市场、标准情况,冶金院和中国标准化研究院两家成员单位的服务人员组成企业标准信息服务应急小组,第一时间给天钢提供伊拉克的带肋钢筋的标准。

与苏州服务站合作,为苏州工业园区纳米材料企业做讲座:纳米标准化、NSTL 标准文献获取。与杭州服务站合作,走访遂昌金属制品企业,为金属制品企业开展企业科技创新平台建设和产业规划助力。与兰州服务站合作为甘肃金川公司开展标准信息、情报咨询等服务。

冶金院依托行业优势,地方情报所依托地方优势,优势互补为企业科技创新开展多种形式的信息服务。

3. 面向国家重大需求（重大专项、援疆援藏、院士服务）开展的专业化、知识化服务内容、保障机制和效果

为矿业、冶金和工程材料领域的院士及其团队开展一对一重大课题服务，获得了院士专家们的认可。冶金院密切联系超临界火电用钢课题组，一直为该重大专项提供专利和信息服务，目前已经启动为新材料专项服务的工作，一直积极为该重大专项开展相关信息服务。

4. 面向企业技术创新群体服务的突出进展和成效

开展专利咨询服务。为中冶设备、沙钢、攀钢等企业做了如《带钢连续电镀镍技术专利跟踪分析》《具有优异耐海水腐蚀性能的高强螺纹钢筋》《健康、环保的钒钛铸铁烹饪器具开发应用》《高炉煤气综合利用专利技术国际研发态势分析》《高强度中厚板领域竞争对手分析》等专利咨询报告，获得企业的好评。

中国科协、中国金属学会——《企业创新学会支持平台》项目，依赖冶金院的知识产权优势，委托冶金院完成了钢铁领域的主要工作，研究成果得到了金属学会及中国科协的认可。该项目是一个持续性的课题，已经连续三年让冶金院承担课题主要工作。

5. 重视知识产权

（1）更新阅览室读者须知。考虑部分到馆读者对资源的合理使用理解不到位，2013 年冶金院再次更新了阅览室读者须知，让读者充分了解到知识产权的重要。

（2）在原文请求服务中严格把关。某一用户的请求数量比较集中在某一册资料中，服务人员便会联系用户，提醒其不要超出合理使用范围，更好地宣传知识产权。

（3）专业化服务平台的版权规避。在平台服务的过程中，对各项服务是否符合版权规定进行评估，并针对服务过程中可能出现的版权问题进行规避，同时提出如何加强版权保护的具体意见和建议，包括相关的具体网络措施和限制、应遵守的规章制度和工作流程等。

6. 冶金专业化服务平台

2013 年冶金院对炼铁、炼钢和轧钢这 3 个钢铁行业主流程的专业化服务平台开展了钢铁企业的宣传和推广，提高了三个平台的使用效率。通过走访铝厂、锌厂、铜厂和碳素等有色行业企业，了解了有色金属相关的信息需求现状，并为有色企业提供查新、咨询等项目。

（1）数据正常更新；科技文献每月更新，中心抽取数据；科技动态随时更新。

（2）各平台通过中心接口让企业用户可以通过平台发送原文请求，提高了 NSTL 的知名度和影响力；稳定了原文请求的数量。

（3）节能平台内容嵌入其他各个专业平台，让节能减排依托专业，以便更好地服务。

（4）翻译部分消息报道类，放入平台数据库中，充实数据库内容，发挥资源的优势。

2013 年，冶金院进一步推进专业化信息服务平台的建设工作，对炼铁、炼钢、轧钢、金属制品、有色、稀土、节能减排等 7 个平台进行数据的更新、维护和服务工作。

五、情报研究与咨询服务

冶金院专利知识产权咨询业务发展迅速,行业认可度进一步提升。2013 年承担工信部的知识产权推进计划项目“我国硅钢片领域专利预警分析和风险应对策略研究”。工信部和专家建议将项目报告《我国硅钢片领域专利预警分析和风险应对策略研究》提交给工信部的“高性能电工钢推广应用协调组”。工信部知识产权管理办公室和课题组合作,召开硅钢专利预警研讨会,宣传这个课题的成果。

承担中国科协和中国金属学会的《企业创新学会支持平台》课题中欧洲、美国专利信息的遴选、加工工作。冶金院依托 TI 和 ORBIT 专利分析系统顺利完成了项目任务。

承担冶金行业企业《带钢连续电镀镍技术专利跟踪分析》等多项专利相关知识产权咨询课题,为企业在市场竞争中赢得主动,及时发现在贸易、投资、技术合作中的知识产权风险,应对国外竞争对手在专利技术领域里对我国企业的挑战,维护企业的利益提供参考。通过专利的分析,找出可供企业借鉴的工艺、技术,发挥后发优势,促进企业科技发展水平的提高。

六、学术交流与研究热点

1. 举办中国钢铁工业科技与竞争战略论坛

2013 年 7 月 15—17 日,冶金工业信息标准研究院、中国金属学会、广西防城港市人民政府联合主办的“2013 中国钢铁工业科技与竞争战略论坛”在广西防城港成功召开。本次论坛的主题是“科技推动绿色钢铁创新建设生态城市”。中国钢铁工业协会党委书记、副会长刘振江,防城港市人民政府副市长姜秀谦,中国金属学会常务副理事长王天义,工业和信息化部原材料工业司钢铁处处长徐文立,国家环保部污防司海洋处处长李义,中国钢铁工业协会副秘书长迟京东,冶金工业信息标准研究院副院长王丽敏、冯超,广西盛隆冶金有限公司副总经理林能镜等领导出席本次论坛。来自中钢协、中国金属学会、防城港市人民政府、钢铁企业、下游用户等 180 多位代表参加了本次论坛。论坛由广西盛隆冶金有限公司承办,世界金属导报社和冶金信息网为媒体支持。

2. 举办高强钢筋生产技术与应用国际研讨会

“高强钢筋生产技术与应用国际研讨会”于 2013 年 8 月 21—22 日在北京顺利召开。本次会议是由冶金工业信息标准研究院、江苏沙钢集团、江苏西城三联控股集团、中信微合金化技术中心联合主办,世界金属导报社承办。来自国内外 150 余位高强钢筋领域的领导与专家们就如何优化高强钢筋的生产工艺,促进高强钢筋的推广应用展开了深入交流和探讨。与会代表一致同意“高强钢筋的推广应用需要供应链中上下游的共同努力”。

住房和城乡建设部标准定额司处长赵毅明指出目前我国高强钢筋推广应用主要存在的问题。中国钢铁工业协会常务副秘书长、冶金工业信息标准研究院院长张宇春在致辞时对当前我国钢铁行业形势进行了分析。她指出，目前整个钢铁行业都在经受产能过剩、市场需求不足、价格低迷的严峻挑战。虽然各企业发展背景、市场运作方式不同，但要走出困境，最终还是要依靠技术、管理、成本，实现质量效益，而工艺技术路线的优化是重要的支撑。张宇春表示，希望通过本次会议，由冶金工业信息标准研究院搭建一个开放平台，把高强钢筋相关领域的管理、生产、技术专家、用户、设备供应商聚集到一起，共同交流探讨、共同促进高强钢筋的生产与应用，为我国钢铁产业结构的转变、发展方式的转变共同努力。

本次高强钢筋生产技术与应用国际研讨会为进一步促进我国高强钢筋的推广应用搭建了一个很好的交流平台，有利于推动我国钢铁产品的结构调整和节能减排。

冶金工业信息标准研究院
李春萌

中国电力科学研究院期刊中心信息资源室

一、概况

中国电力科学研究院期刊中心信息资源室创建于1951年,是该研究院的信息资源收藏与咨询服务中心。经过50多年的积累和发展,建成了以电工技术、动力工程、工业自动化、计算机技术、通信技术、经济管理等相关领域的国家标准和行业标准等信息资源为特色的馆藏体系,成为以网络数字信息服务为特色的数字化图书馆。

二、年度发展状况

1. 信息资源建设

信息资源室的资源包括硬件环境资源、馆藏印本资源、网络电子资源及信息咨询服务资源。硬件环境资源包括:65平方米开架书刊阅览室以及配备的电脑、扫描仪、打印机等设备。

馆藏印本资源现有中文图书、中外文会议文集、电力科技报告逾3.2万册,图书阅览室和开架阅览室有134种专业中文现刊,10种专业外文现刊。

信息资源室逐渐形成了电力科技领域较为丰富的科技信息资源检索体系。网络电子资源包括外网电子资源和内网电子资源。外网电子资源包括中国知网、万方数据、读秀平台、百链云图书馆、Science Direct、EI数据库。内网数字资源集中在中国电力科学研究院数字图书馆中,包括维普中文期刊、超星电子图书、行业专题库。行业专题库是电力科技领域的特色资源,包含电力行业的中外文期刊、国内外会议文集、博硕士学位论文、国际标准、行业标准、企业标准、专利、科技报告、考察分析报告及统计报告等。2013年,配合院工作和科研需要,共采购印本图书10种10册、电子图书3万册。

2013年,持续提高科技信息资源服务质量,不断完善数字资源的配置并积极推广使用。行业专题库特色资源定期更新、维护。在已有数据库的基础上,申请开通了多个数据库的免费试用,同时继续保持为科研人员提供NSTL(国家科技文献中心)和国家标准馆等机构的文献传递服务,为院所员工顺利开展科研工作提供信息资源方面的保障。

2. 参考咨询服务

信息资源室主动树立服务意识,加强对信息资源使用的宣传推广,采用原文传递、馆际互借等方式,提高读者资源利用的能力;采用对各分院区进行专业培训的方式,向读者推介分析检索方法和工具,帮助读者提高信息检索、分析加工的能力,进一步增强科研人员挖掘有效信息、深度分析信息的能力。

加强宣传培训工作,面向科研工作者,在北京、南京及武汉院区陆续举办数字资源有效利用方面的宣贯会,介绍数字资源持有情况和使用技巧,充分发挥信息咨询服务在科研工作中的支撑作用。

2013 年接待到馆读者 491 人次,借还图书 1022 册。

2013 年,完成科技查新 232 项。完成《科技新书目》标准查新 48 期。为院内各所提供标准查新上万条。

3. 科技项目研究

提供高效、全面、权威的信息检索、文献统计和咨询报告。完成《国际化背景下电力科技信息资源开发与深化应用研究》(国家电网公司管理咨询项目)咨询报告,深入推进国家电网公司科技创新体系建设,强化电力科技信息资源的开发、利用和集约化管理对公司系统科技创新建设的基础地位和“三集五大”的支撑作用。出版《电力科技前沿与参考》6 期,向国家电网公司科研决策层定期推送电力科技前沿信息,为科研决策提供强有力的信息支撑服务。

三、结论与展望

图书馆服务经历了从传统文献服务到信息服务的转变,尤其是随着计算机技术、网络技术的发展和普及应用,电子信息服务已经成为图书馆服务的主体内容。而随着数字化技术、知识组织技术的发展,知识服务正在成为新时期专业图书馆的发展方向。着眼于新的发展方向,信息资源室在继续夯实资源建设、用户培训、检索咨询的基础上,需要做到由信息资源馆藏组织向嵌入式科研服务者的全面转型,积极推进电力科技信息平台建设,全面建立面向研究生新生入院信息资源培训制度,提高科研人员的信息素养。

1. 优化资源配置

认真做好电力科技领域信息资源的战略保障和支撑服务工作,持续推进文献信息资源建设和保障体系,加大数字资源引进力度,优化信息资源配置,进一步提高信息资源有效利用率。推进金盘图书管理系统上线运行工作。

2. 推进知识服务

深入开展面向科研一线的深层次、专业化、精细化信息咨询服务,打造电力科技领域信息服务体系。以数据库建设为基础,加强与其他部门的合作,推进国际交流数据库的建设工作。

3. 提升内部建设

继续深化部门内部建设,持续推进规章制度、工作流程修订工作,不断完善用人机制。

中国电力科学研究院期刊中心信息资源室
沈雷

工业和信息化部电子科学技术情报研究所
科技文献与数据中心

一、概况

工业和信息化部电子科学技术情报研究所科技文献与数据中心(以下简称“中心”)作为电子信息领域的专业图书馆,拥有覆盖电子工业与信息技术各领域的核心期刊、文献、图书、年鉴、科技报告、产品数据手册等各类特色文献资料10万余册。同时,中心积极整合、重组和优化现有信息资源,加强馆藏资源数字化建设,建设了20多个数字化资源数据库,数据量达到1600余万条。目前,已经形成了从纸本资料到网络资源远程服务的跨越式发展。

中心作为国防科技工业数字图书馆电子分馆,通过与各行业情报所之间的资源共建共享,有效提高了国防科技文献资源整体保障能力、快速反应能力与服务水平。中心作为国家科技图书文献中心(NSTL)电子科技服务站,充分利用NSTL丰富的文献资源,为行业用户提供更加完善的服务,同时也促进了NSTL科技文献的有效利用。

同时,中心加大在知识管理体系建设和智能文献情报服务保障平台方面的建设,开始实现从传统的文献信息服务向知识服务的转变。

二、文献信息资源建设

2013年,采集外文期刊51种、外文文献304册、中文期刊165种、中文文献85册。

开通了2个中文网络数据库。

继续建设维护具有自主知识产权的数据库产品。其中,“中国电子元器件产品数据库”年度更新产品数据8000余条;“中国电子厂商数据库”年度更新数据9000余条。

全年数字化各类资源2.9万页。其中,对1986年以来的全部27版《中国电子信息产业年鉴》全部进行了数字化,通过OCR识别和校对,制作成为双层PDF文档,即保持原书风貌又实现了文字内容的有效检索和复制。

三、知识管理体系研究

参与中国科技信息研究所牵头的《汉语主题词表》(工程技术版)总审工作。

参与中国科技信息研究所牵头的《超级英文词表》的编制工作,承担电子与电信技术和自动化部分总计2.2个英文概念的加工工作。具体内容包括:英文词汇选择、赋予范畴号、建立用代关系、给予中英文解释、建立与中文概念的映射关系。

开发了“科技文献知识管理系统”(L-KMS),集高品质信息资源、先进检索算法技术、多元化增值服务、人性化设计等特色于一身,致力于对海量的科技文献资料进行精准搜索、多元关联、深层发现,为用户提供高效实用的知识管理工具。

建立了包含10 000多个语料的《中英文翻译语料库》。

四、文献与情报管理与服务系统建设

1. 知海领航情报生态系统

主要面向信息服务和咨询机构科研人员、政府决策支撑人员,针对信息量庞大、杂乱的状况,解决定题信息难以获取、多源信息难以整合、庞杂信息难以筛选、繁乱信息难以归类、新兴苗头难以发现、不良信息难以追溯、热点趋势难以研判的问题,从广袤的知识海洋里捃取有用信息,通过先进的自然语言处理和数据挖掘技术,助力科研人员及时掌握有效情报,丰富完善知识体系,准确研判事件态势,时刻引领科技前沿。

知海领航智能情报分析系统通过对多源异构文本信息的自动采集、整合处理,利用自然语言处理与机器学习、数据挖掘技术实现对各领域情报信息的自动归类、主题监测、热点发现、关联分析、趋势跟踪,增强情报研究和信息服务的保障能力,满足相关行业对情报信息的深层次、个性化和知识化需求。

2. 工业和信息化技术经济情报保障服务平台

依托研究所的资源优势与软硬件环境,近年来加大基本建设和技术改造,实施建设了“工业和信息化技术经济情报保障服务平台”,进一步增强了专业图书馆文献服务保障能力。

保障服务平台包括信息资源、信息采集与处理系统、信息保障服务系统以及相应的安全保障体系、标准规范、运维服务和基础设施七个部分,其中业务应用与应用支撑部分在功能上组成情报采集加工系统,支撑服务与服务门户网站在功能上组成情报支撑服务系统。

对于各类文献资料和分析计算的综合数据,一方面采用标准的分类体系,通过分词、索引,从多个角度描述用户查找的特定信息,为用户提供一站式的、经过深度挖掘的专业化、精细化的信息资源;另一方面,根据用户需求建立用户模型,按需提供多种检索方式和结果展示方式,将友好的个人页面布局与熟悉的网络工具结合在一起,使用户轻松快速找到目标结果并浏览最感兴趣的信息,从而为用户进一步提供更精准、更有价值的语义检索、主题监测、动态跟踪、事件预警等服务。

五、文献保障与服务

1. 文献保障服务

面向全国各行业科研院所、大学、军队、工厂、企业、公司及个人开展文献服务:包括数据库服务、文献检索、原文传递、资料代购、科技查新、专题定制、数据定制等。中心充分发挥和利用馆藏文献资源、数据库资源和网络信息资源优势,借助先进的信息研究和情报分析技术，为产业政策制定、科研决策、科技管理，提供前瞻及时、系统化的数据支撑服务。

2. 查新服务

作为经原国防科学技术工业委员会认定的，具有从事科技查新业务资质的工业和信息化部专业科技查新机构，自1992年成立至今，为电子及相关专业各类科技成果鉴定，各种科技奖项申报、新产品开发、各类基金申请、国家计划项目及专利申报的前期检索等提供大量的科技查新服务，2012—2013年完成各类科技查新共750余项。

3. 新型服务拓展

以具有良好用户体验的数据保障平台软件为基础，着手打造雷达、通信、综合电子战武器装备技术等12大类专业模块化数据库以及微电子技术、集成电路设计、电子元器件、智能与知识处理等56个学科专题等服务模式，面向政府、军方、行业、企业、所内科研一线，开展特种文献服务。

六、学术活动

中心非常注重人员素质提高和专业技术培养，积极组织员工参加各类学术活动并积极投稿。

2012年，共为7个主题的学术征文活动投稿17篇，除一篇主办方未发通知外其余16篇均被录用，其中5篇获奖，另有3篇2011年投稿的文章2012年获奖。

2013年，中心有11人次参加了4个主题的学术征文活动，提交论文9篇，其中6篇获奖。

工信部电子科学技术情报研究所科技文献与数据中心
刘利群　郭永梅　范增杰　周峻松　李亦豪　冯华

工业和信息化部电信科学技术情报研究所

一、工作概况

工业和信息化部电信科学技术情报研究所长期从事国内外信息通信领域情报、新技术和新业务发展趋势、市场及监管等多领域软科学研究工作，收集和整理了该领域各类文献资源，主要涵盖了科技期刊、图书、专利文献、标准文献、科技报告和成果文献等，并拥有数字化加工、文献资源集成、网络共享服务的网络环境基础和文献工作平台，形成了行业共享机制及专业化文献采集、加工、服务的人才队伍。对全球通信运营、互联网行业、软件业、通信设备制造和终端产业等领域进行全面跟踪，初步形成涵盖全球的“ICT 产业数据库”体系并搭建了平台。目前，该平台已积累结构化数据累计超过 3600 万条，覆盖 3000 余项信息通信领域核心 KPI，以及其他相关大量行业非结构资源和文档，积累了丰富的全球 ICT 产业数据和情报，信息资源积累超过 500G。同时结合行业监管研究和支撑的需要，还先后开发了“互联网舆情监测系统”“域名管理支撑系统”“域名从业机构管理系统”“垃圾短信网间联动处理平台”等，进一步强化了在专业监管领域的信息和情报分析能力。

为满足信息通信行业发展的需要，2013 年研究所还重点开发了线上服务平台并投入使用，将传统的信息和情报咨询模式迁移到互联网线上平台。同时，开发出基于安卓和苹果 iOS 操作系统的客户端“掌上 ICT”，开通了微信公众号，初步形成了线上与线下有效结合的综合信息服务模式，有力地支撑了“支撑政府、服务行业”的发展定位。

2013 年，《世界电信》和《现代电信科技》抓住热点话题，加强内容策划，如 IDC 业务发展及市场准入、移动转售业务、信息消费、网络共享等，受到业内的关注。《世界电信》曾荣获工业和信息化部科技期刊“精品科技期刊奖”和“优秀科技期刊奖”。《现代电信科技》曾荣获国家科委优秀科技期刊奖、北京市四通杯优秀期刊奖及工业和信息化部优秀科技期刊一等奖。

二、文献信息资源建设

2013 年研究所进一步丰富和完善了“ICT 产业数据库”体系，重点开发了“主要国家通信业发展监管子数据库”“主要谈判国电信市场开放政策及开放水平子数据库”“国外电信资费监测子数据库”。同时，充分结合数据库的线上服务、数据的分析挖掘经验以及 BI 展现，充实数据指标构建和数据积累：

（1）主要国家通信业发展监管数据库，涉及 40 个国家电信市场发展与监管政策情况，含各国电信市场发展情况，包括固定、移动、宽带用户规模及普及率，市场竞争格局等。电信监管政策，包括电信立法、监管机构、市场准入、牌照发放、频率分配、资费监管等。

(2)主要谈判国电信市场开放政策及开放水平数据库,涉及35个国家电信市场对外开放情况,包括各国加入WTO或FTA的电信服务开放承诺,各国有关外资投资电信行业的管理制度等。

(3)国外电信资费监测数据库,提供主要国家、主要运营商、不同业务类型(固定/移动/宽带,话音/短信/数据/增值业务)的平均价与感知价以及国外资费监管政策等。

ICT产业数据库概览如下表所示:

序号	数据库名称	主要内容
1	基础信息库	全球约200个国家的基本信息,包括:人口(总数、性别、年龄等)、GDP(总量、人均)、面积(总量、耕地等)
2	电信行业发展库	全球约200个国家的基本电信行业发展情况,包括宽带、移动、固定等细分用户数和业务量数据,电信投资、电信业务总收入等财务数据
3	移动业务发展库	全球各国家、运营商、技术的移动业务细分用户数、业务量及收入数据
4	KPI指标库	全球移动、宽带及运营商的主要CAPEX、EBITDA、收入支出等
5	宽带及互联网业务发展库	全球各国家和运营商的宽带用户总数、增长率、净增用户数、家庭普及率、人口普及率、市场份额等
6	固定业务发展库	全球约200个国家的主线数/用户数、企业用户数、固定无线接入用户数、VoIP用户数、PSTN线路数
7	设备及终端库	全球手机终端出货量、面向终端用户的销售量、运营商网络设施收入、手机终端平均批发价格等
8	国内行业发展库	全行业以及分运营商的用户、业务量、业务收入、投资等主要行业发展指标
9	国内运营商库	三大运营商主要用户、业务量、业务收入、投资等主要指标
10	全球电信业务资费数据库	包括全球近200个国家的基础业务资费对标库,以及全球主要国家、主要运营商固定宽带业务、移动宽带业务及新业务套餐价格。
11	互联网企业数据库	国内外主要上市互联网企业的业务量及财务数据
12	域名/IP地址数据库	全球国家域名及通用顶级域名注册量及变化情况,IP地址申请情况
13	全球频率库	全球主要国家2G、3G和4G频率及许可分配情况
14	国内软件和信息技术服务业	全国及主要省份的软件和信息技术服务业收入
15	国内电子信息制造业	全国及主要省份电子信息制造业销售产值、出口交货值。

此外,研究所还采购了Gartner数据库、IEEE数据库、MyiLibrary数据库等行业内知名的专业级资料库。

三、情报保障与服务

借助先进的信息研究和情报分析技术,为信息产业重大专项和产业政策制定、科技管理、信息产业科研决策和管理,提供了大量前瞻、及时、系统化的情报研究与支撑服务。为信息产业科研单位承担的重大专项及课题项目提供情报调研,为社会相关行业和部门提供信息咨询服务。客户涉及众多信息产业研究机构、企业和行业单位。服务具体包括以下两种形式:

首先,立足系统化、专业化的研究体系,依托“ICT 产业数据库”和各专业业务平台,对行业发展、政策、市场、技术和业务进行全方位的跟踪和分析,形成系列化的监测和行业分析报告,为政府、电信运营和制造企业及相关投资机构深入了解和评估电信业发展提供重要参考,为管理和市场的战略决策提供支撑。2013 年,重点推出《信息通信业大数据应用策略研究》《LTE 关键技术及发展演进研究》《全球电信业转型与新领域拓展研究》《OTT 业务的发展现状及监管策略的研究》《互联网智能电视市场发展研究》等大量行业热点报告以及市场监测和预测报告,以市场为导向,从专家视角增加分析和深度,突出“新、快、准、深”特色,受到行业内客户的广泛欢迎。

其次是专题咨询模式,即充分发挥研究所国际视野、技术敏感、产业前瞻、覆盖全面的研究特色,加强综合性、前瞻性、全局性的研究,依托丰富的国内外信息资源、专家资源为客户开展专题调查、研究、评估和咨询工作,主要包括技术业务创新研究、监管政策演变与趋势研究、全球运营市场和设备市场竞争研究、行业信息化、培训交流等研究。与国内的基础电信运营商、设备制造厂商、互联网企业、投融资机构等保持长期的项目合作。项目的聚焦点主要包括两化融合、信息消费、宽带战略、垃圾短信治理、IDC 与 CDN 研究、智能终端监测、国际化与走出去,实现从多用户咨询报告、项目定制服务到培训交流的多产品、全方位、立体式覆盖。

四、年度科研项目及科研成果

在支撑政府方面,2013 年全年完成纵向课题共 46 项,完成各类临时任务近百项。参加了工业和信息化部 4G 及频谱分配、三网融合、新版电信业务分类目录、信息消费、两化融合、宽带中国战略、移动互联网、电信市场开放、物联网、云计算、大数据、互联网域名与地址等重大课题的研究及支撑工作,充分发挥优势与特长,做好行业发展重大决策的深化研究,圆满完成对部各项重点工作的研究、支撑和保障任务。其中,由研究所负责的有“新形势下我国通信设备制造产业提升策略研究”、工程院“制造业强国”项目“网络与通信”子课题中“网络与通信设备制造”分课题、工业和信息化部垃圾短信专项治理工作、IDC/ISP 实质性审查与相关支撑工作、三网融合、电信业务分类目录和新业务试办管理办法、ICT 行业发展数据库建设、互联网资源管理等具体研究和支撑工作中,发挥重要作用。

五、学术交流

2013 年,在交流培育和国际会议交流市场方面取得了显著的成绩。据统计,2013 年策划组织了 24 场会议及交流项目,其中主要包括:

(1)举办宽带通信及物联网高层论坛、新一代宽带无线移动通信发展论坛;

(2)申报外交部中国—东盟合作基金项目 1 个、外交部亚洲专项合作资金项目 2 项目,与东盟国家政府和运营商开展研讨和交流项目;

(3)在新疆主办中国—亚欧博览会中国亚欧通信交流与合作论坛,在贵阳主办国际生态论坛“生态文明 ICT 产业创新”分论坛,在内蒙古举办中国—国际电联移动转售政策与管制研讨会;

(4)与中国移动合作主办 2013 移动互联网国际研讨会,与日本 KDDI 公司合作举办云计算研讨会等。

工业和信息化部电信科学技术情报研究所

中国核科技信息与经济研究院图书馆

一、概述

中国核科技信息与经济研究院图书馆(以下简称"核科技馆")是国家核行业信息资源收藏与服务中心,成立于1955年(原二机部211图书馆)。其主要业务是收集、加工国内外核科技期刊、图书、科技报告、核标准等,并为整个核行业服务。经过50多年的积累,馆藏资源总量已达150多万件,各种馆藏数据库数据总量在2000万条以上,全文数据量达20T。尤其是以国内独家系统和连续收藏的DOE、NUREG、INIS、EPRI报告等为代表的核科技文献,已使核科技馆形成了国内独具特色,并以国外核能研究、开发、运行与管理的科技文献为代表的信息资源收藏、咨询与服务体系,成为了国内举足轻重的核信息集散地。

二、发展状况

核科技信息资源,是我国核军工、核工业科研生产的基础,更是我国核燃料循环产业创新的保障。作为国家核信息收藏、加工与服务中心,核科技馆自2012年以来,根据国内外图书馆工作发展的大趋势以及核行业科研生产的需求,以核信息资源建设为基础,以坚持培养21世纪高端信息服务人才为核心、以面向基层、面向科研、面向型号提供技术支持的情报研究为方向,坚持不懈地开展工作,并取得了阶段性成果。

1. 加大网络核信息资源的开发力度

科技要发展,信息需先行。20世纪90年代初以来,由于国家实施"军转民"的战略调整,属于支持、保障部门的核工业系统图书情报部门,不可避免地遭遇图书经费被压缩、人员被压缩、机构被精简的情况。国内外书刊大幅度涨价,导致整个核工业系统图书、期刊等进馆量锐减。由于核信息资源在当今世界政治军事中的敏感性,以及它的高、精、尖特性,早在20世纪90年代初以美国为首的西方国家,就开始对我国进行越来越严密的封锁。因此,在上述背景下,如何提高核科技信息资源的占有,从而达到提高核科技馆乃至整个核情报系统对我国核燃料循环产业的信息支撑和服务能力,已经成为核科技馆工作的一项十分紧迫的任务。不解决资源占有问题,信息支撑、保障和服务能力就是"无米之炊"。

互联网上浩如烟海的各种信息资源,给核科技馆带来了解决资源占有的契机。近年来,核科技馆利用自己深厚的计算机软硬件、数据库资源和网络与通讯等技术手段,密切跟踪国内外信息技术的发展趋势,深入地分析和掌握了网络资源分布特点、资源获取的途径,研制出了具有核科技馆特色的信息自动跟踪、识别、下载、建库等网络资源集成系统。通过该系统,实现了对互联网相关核信息资源进行自动跟踪、分析、识别、下载和建库。该系统运行多来，成效十分显著，极大地丰富了馆藏资源，收集了西方国家对我国实行全面封锁的多套核心核科技报告，收集了核科技馆曾经缺失、无法弥补的期刊和报告，两年来下载数字资源量达 10T，同时还极大地缓解了核科技馆信息加工人员严重不足的局面。

2. 网络化环境下工作手段有新突破

我们的社会是一个信息化社会。在这个社会中，一个单位信息技术能力的强弱，信息占有、接收、消化程度的高低，已经成为衡量其创新能力、竞争能力的一个重要指标。因此，无论是个人，还是一个团体，谁先跨越了信息化建设这个历史阶段，谁就在这个“弱肉强食”的世界上，取得了生存、竞争和发展的主动权。所以，利用计算机、通讯和网络，提高自身的服务手段和服务能力建设，已经成为以信息为产业，以传播知识为己任的图书情报部门必须跨越的一道门槛。因此，早在 2002 年，核科技馆在国防口就率先提出了新形势下合理布局工作的战略转移——核信息工作要面向信息数字化、信息传输网络化、服务手段现代化进军。其目的是：

利用当代先进的 IT 技术和网络化手段，解决行业内的“信息孤岛”“信息鸿沟”现象，实现行业内各单位的信息资源、数据、服务功能及其互动关系的融合与重组，提高本行业信息资源共享的范围和深度，从而形成独具我国特色的信息资源保障体系。

核科技馆牵头组织行业内 10 多家核心单位于 2008 年建成了国内唯一的核行业信息资源共建共享平台（一期工程）。为了更好地发挥该平台的作用，2012 年，对平台的管理功能、服务功能和平台资源品种等进行了完善和升级（二期工程）。形成了核行业重点单位信息资源共同建设、数据共同维护的协同工作平台的模式，极大地提高了核行业信息机构的服务能力。该平台通过互联网向用户提供信息资源检索、阅览和全文传递等服务，整合了核行业 70% 以上的信息资源。目前，其数据库数据量已达 3000 万条，全文数据量达 1000 万篇，核心用户近 30 个单位。2013 年，该项目获部级科技进步成果三等奖。

3. 实现信息服务向知识服务的转型

随着互联网的日益普及，人类信息交流由过去时间上、距离上的障碍转变为内容选择上的障碍。因此，作为以信息为产业、传播知识为己任的图书馆，遇到了前所未有的挑战。

这些挑战是：信息需求综合化、信息需求个性化、信息服务专业化、信息服务知识化。因此，核科技馆的信息工作，如何在国内的信息市场中找准自己的位置，寻找自身的发展空间，并以崭新的姿态面对机遇和挑战，是核科技馆甚至整个核信息系统亟待解决的方向性问题。

从 2004 年开始，在国内图书馆界率先实施了以信息资源为基础，以知识需求为先导，以培养人才，建立面向基层、面向科研、面向型号提供技术支持的知识型服务队伍为核心，开拓我国信息服务业高端市场，最终实现将常规的信息服务向知识服务转变的战略转移。

到目前为止，已经完成了 120 多个面向基层、面向科研、面向型号开展技术支持的情报研究课题，取得了非常可观的经济与社会效益。其中，2012—2013 年的两年时间中，完成了：国外国防科技信息资源保障与服务体系研究、国外国防科技发展态势与策略研究、国外核事故应急中的放射性废液处理调研、核燃料后处理事故安全分析专题调研、核燃料后处理厂溶解器调研、大型核燃料后处理厂关键设备方案调研、国外大面积污染区治理活动情况专题调研、国外大型贮罐退役活动情况专题调研、国外后处理厂等相关设施退役活动情况专题调研、内陆厂址后处理厂低放废水排放方案调研、核能开发钚尾端批示流程关键设备国产化调研、核能技术体系研究、国外汞污染治理调研、国外特种材料应用与技术发展研究、国外特种材料生产过程中相关管理方法与规范调研、国内核电厂废物处理技术调研等 20 多个核技术情报研究工作。

上述调研报告，不仅在我国核工业科研生产中发挥了很大的作用，而且还创造了十分可观的经济效益。如“大型核燃料后处理厂建设情报研究”项目，不仅使用单位中核 404 厂、核二院等单位给了很高赞誉，而且，中核集团邱建刚副总经理还专门为此题词。同时，该项目获得中核集团科技进步三等奖。

尤其是在 2012 年，参与了国家重大科技重大专项——“大型核燃料后处理厂建设”的“后处理厂建设的情报与信息支持”项目争取与立项工作。目前，该项目经中国核工业集团公司、国家能源局专家组多次论证，已被国家能源局正式列为“大型核燃料后处理厂建设”项目子课题，并已上报国家等待正式审批。

综上所述，最近两年来，紧跟国内外图书情报工作的发展趋势，抓住信息资源占有、服务手段建设、资源开发与利用的主线，以“小核心、大范围”的工作模式，带动核行业基层图书馆实现了新形势下图书馆业务工作的重组与开拓。在激烈的市场竞争中，全面提升了核科技馆的竞争实力、服务能力和生存能力。

三、展望

核科技图书馆在近 60 年的发展历程中，倾注了几代人的心血和精力，在图书情报事业发展方面取得了一定的成绩，资源建设与情报服务能力有了显著的提高，但在发展的道路上还举步维艰，突出表现为缺乏稳定的经费保障和自动化、数字化、服务手段的加强。作为核行业的中心图书馆，要进一步深化改革，以信息资源建设为基础，以为科研生产提供技术情报支持的知识型人才队伍建设为核心，以承担的国家科技重大专项——“后处理厂建设的情报与信息支持”项目 2015 年启动为契机，加强服务理念、加强手段建设、加强核知识的挖掘工作，为我国核工业的发展提供强有力的核信息资源保障和技术情报支持。

中国核科技信息与经济研究院图书馆
熊朝智　姚瑞全

中国原子能科学研究院图书馆

一、概述

中国原子能科学研究院(以下简称“原子能院”)图书馆成立于1956年,馆舍面积1700平方米,隶属于院科技信息部,服务于全院3000多名科研人员。

目前馆藏有核物理、反应堆、加速器、核化学与放射化学、核电子学与探测技术、放射性同位素生产与应用、核技术应用、辐射防护、电子计算机应用等核科技及相关领域的文献资料20余万册。近年来,图书馆积极拓展资源获取渠道,通过自身建设、联合采购、共建共享等多种方式获取国内外与原子能院科研相关的文献,实现文献资源稳步增加,已建成数据库20余个,本地电子资源达30 TB,基本实现了由纸本资源向电子资源服务的转变。

全馆共有在职人员18人,其中研究馆员1人,副研究馆员6人。业务工作分书刊流通、资源建设、情报研究三部分,为全院读者提供书刊借阅、代查代借、文献检索、科技查新、专题服务、情报研究、核科技信息报道等服务,出版有《核科技动态》(半月刊)、《核科技信息》(季刊)、《核科技观察》(不定期刊)3种内部期刊,较好地发挥了科技信息对原子能院科技创新和管理决策的支撑和保障作用。

二、发展状况

1. 资源建设

2013年新增图书1200册,其中中文图书1100多册,西文图书60多册;订购外文原版期刊52种,中文期刊110种。

数字资源建设方面,订购有CNKI期刊、万方学位论文、会议论文、超星电子图书、维普期刊等中文全文数据库,建有外文电子图书、科技期刊、科技报告、常用期刊、IAEA报告等外文全文数据库10余个,2013年本地新增中文文献240万篇,外文文献358万篇,新增西文电子图书7000种。截止到2013年12月,本地外文文献总量达1180万篇(种),中文文献总量达3012万篇(种),电子资源总量达30TB。

针对原子能院的重点领域和重大工程,近年来图书馆相继建成“快堆技术文献专题数据库”“××动力专题数据库”等一系列特色专题数据库,并结合数据库开展专题服务,取得了很好的效果。针对专利文献越来越受到科研人员重视的趋势,2013年图书馆新建成“核领域专利全文数据库”,包含核领域相关专业的专利文摘38万篇,全文28万篇,专题文献资源建设与服务水平不断提高。2013年还建成“原子能院论文论著数据库”,包含中文文献7000余篇,西文文献3000余篇,系统收集了全院科研产生的论文、论著,方便职能部门与科研人员统计与查阅;建成“内部资料全文数据库”,含文献1200篇,将图书馆内部期刊及相关单位的内部期刊收集成库，方便使用。

2. 文献服务

2013年馆内借出书刊2000多册，为读者资料复印或扫描文献约5.3万页，为读者去市区各大专业图书馆代查代借30多次，提供文献5000多页。

2013年图书馆网站的文献下载量继续保持较高水平，累计下载各类文献10万余篇（册），其中中文文献7.8万余篇（册）、外文文献2.8万余篇（册）。

为核领域及相关专业成果鉴定、报奖、产品开发、基金申请、专利申报及研究生毕业等进行大量的科技查新服务，2013年完成科技查新83项。为院科研生产处、人事处等职能部门统计各类论文收录引证数据，完成科技论文收录引证检索30余次。建设原子能院网站上的国内外核新闻栏目，每日更新。

3. 情报研究

完成国防技术基础项目“中俄快堆技术引进知识产权策略与专利战略研究”，共出版10期专利简报、完成1000余篇专利评价，顺利通过科工局验收。

完成原子能院院长基金课题“中国实验快堆和中国先进研究堆运行与管理体制研究”，通过院内验收；积极申请2013年度院长基金项目，1个项目获批立项。

完成原子能院英才基金课题“基于汤森路透平台的反恐爆炸物核探测专利技术研究”，通过院内验收。

完成院科技委咨询课题“院成长型科技创新方向调研”专题研究，按时完成研究报告。

承担横向课题“国外大型高放废液贮槽（罐）退役情况专题调研”和“国外核工业用机械手专题调研”，按时完成并通过验收。

完成院领导、职能部门多次下达的“国外××核技术发展研究”“中小型反应堆技术发展研究”等多项应急咨询任务。

4. 科技信息报道

编译出版24期《核科技动态》。《核科技动态》创刊于2012年，及时跟踪主要核国家、国际组织和重要核研究机构的新动向，密切关注重要核科技领域的新进展，及时报道核科技领域的新思想、新方法、新技术、新产品、新战略、新规划，为领导和科技人员提供及时准确的信息和知识，突出“新、快、精”。该刊以电子版和印刷版两种形式同时出版发送，取得了良好反响，得到了院内基层科研人员与科工局系统二司、中核集团公司及院领导、专家的充分肯定。《核科技动态》获2013年原子能院科技成果一等奖。

翻译、编辑、出版4期《核科技信息》。《核科技信息》创刊于1978年，以日文资料翻译为特色，重点编译介绍后处理、快堆、废物管理、核技术应用等与原子能院密切相关的核领域的技术进展。

组织院内专家撰写了《稳定同位素的应用与电磁分离器》《基于加速器生产的医用^{99m}Tc放射性药物的最新进展》等5期《核科技观察》稿件。《核科技观察》创刊于2007年，旨在依托原子能院多学科和综合性的优势，集成原子能院众多专家的学识和智慧，瞄准国际核科技前沿和重大事件以及热点、焦点问题，通过客观、专业的分析和评价，及时准确地反映世界核科技发展动态、进展和趋势，为领导和上级部门科学决策提供参考，发挥原子能院作为国家重要核科研基地的思想库的功能。

三、未来重点业务发展设想

1. 以高效保障科技创新为目标，以专题特色数据库建设和文献开发利用为重点，做好文献资源建设与服务

在经费有限而文献、数据库的价格持续上涨的情况下，要继续调整文献信息资源建设的思路、重点和方式，以数字化、特色化、本地化、共享化为方向，坚持外购与自建相结合，持续推进文献资源建设。

面向快堆、特种反应堆、核燃料后处理、核设施退役与放射性废物管理等重点领域，加强特色专题文献数据库建设，着力提高对重点领域的文献保障和知识服务能力。力争建成快堆知识保存数据库和基于全文检索的特种反应堆专题数据库。

加强文献的开发利用，加强宣传推介，着力提高文献资源使用效果。做好文献利用情况的统计和跟踪，掌握文献利用动态，发布文献利用年度统计分析报告。进一步深化与相关单位的合作，推进文献资源共建共享。

2. 以打造精品情报刊物为目标，以提高针对性、时效性为重点，做好核科技信息报道与服务

以特色化、系列化、精品化为方向，统筹内部信息刊物出版，做好分工协调，力争及时、准确、全面、系统地做好核科技发展监测报道与分析解读，发挥好情报工作的“尖兵、耳目和参谋”作用。

《核科技动态》要在继续提高刊物质量的基础上，扩大发行面，扩大影响力和知名度。

完成《核科技信息》改版工作，同时出版电子版，并为改成双月刊做准备。

加强《核科技观察》的征稿、约稿工作，探索情报人员与专家相结合的稿件提供模式，发挥院首席专家、学术技术带头人作用，针对国家、集团和院的重点领域以及热点问题组织稿件。

3. 以有效支撑院战略研究与管理决策为目标，以服务“十三五”规划研究为重点，做好情报研究与决策咨询工作

情报研究与咨询工作是科技信息工作的核心业务之一，被誉为科技信息工作的龙头。要充分利用原子能院多学科综合性的优势，加强与院科技委的沟通与联合，集成众多专家智慧，加强战略情报研究与咨询工作，并在研究方向、研究方法、团队建设、情报产品等方面不断创新，为院战略研究与管理决策提供有效情报支持，充分发挥原子能院作为核工业和核科技的思想库作用。

继续做好院长基金、英才基金课题，具备验收条件；继续做好包括院长基金、国防技术基础等在内的新项目申请立项工作，确保有新研究课题。积极探索情报支撑重点项目的新模式，在专家指导下，完成特种反应堆和快堆两个技术领域的技术进展报告，系统分析、梳理，综述这些技术领域的年度进展。

协助院相关部门成立战略研究中心，并开展相关的战略研究工作，努力成为院战略研究的重要组成部分。协助院科技委做好院“十二五”规划总结及“十三五”规划战略研究咨询工作。

中国原子能科学研究院图书馆
张徐璞　夏芸

中国气象局图书馆

一、概述

中国气象局图书馆筹建于20世纪50年代初，正式成立于1953年。在1962年国家科委主持制订的科学技术发展规划中被列为全国气象专业中心图书馆。中国气象局图书馆隶属于中国气象局气象干部培训学院，是面向气象行业及相关领域的业务、科研、教育、决策服务的公益性事业单位，也是中国气象局开展高层次继续教育和岗位培训，培养中、高层次管理人才和业务技术骨干的智力资源库。

中国气象局图书馆紧密围绕气象事业发展，以用户为中心，以服务为导向，收集、整理、加工、保存气象及相关专业的国内外文献资源，建设气象文献信息库，并通过各种形式提供文献资料及知识的传递服务。开展科研查新、专项信息跟踪服务，为气象科研、培训、管理提供参考咨询，扩展信息服务领域。开展文献计量分析与研究，追踪研究国内外气象发展动态，提供有价值的情报研究产品，承担相关气象刊物的编辑出版工作。

中国气象气象局图书馆拥有丰富的气象及密切相关学科的文献资源，包括中外文图书、期刊、会议文集、科技报告、学位论文等多类型纸制文献。馆藏图书约15万册，期刊2000余种，是世界气象组织出版物的指定收藏单位。近年，中国气象局图书馆不断加强数字图书馆建设，一方面围绕气象科研、业务、培训需求，引进了包括ScienceDirect外文期刊数据库、Springer外文期刊数据库、AMS（美国气象学会）期刊数据库、AGU（美国地球物理学会）期刊数据库、CSA文摘数据库以及*Nature*、*Science*等知名期刊电子版在内的国外文献数据库，购买了CNKI系列全文数据库、万方数据库、书生电子图书等中文数字资源，还开发建设了气候变化核心文献库、气候变化专家数据库、气候变化机构数据库、中国气象科学研究院博硕士论文数据库等特色数字资源。同时通过“气象科技信息与情报共享平台”等基础项目建设，构建集气象科技信息收集、处理、存储、传输于一体，具有数字资源整合检索、文献传递、网络参考咨询、信息定制推送等多样化服务功能的气象科技信息共享平台，向气象系统及社会公众提供一站式的网络文献服务。

中国气象局图书馆还承担着《气象科技进展》《气候变化动态》《气象科技快递》等专业刊物的编辑出版工作，以及《气象部门科技成果登记公报》《气象科技年报》等气象科技管理报告的编辑出版工作。

2013年，中国气象局图书馆重点围绕完善业务服务细节、提高服务针对性，加强科技信息研究与情报服务，提升《气候变化动态》《气象科技进展》影响力，以及推进业务与科研项目建设等重点任务扎实开展工作，在多个方面取得较好进展和成绩。

二、发展状况

1. 强基础,重细节,求合作,拓服务

(1)平稳推进基础性业务工作,完善业务服务细节,提高服务针对性

2013 年中国气象局图书馆顺利完成了文献采访、签收、分编、流通阅览、读者参考咨询、原文传递、期刊装订入库等基础性业务工作。按期完成年度文献采访经费执行,完成中文期刊 189 种、外文期刊 100 种、中外图书 400 余种的采访、分编、加工处理和流通服务,并通过图书馆网站、《气象科技进展》以及《中国气象局文献资料通讯》等多个渠道及时予以揭示。完成 10 余种中外文献数据库网络维护更新以及 2014 年续购、增订工作。

积极拓展采访服务方式,向中国气象局领导、各职能司、中国气象科学研究院及各业务中心主任、中国气象局系统的院士和博硕导师、科研与业务培训专家及热心读者等推送外文新书目录,接受反馈建议,查重后及时进行订购,加强文献采访的针对性与及时性,并借以提高专家学者对图书馆的关注与参与。

完善业务服务细节,对外文图书签收、分编至上架流通的业务流程进行优化,缩短新书到馆至阅览开放的时间,提高服务的及时性。2013 年 3 月份集中进行了超期未还文献的催还工作,并进一步加强日常业务中相关环节的责任落实,提高文献流转率。

完成图书馆善本与内部资料馆藏室建设。综合考查馆藏外文期刊的学科领域、学术质量、创刊年代与馆藏年限等,确定外文期刊善本种类与数量。完成了善本与内部资料室的整体布局与架位调整,外文期刊善本的统计、筛选、排架,以及馆藏内部资料的分类建档与排架,为更好地长久保存图书馆特色文献和提高专题文献的利用率创造了良好条件。

努力贴近培训,服务学员,为司局级干部轮训开辟“司局级干部轮训阅读参考”专架,将涉及党政理论前沿、科学管理实践、气象防灾减灾以及应对气候变化等不同领域的馆内最新的图书、期刊和系列出版物集中提供给学员。为方便培训学员在上课培训时间外能方便利用图书馆,图书馆还克服困难,在中午时间开放了综合阅览室,尽力为学员提供更好的服务。

秉承加强合作、资源服务共享的理念,图书馆启动国家图书馆气象分馆设立调研,邀请国家图书馆立法决策服务部领导到访图书馆,沟通、探讨两馆深化业务交流、加强多层面合作的可能。图书馆也走访了国家图书馆立法决策服务部,进一步就合作形式、合作框架与基本内容进行探讨。已完成分馆设立的调研工作,为下一步实施打下良好基础。图书馆还开展了对其他部委文献机构进口外文文献采购方式的调研工作,以此为基础完成了“国外文献购置”专项财务申报的各项准备工作。

(2)完善图书馆网络平台,提供更优质的网络文献服务

图书馆网站是中国气象局图书馆网络化服务的主要窗口,集成了图书馆各类科技文献和数据库资源以及图书馆信息研究产品。设有“服务直达”“数字资源”“信息速递”“信息产品”“读者互动”等栏目,满足读者多方面、各层次的信息检索需要。

2013 年实施并完成了图书馆网络服务平台中“统一用户认证与管理系统、个性化信息服务门户和 VPN 系统”的建设,实现了不同应用系统(OPAC、CVRS、VPN、ILL)与个性化门户之间的单点登录和统一认证,使平台初具个性化信息服务的功能;实现了气象数字图书馆

与中国气象局远程教育平台的互联互通,技术上图书馆将能为气象远程教育提供嵌入式的文献信息支撑服务,同时通过远程教育平台为图书馆扩展了服务渠道。

2. 立足长远,加强信息研究,做好信息咨询服务

(1)以《气候变化动态》为抓手,做好气候变化相关工作

《气候变化动态》是国家气候委员会和中国气象局主办的信息类内部刊物,刊物通过及时、准确、全面、客观地反映国内外气候变化领域的科学成果、政策行动、专家学者观点等,为国内气候变化决策者和研究者提供参考。中国气象局图书馆承担《气候变化动态》的编辑出版发行工作。2013 年按时、高质量地完成了《气候变化动态》周刊的采编出版工作,共完成 45 期(总第 269—313 期),收集、整理、汇总、挖掘、发布信息 1055 篇,共 100 余万字。为保证《气候变化动态》质量,每期编辑人员都是在收集、汇总大量信息的基础上加以筛选、分析、汇编,最终凝练出版的信息量一般仅为原始采集信息量的 20%—30%。2013 年继续着力改进、提高刊物质量,增加反映国际信息的比例,内容更加精练,翻译和编译内容增多,在国际谈判进展缓慢的情况下,加大气候科学研究进展的报道量。

11 月 10 日至 11 月 24 日,中国气象局图书馆首次牵头实施《气候变化动态》特刊《华沙回声》的编辑出版工作,完成 8 期《华沙回声》。《华沙回声》是针对 2013 联合国气候变化大会,在基于会议期间国内外各主要网站和主流媒体对华沙气候大会的报道,集中反映华沙气候变化大会核心议题进展及各方评论信息的特刊。每两天发行一期,面向前方参会人员及国内相关专家学者 600 余人发放,成为中国代表团早会期间常规参阅材料,获得各方好评。

《气候变化动态》编辑团队协助中国气象局科技与气候变化司完成了 IPCC 第五次评估报告政府评审专家的信息支持工作,向科技与气候变化司提供三个工作组数百位专家的基本信息,得到充分肯定。另外,还配合科技与气候变化司开展省级气象部门气候变化业务机构调研,对北京、天津、甘肃和青海四个省(直辖市)级气象部门的气候变化机构设置及工作情况进行了调研。

(2)提升《气象科技进展》质量,扩大刊物影响力

进入《气象科技进展》创刊的第三个年头,《气象科技进展》每期正文从 64 页增加到 80 页,第 4 期更扩充为加厚刊,从常规 80 页增加到 160 页,在工作量增加,人员未增加的情况下,按时完成全年 6 期的编辑出版任务,同时还成功策划出版《气象科技进展》的第一本增刊(140 页)。该《气象与滑坡研究》增刊得到中国气象局山洪办支持,图书馆多位年轻员工参与研究与撰稿,不仅为今后出版专题性增刊积累了经验,也培养和锻炼了年经馆员的学术研究能力。

编辑部在武汉召开的"暴雨研究"专题终审会,是第一次在京外召开的终审会,会前许小峰主编向应邀参会的来自长江科学院和武汉大学的专家赠送了《气象科技进展》合订本,起到了扩大《气象科技进展》影响的良好效果。编辑部还通过走访麻城市气象局、十堰市气象局、十堰国家基本气象站以及湖北空管分局气象台等在鄂市县级科研、业务单位和行业气象部门,了解基层需求,宣传刊物。目前已有江西、天津、甘肃、四川和江苏等省局为本省县级局订阅了全年刊物,从一个层面说明《气象科技进展》的影响力在不断扩大。

以《气象科技进展》为信息出口,图书馆有更多的员工将业务研究成果通过《气象科技进展》得以展示。编辑部与图书馆其他员工组成文献计量分析小组,针对 1—6 期主打文章

主题，刊发 6 篇文献计量分析特定文章，突出了刊物特色，培养了信息分析人才。

（3）持续多渠道提供决策、咨询服务

协助中国气象局科技与气候变化司完成多项决策与信息管理工作。编纂《气象科技信息快递》8 期。《气象科技信息快递》以信息快速提供和参考性强为特点，及时向中国气象局党组和局领导，以及有关职能司报道最新国内外气象事业发展相关动态信息、最新进展和事态等。2013 年分别围绕美国科学院针对美国国家天气局气象现代化和相关调整（MAR）项目的全面评估、2012 财年美国国家大气和海洋管理局（NOAA）业绩报告、美国 NOAA 全球监测、2013 年全球风险报告等国外重要气象进展提供了最新资讯信息，介绍了 MAR 项目的经验教训、美国天气局未来发展分析与建议，解读了美国在全球监测领域的主要成效及今后 5 年的新举措，对我国气象事业发展、气象现代化建设具有极大的启示意义。完成"2012 年气象部门科技成果统计"工作，承担了从原始数据审核、处理、规范，到数据汇总、上报、统计、分析，撰写分析报告等系列工作，出版《2012 年度气象部门科技成果登记公报》。完成《2012 年气象科技年报》编辑出版工作。

查新查证与专题信息咨询是图书馆代表性的信息服务工作，2013 年图书馆完成课题查新 1 项，完成查证 38 项，为气象科研课题申报、结题报奖等科技工作提供了必要的保障。图书馆顺利编辑、发行了 12 期《中国气象局图书馆文献资料通讯》，并大幅增加了信息报道量。报道国外重要期刊论文摘要 1300 余篇，比 2012 年增加 1 倍；报道最新大气科学动态信息 300 余条，比 2012 年增加了 50%；增加了"英汉大气科学缩略语词汇"栏目。高信息量地揭示图书馆的各类资源并提供最新的气象文献信息，及时、准确地反映图书馆业务发展动态。

3. 承担多项业务、科研项目，努力通过项目实施锻炼队伍，为图书馆更快更好发展创造有利条件

集中全馆力量完成了"气象科技信息与情报共享平台"项目建设，极大提高了图书馆基础设施和文献服务能力。项目顺利通过审计机构审计，将进行竣工验收。

参与公益性行业（气象）科研专项"气象科技项目/成果管理评估系统 2 期"，继续承担"气象科技论文统计查询系统"和"气象科技论文规范管理研究"两个子课题。完成"气象科技论文统计查询系统"系统开发调研、需求分析等开发前期工作，交由软件公司按要求进行开发。基本完成"气象科技论文规范管理研究"报告。

承担了"十二五"国家科技支撑项目"IPCC 第五次评估对我国应对气候变化战略的影响"中"IPCC AR5 报告文献计量分析"任务、国家自然基金委青年项目"区分气温、降水、辐射等不同气候变量以及人类活动在中国东部植被变化中的相对贡献"、国家工程院咨询课题"科学认识气候变化及其后果"中"气候变化文献普查"课题任务以及学院科研课题"IPCC 其 AR5 系列报告科学文献来源国别及可国影响力的计量分析"等多项研究性课题，研究取得多方面进展。这些课题既有与图书馆业务在内容上密切相关的，也有基于课题负责人自身学科领域进行创新研究的，课题研究提升了图书馆团队能力，并对图书馆业务起到很好的促进和拓展作用。

三、未来工作设想

作为面向高层次继续教育和岗位培训的信息服务机构，中国气象局图书馆将大力开展教学培训专题式文献服务，面向不同班型，提供针对性的专题文献，开展面向学员的信息素养培训。稳步推进文献资源建设，继续加强对公共平台共享资源的挖掘，作为延伸资源提供给气象用户；加大中外专业图书的采购频度；加强对气象干部培训学院特色教材的收藏。努力提高情报信息产品质量，争取将《气候变化动态》出版周期延长，提升信息丰富度，刊载更多有关国际气候变化的综合性信息；《气象科技进展》策划出版"气象史"增刊，同时为创刊5周年"气象业务关键研究"主题纪念刊进行策划、约稿；《气象科技信息速递》加大对国际气象战略规划、决策信息跟踪、报道力度，提高刊物规范化；《中国气象局图书馆文献资料通讯》加大专题报道内容，加大对国外图书的推介。同时在各刊物信息的共享、多渠道宣传方面把工作进一步做细。大力加强图书馆基础能力建设，围绕图书馆基础设施、系统软件开发等多渠道争取项目。加强省级气象文献服务需求调研，探索与省级图书馆（室）的业务协作，共建共享。

中国气象局图书馆
王卫丹　郑秋红　张萌　李期位

中国地质图书馆

一、概况

中国地质图书馆(中国地质调查局地学文献中心,以下简称“图书馆”)是国土资源部中国地质调查局所属的公益性事业单位,是中国图书馆学会常务理事单位、中国科技情报学会理事单位,现有馆藏文献 76 万卷(册)。主要职责和任务是收集、整理、典藏国内外地学文献,加工、处理、传播国内外地学文献信息,为社会提供地学文献信息服务,研究、开发、转化国内外地学文献信息,实时发布地学情报,开展图书馆学、信息学、地学文献处理技术及标准化的研究,开展地学科普与文化研究、地调成果管理研究,传播地学知识,开展与国内外相关行业和机构的业务交流与合作。

2013 年,图书馆结合党的群众路线教育实践活动,大力实施“五大计划”,推进开放式服务体系建设,为政府决策、科研生产和社会公众做好信息服务和支撑,初步构建了开放式服务的新格局。

启动“大数据计划”,不断夯实资源基础。一是创新方式方法,多渠道采集资源,不断丰富图书馆文献资源库。二是推进馆藏资源数字化,启动了全文数据库和引文数据库的研发建库工作,完成数字化期刊近 20 万页,图书 451.25 万页。三是推动共建共享,推动集约服务和利用,今年逐步推广到地勘行业和国有大型矿业企业,与 22 家签订合作协议,累计达 46 家。四是加大地学文献产品开发力度,完成 78 片整装勘查区文献集成产品开发,成果得到广泛应用。

启动“大研究计划”,持续增强情报服务。一是公开出版译著 1 部(《矿产资源潜力评价》),完成“铀矿”“三稀”等 12 部情报专辑,其中“增强型地热系统”2 部专辑在全国地质调查工作会议和中国地质调查局 2013 年工作会议上引起广泛反响,推动了我国增强型地热系统的勘查和开发。二是办好《国外地学动态》《非常规能源信息》和《地调舆情》的编辑、出版及发行工作。三是积极筹备 2014 年地调局“两会”专辑工作。根据专家调研及热点捕捉,确定并完成了“天然气水合物”两个热点专辑。

启动“大服务计划”,初建开放服务格局。通过创新服务理念,转变服务方式,宣传推广资源与服务,取得很好效果。一是改善学习环境,开放书吧、开架阅览,举办讲座,在图书馆界普遍到馆人数逐年递减的情况下,实现到馆人数倍增。二是深化学科馆员服务,结合群众路线活动,组成 23 个组调研、服务 104 家地勘行业单位,举办了 61 场讲座,与 10 家单位签订了共建共享协议。三是推进科技查新和专题服务,主动上门或到会服务,开展流动服务、VPN 服务、主动推送服务,扩大服务内容,拓展服务深度,提高服务的数量和质量。四是全力做好国土资源部和中国地质调查局的支撑服务。从科技外事、成果管理、文献计量分析、情报研究、文化与科普、党建和廉政建设等方面为部、局做好了支撑服务,受到广泛好评。

启动“大党建计划”,发挥文化引领作用。一是积极推动开放式党建工作格局的构建,深化“4 +9”、推进城乡共建、开展军民共建，与部机关党委共创党建工作，共同推进学习型党组织的建设。二是深化地学文化理论研究和实践调研，完成了《国土资源文化建设现状研究》报告。三是联合举办了“弘扬‘三光荣’，谱写新华章”为主题的2013年地球科学与文化研讨会。四是制订并实施《图书馆文化建设实施方案》，从物质文化、行为文化、制度文化和精神文化等方面推动，取得了明显效果。五是大力加强地学科普工作，完成了地球日、防灾减灾日等科普活动9次；开展地学科普进校园、进社区和进农村活动8次，获得了良好的社会影响。

启动“大平台计划”，增强远程服务支撑。一是应用新技术和新方法，研发或引进多项应用软件支撑业务工作。二是建立仓储服务平台，升级网络带宽，提升网速，由原来的50M增加到100M。三是完善VPN管理，VPN用户增加1340个，总量达6500个。四是改版图书馆门户网站，2013年门户网站页面访问量达270万，电子资源下载使用量达到260多万篇次。

以五大计划实施为重要发展战略的同时，地质图书馆同时坚持保障各项服务工作的续作质量。

二、地质调查与科学研究

1. 地质调查项目工作进展

图书馆2013年共承担纵向项目15项，经费总额3236.21万元。其中结转经费146.21万元，年度新增经费3090万元；续作4项，新开7项，结转4项。11个续作与新开项目设计全部通过地调局相关部门组织的评审，其中优秀3个，良好8个；4个结转项目中2项已完成成果评审，全部为优选。截至目前，图书馆在研横向课题27项，经费总额827.31万。其中结转经费514.41万，年度新增到账经费312..9万。横向课题委托单位涉及信息中心、发展中心、航遥中心等多家单位。

2. 国际合作与交流

向国外发信135封，收到和处理国外来信105封；向国外交换机构发刊3次，共计45种2803册，补刊23次共计148册；收到国外交换图书104册，光盘40份；接受国外赠送刊物10余种，国内赠送刊物10种；订购2014年交换用刊物35种，下载国外电子版书刊75册。

3. 地质调查信息化建设与社会化服务

(1)文献信息资源建设

采购、交换及网上收集到图书、地图、光盘等共3838种6572册/件(其中，采购中文新书1914种4643册；外文图书710种710册；收集部、局系统，地勘行业及社会各界捐赠文献超过1000种册；收到国外交换图书104册，光盘40份；下载国外电子版书刊75册)。采购、交换印本期刊共1073种。完成CNKI全文期刊、维普全文期刊、万方标准、Springer电子书等18项电子资源的采购；开通试用中图电子期刊导航、全国电子报纸索引等8种电子资源。向国外交换机构发刊3次，58种2957册；订购2014年交换用刊物35种。全年共向相关单位捐赠图书3批次共计779册。2013年书刊数据库采购经费共计940万元。完成《中国地质文摘》12 期,文字量达 480 万字。完成 *Abstracts of Chinese Geological Literature* 4 期,文字量约 120 万字。完成《国外科技资料目录——地质学》1—4 期的编辑、审校、出版、发行工作。完成中国地质文献数据库(中文、英文)21 187 条数据入库及网上发布。完成 198 835 页期刊全文的数字化。借还书工作方面,在 10 月份已正式启动 RFID 工作站。

(2)文献信息服务

截至 11 月 19 日全年接待到馆读者 159 510 人次,借还书 97 503 册,为 14 家单位发刊 1782 册,全文传递 14 361 页。上门服务 47 次,接待读者 188 人次,借还书 245 册,提供下载扫描复印件 1167 页。检索文献 142 条,完成查新项目科技查新 93 项,文献引证 116 项。为部储量司、北京地勘局、新疆煤田局、环境监测院等多家单位提供检索相关文献 1400 多篇,下载 800 多篇。

(3)共建共享合作

交流沟通、了解需求是建立合作关系的关键。2013 年,图书馆加强了需求调研,与地学院校、土地督察部门、地勘行业单位多次交流与沟通,使文献资源共建共享合作与往年相比取得突破性进展。目前图书馆与国家土地督察局上海局、成都局、武汉局、北京局,中国地质大学(武汉)、石家庄经济学院、天津地调院、华北地勘局、新疆生产建设兵团国土局、中铝公司、劳雷公司、武警黄金部队、宁夏地矿局、山东煤田局等 18 家单位签订了文献资源共建共享合作协议,截至 2013 年年底,已与 46 家单位签订了共建共享合作协议。

(4)信息基础保障

2013 年图书馆全面提升对外信息服务基础环境保障能力,网络带宽由原来的 50M 增加到 100M;集成文献资源元数据超过 8000 万余条;检索速度不超过 0. 5 秒。2013 年门户网站访问量与去年持平(IP 访问量超过 45 万,页面访问量超过 270 万),图书馆整体信息化工作水平有所提升。

四、党建与精神文明建设

1. 发挥整体功能,增强集体领导能力

中央八项规定出台以来,图书馆领导班子认真组织学习,深刻领会精神,迅速做出部署,及时研究出台《中国地质图书馆党委关于改进工作作风加强廉洁自律的规定》,切实加强党建、精神文明建设与支部建设,发挥工青妇群众组织作用。不断改进工作作风,提出改进调查研究、改进文风会风、规范管理行为等措施和办法。馆领导班子从严要求,带头执行,不断提高领导班子的民主决策、民主管理、民主监督水平和履职尽责能力,进一步规范领导权力运行,推进党风廉政建设,密切党与群众的血肉联系。并立即行动,从调查研究、文风会风、勤俭节约等方面进行整改。

2. 深入开展教育实践活动

通过精心组织筹备,奠定活动基础、抓好集中学习,聚焦四风问题、深入开展调研,找准存在问题、加强建章立制,推进边查边改、做好规定动作,加强自选动作五个步骤推动党的群众路线实践教育活动在图书馆稳步开展。

广泛征求并认真梳理意见建议共计 495 条，针对存在问题，加强建章立制工作。通过对原有共 126 项制度的立改废，沿用原有制度 40 项，废除制度 8 项，修订制度 44 项，新增制度 20 项，其中有 14 项制度被合并，形成现有制度共 104 项。

在做好规定动作的同时，突出做好自选动作。图书馆提出把“弘扬地质图书馆精神，转变服务作风，全面推进五大计划（大研究、大数据、大服务、大党建、大平台计划），构建图书馆开放式服务体系建设”作为开展教育实践活动自选动作的重要内容。

3. 反腐倡廉，强化廉洁自律

除制定、出台《中国地质图书馆党委关于改进工作作风加强廉洁自律的规定》外，还制定了《中国地质图书馆党风廉政建设实施办法》《中国地质图书馆事务公开工作规定》《中国地质图书馆基建工作廉洁自律暂行规定》《加强采购工作管理的规定》。进一步梳理“廉政风险点”，加强防控措施。并签订廉政建设责任书，共与 11 个纵向项目和 27 个横向项目负责人及分管领导签订了项目廉政建设责任书。

中国地质图书馆
王依卓

中国计量科学研究院文献馆

一、概述

中国计量科学研究院成立于 1955 年，隶属国家质检总局，是社会公益型科学研究单位、国家最高计量科学研究中心和国家级法定计量技术机构。承担着研究、建立、维护和保存国家计量基标准及研究相关精密测量技术的任务。

中国计量科学研究院文献馆作为国家科技图书文献中心（NSTL）的成员单位之一，是我国唯一全面收藏国内外计量科技文献的专业文献馆，目前已发展为国家计量科技文献资源中心，承担着国家计量科技图书文献资源建设的任务。其丰富的计量文献资源，为我国经济发展、科技进步和国防建设提供有力的科技文献战略保障作用。中国计量科学研究院文献馆依托 NSTL，全面收集国际一流计量机构出版物，特别是美国标准技术研究院（NIST）、英国国家物理实验室（NPL）、德国物理技术实验室（PTB）等国家级计量科学研究机构，国际计量局（BIPM）、国际法制计量局（OIML）、国际计量技术联合会（IMEKO）等国际计量组织的所有出版物，以及国内相关的计量学协会出版的计量文献。目前，中国计量科学研究院文献馆拥有计量科技图书、期刊、会议录、科研成果等 50 万余册，以及 1972 年以来我国公开发行的计量检定规程、技术规范等国家计量技术法规 3000 余册。计量科技文献资源在我国计量事业蓬勃发展的 50 多年里发挥了极其重要的支撑保障作用。

2012—2013 年，中国计量科学研究院文献馆围绕国家《质量发展纲要（2011—2020）》《计量发展规划（2013—2020 年）》及《2006—2020 年国家信息化发展战略》，在夯实基础的同时，持续加大数字资源建设力度，采用先进科学技术方法，数据加工质量及服务能力都得到一定提升。依托 NSTL 网络服务平台，坚持以人为本的服务理念，以图书馆员甘为人梯的职业精神，努力为全国一线科研人员提供普惠、公益的计量科技文献信息服务，并为国防科技发展以及新疆、西藏经济建设等提供了及时、准确、有效的科技文献信息服务支持，为我国经济、科技、国防等的创新发展，发挥了重要的保障作用。同时，面对环境的变化和读者需求的变化，中国计量科学研究院文献馆搭建了知识服务技术平台，为读者提供以知识选取与存储、知识重组与再生产、知识配送与输出为内容的知识服务，为科技发展、政策制定等提供了极具价值的大数据分析信息，取得了显著的成效。

二、发展状况

2012—2013 年，是中国计量科学研究院文献馆健康发展的时期，中国计量科学研究院文献馆在文献信息资源保障体系建设、文献信息资源加工质量提升、文献信息资源服务模式拓展等方面都取得了一定的成绩，逐步建立起完备的文献资源保障体系和系统的文献普惠化服务体系,为我国计量科学事业蓬勃发展提供了极其重要的支撑、保障。

在资源建设方面,中国计量科学研究院文献馆资源建设人员将文献采集工作精细化管理落到实处,继续加强文献的学术质量分析、利用情况分析与用户需求调查,实现文献资源建设质量的提升。在文献资源数字化建设方面,中国计量科学研究院文献馆利用自主研发的文献业务流程服务管理系统,实现规范化、流程化、系统化、精确化的全面高效数字化建设,保证了为读者提供的文献信息准确、快速、有效。2013 年,中国计量科学研究院文献馆作为 NSTL“面向联合目录的本地自动化系统升级”课题的参与单位,完成数据迁移等系统运行工作。

在文献信息服务方面,中国计量科学研究院文献馆依托 NSTL 网络服务平台,坚持以人为本、服务至上,继续实现一周 7 天不间断、全天 24 小时的原文传递服务,为全国用户提供普惠、公益的计量科技文献信息服务,深受用户普遍好评。同时,面对环境的变化和读者需求的变化,中国计量科学研究院文献馆搭建了知识服务技术平台,面向国家重大需求开展文献信息服务,并建立相应的服务保障机制,为院士以及中国计量科学研究院重大科研项目团队提供专、精、深的文献信息服务;通过日常文献服务保障、文献定题推送等方式,积极为新疆、西藏地区提供满足其需要的文献信息服务;为落实国家关于“推动计量军民融合深度发展”的精神,积极为全军提供高质量的计量科技文献信息服务,并获表扬函。2012—2013 年,中国计量科学研究院文献馆共提供国内外文献近 20 万篇次,文献馆网站访问量突破 100 万人次。

此外,中国计量科学研究院文献馆为宣传推广 NSTL 服务平台应用,积极组织和参加学术、行业会议等各种主题活动。2012 年“4 · 23 世界读书日”,举办“共建计量文化——知识推动计量科技发展”主题活动;2013 年“4 · 23 世界读书日”,举办“于康教授谈:智慧养生,健康计量人”主题活动;参加国家质检总局 2013 年度高级专家咨询服务团西部行活动;持续开展西藏、新疆援助计划,签署《中国计量院与新疆计量院科技合作协议》与《中国计量科学研究院与西藏自治区质量技术监督局科技合作协议》,参加计量科技文献信息西部阳光服务行动,赴藏开展科技文献培训;举办“Springer 讲授——如何提高论文被 SCI、EI 收录率”专题培训;深入基层,向一线科研人员宣传推广 NSTL 服务平台;借“全国声学计量技术委员会”大会宣传、推送文献信息服务等。同时,中国计量科学研究院文献馆在计量科技信息等方面开展多项国家层面的情报调研分析研究工作,并获 2012 年度“中国信息化(质检领域)成果奖”三等奖,获“中质信维杯”质检信息化论文二等奖。

三、特色资源与特色服务

1. 计量特色资源建设

在国家科技图书文献中心的大力支持下,中国计量科学研究院文献馆在计量特色资源建设上,取得了很大的发展。NSTL 资源共建共享,有力推动了计量科技文献事业的持续发展,使中国计量科学研究院文献馆在我国科技发展中发挥了强有力的计量科技文献资源的战略保障作用。

(1)以计量专业为核心,打造专、精、深的资源建设体系

计量专业文献馆,在 NSTL“统一采购、规范加工、联合上网、资源共享”的思想指导下,紧

密结合计量科研的发展创新，遵循"以计量专业为核心，打造专、精、深的资源建设体系"的原则，全面收集国际一流计量机构出版物，特别是美、英、德、法等国家计量科学研究机构和国际计量局、国际法制计量局、国际计量技术联合会等国际计量组织的所有出版物，以及国内相关的计量学协会出版的计量科技文献。

14 年来，中国计量科学研究院文献馆，在 NSTL 文献采集经费支持下，计量文献资源建设取得突破性进展，已经形成了覆盖计量基础科学和前沿学科主要研究领域的外文科技文献资源保障体系，形成了具有专、精、深的计量专业特色文献资源，建有外文期刊数据库、外文会议数据库、国家计量基标准信息数据库、国家计量检定规程数据库、计量科研成果数据库，馆藏较全的外文会议录有 OIML、BIPM、IMEKO、NIST、PTB、NPL 等，基本满足了我国科研人员对计量科技文献信息的需求，多年来不断积累的计量文献资源为我国科技发展及创新提供了有力的科技文献战略保障。

(2)计量特色资源数据库建设

中国计量科学研究院文献馆独具特色的国家计量检定规程数据库、国家计量基标准信息数据库和计量科研成果数据库，在 NSTL 资源共享服务平台中发挥了重要作用。

国家计量检定规程数据库，收集了我国从 1972 年以来公开发行的 3000 余种计量检定规程、技术规范等，涵盖已出版的全部国家计量技术法规及部分部门、地方计量检定规程，是目前我国建设最完整的国家计量检定规程数据库。

国家计量基标准信息数据库，揭示了我国已建立的计量基标准、测量范围以及其所开展的检测校准的能力等相关信息。该数据库提供了准确权威的科学数据信息，使国家计量基标准能够更好地为社会提供量值传递服务。

计量科研成果数据库，汇集了中国计量科学研究院建院以来基标准研制的重大科研成果等信息，展示了我国计量科技发展及创新的辉煌历程。

2. 创新的计量科技文献信息服务

中国计量科学研究院文献馆依托 NSTL 网络服务平台，坚持以人为本、服务至上，充分利用信息技术，构建了以中国计量科学研究院文献馆为中心，面向全国质检系统的普惠式计量科技文献网络服务体系，继续实现一周 7 天不间断、全天 24 小时的原文传递服务，推进了计量科技文献共享服务，为全国用户提供普惠、公益的计量科技文献信息服务。同时，面对环境的变化和读者需求的变化，中国计量科学研究院文献馆搭建了知识服务技术平台，开展了及时便捷、全方位、多层次的科技信息服务，有效满足了一线科研人员对科技文献的迫切需要。

(1)计量科技文献服务紧贴国家重大科技专项需求

进入网络化、数字化时代，中国计量科学研究院文献馆作为基层专业图书馆，其作用日渐强化，也更加突出。中国计量科学研究院文献馆紧密围绕一线科研人员，紧贴国家重大科技专项需求，持续开展面向院士、重大科研项目的 NSTL 文献服务，并建立了相应的服务保障机制，让知识助力社会进步，为广大一线科研读者提供了丰富实用的数字资源。

①为院士提供文献服务

中国计量科学研究院文献馆继续积极贯彻 NSTL 为院士服务的精神，发挥身处科研大院的优势，脚踏实地为张钟华和李天初两位院士的团队提供全方位的专、深、精的 NSTL 计量科技信息服务。张钟华院士负责的项目“宽量限超高精密电流测量仪”属于国家重大科学仪器设备开发专项,李天初院士负责的项目“NIM 原子钟研制”是计量科研的关键领域。文献馆指定专人积极与项目研究人员接触,每月定期收集院士课题组文献服务需求,准确把握不同研究阶段的文献需求,精心制定检索策略,反复尝试查找,以“Cryogenic Current Comparator”“SQUID”“Watt Balance”“Terahertz”等为关键词,充分利用本馆收藏的 NIST、PTB、NPL 等计量强国机构出版物,从这些种类繁多、数量巨大的出版物中整理、挖掘与项目进展研究相关的文献,向院士团队主动推送,确保服务的针对性、准确性和有效性。2012—2013 年,中国计量科学研究院文献馆为院士团队推送文献近 2000 篇、分析报告 20 余份,全面展现国际当前研究现状,为院士团队提供了重要的参考信息,得到了院士团队的一致好评。

②重大科研项目定题服务

2012—2013 年,中国计量科学研究院有多项在研项目,包括国家科技支撑计划项目、公益行业科研计划专项、科技基础性工作专项和国家自然科学基金项目等,中国计量科学研究院文献馆针对各个方向重点项目开展各种文献服务。如:院重大项目“基于量子物理的计量基准的建立和基本物理常数关键技术研究”“电磁计量关键技术研究项目”“移动通信电磁环境测量研究”等,为满足这些课题的文献需求,中国计量科学研究院文献馆在深入了解各课题基础上,根据各个课题的研究方向,分别按照“antenna measurement”“calculable antenna”“open area test site(OATS)”等关键词制定相应检索策略,从 *Antennas and Propagation*, *IEEE Transactions on*、*Electromagnetic Compatibility*, *IEEE Transactions on* 等外文期刊、会议中获取相关领域最新研究成果,累计推送全文文献 2000 余篇,并编辑成专题动态快报向课题组主动推送,为科研人员提供了大量有价值的科技文献信息,受到课题组的一致好评。

(2)满足国家整体发展需要,支援西部以及国防建设发展

①计量科技文献援疆援藏

2012—2013 年,中国计量科学研究院文献馆充分发挥自身在科技资源和信息服务方面的优势,继续坚持为新疆和西藏质检科研部门全面提供普惠的 NSTL 科技文献信息服务。其中,继续为新疆质检系统“四院”(新疆产品质量监督检验研究院、新疆计量测试研究院、新疆标准化研究院和新疆特种设备检验研究院)提供普惠的科技文献信息服务。2012 年 7 月,中国计量科学研究院与新疆计量测试研究院签署《中国计量院与新疆计量院科技合作协议》,该协议强调了计量文献信息服务对新疆计量科研的文献保障作用。2012 年 11 月,《中国计量科学研究院与西藏自治区质量技术监督局科技合作协议》在中国计量科学研究院签署。根据协议内容,中国计量科学研究院将坚持向西藏质监局的专业技术人员和科研管理人员提供免费信息检索账户、全文传递和文献检索培训等科技文献信息服务。2012—2013 年,中国计量科学研究院文献馆向新疆“四院”累计提供有关停车设备(如汽车电梯等)、动植物油等研究领域全文文献近 2000 篇,为新疆质检系统科技发展提供坚实的科技文献信息服务保障。

此外,在做好日常文献援藏服务的同时,中国计量科学研究院文献馆持续开展面向西藏地区的科技文献信息服务行动,2013 年 7 月 29 日至 8 月 4 日,中国计量科学研究院副院长房庆带领中国计量科学研究院文献馆文献信息服务人员在西藏自治区质检系统中开展一系列科技文献培训活动。中国计量科学研究院文献馆按西藏质检系统科研人员的实际需求,将流量和光学等领域的计量检定规程、中文计量科技论文等 1000 余篇科技文献原文刻制成

光盘，赠送给西藏自治区质量技术监督局。此行还专程深入西藏阿里的典角村，针对西藏科技厅住阿里地区的科技人员在实际工作中所遇到的土壤改良、植物生长等技术问题的实际文献信息需求，中国计量科学研究院文献馆将《西藏现代农业发展战略研究》《西藏农牧业项目建设可行性研究报告编写基础与指南》等相关研究报告送到他们手中，有效地满足西藏最基层科研人员的需要。2012—2013 年，中国计量科学研究院文献馆为西藏质检系统提供“太阳光伏电池的室外定标研究”“太阳电池材料结构与光电效率的老化试验”等相关专题的全文文献近 500 余篇，工具书 100 余本，有效满足西藏质检系统对科技文献的需求。

②计量科技文献为全军服务

为落实党中央关于“推动军民计量融合深度发展”的精神，2012—2013 年，计量文献继续免费为全军服务，中国计量科学研究院文献馆与中国国防科技信息中心等单位合作，提供的计量科技文献信息服务，如计量检定规程、计量基标准服务能力信息等，为国防事业的快速发展提供了强有力的保障作用，并获得相关单位的表扬函。

（3）拓展新型服务方式，全方位满足用户需求

随着信息技术的快速发展，知识成为主导资本，信息成为重要资源，知识的生产和再生产成为经济活动的核心。作为知识宝库的图书馆，如何满足读者日益扩大的个性化信息需求，成为图书馆服务创新与发展的关键。同时，随着科学技术的不断发展，交叉学科、边缘学科大量涌现，读者信息需求涉及多个学科与行业，这对专业图书馆提供的资源和服务模式都提出了新的要求。

面对环境的变化和读者需求的变化，中国计量科学研究院文献馆搭建了知识服务技术平台，为读者提供以知识选取与存储、知识重组与再生产、知识配送与输出为内容的知识服务，为科技发展、政策制定等提供了极具价值的大数据分析信息。例如，在国家重点项目“能源计量经济效益分析”研究中，中国计量科学研究院文献馆按照科研人员提供的“能源计量”“节能量计算”等一系列关键词，在全面分析并确定检索式后，通过在 NSTL 平台等进行信息挖掘，对大量相关文献信息通过数学分析模型逐步进行过滤，最终筛选出科研人员所需要的文献信息。同时，也不断跟踪所提供的信息对科研人员应用的有效性，使文献馆的服务贯穿于科研人员信息搜集、分析和应用，直到问题解决的全过程，为科研人员提供了有价值的信息，大大节省了科研人员的时间和精力。再如，中国计量科学研究院文献馆利用知识组织与信息挖掘等技术，基于大数据模型，通过论文产出分析、引文分析、学术影响力分析等，对中国计量科学研究院科研发展趋势及国际合作情况进行分析，发现中国计量科学研究院自 2006 年来科研活动呈现出高增长的发展趋势，并取得了一批具有世界领先水平科技成果。特别是通过分析发现，以中国计量科学研究院李天初院士为学科带头人的光钟基准领域是近年来最为活跃的研究领域之一，其影响力和辐射范围都在迅速扩大，这与国家、与中国计量科学研究院近年来重点支持、投入的重点学科领域高度吻合。由此可见，文献馆的知识服务不但为科研人员提供了重要的参考信息，同时为国家层面对计量科技领域的决策提供了重要的依据。

同时，中国计量科学研究院文献馆根据不同科研用户的不同需求，通过信息技术，建立完善系统的知识组织词表，深入挖掘最新到馆的科技文献资源，最大限度发挥文献资源优势，按照科研人员提供的研究领域相关的关键词、学科类别等，将最新文献信息（目录、详细文摘等）定期进行发送至其邮箱，再根据其需求信息进行文献推送，服务帮助科研人员主动

持续跟踪学科发展最新动态,触发科研灵感。各种特色服务与创新服务为科研工作提供了坚实的文献信息保障,深受广大科研人员的欢迎与好评。

四、展望

专业图书馆和学科馆员是开展知识服务的主要机构和人员。正所谓:“只有一流的信息,才能推动一流的研究。”作为我国唯一的计量专业文献馆,在未来的发展中,将重点推进以知识存储、组织组织和知识配送为内容的知识服务,努力使计量专业文献馆由“知识宝库”变为新经济发展中的计量“知识基础设施”。解决“信息噪音”和“知识贫困”的问题,在知识的应用、生产和创新活动中发挥更为重要的作用。

中国计量科学研究院文献馆
李丽　李晓萌

国家标准馆

一、概述

国家标准馆(National Library of Standards)是我国唯一的国家级标准文献、标准化图书情报的馆藏、研究和服务机构,是中国图书馆学会专业图书馆分会理事单位和国家科技图书文献中心(NSTL)的成员单位。是我国馆藏历史最久、资源最全、服务最广、影响最大的权威标准文献机构。目前依托门户网站中国标准服务网(http://www.cssn.net.cn/)面向社会开展信息服务。

2013年,国家标准馆继续坚持以建设"国内一流、国际先进的国家标准文献信息资源保障和服务体系"为目标,秉承创新、开拓、转型的基本工作思路,初步实现了发展模式由"资源建设—领域建设—信息服务"三位一体向"资源建设—服务建设—领域建设—品牌建设—人才建设"五位一体的转变。

二、发展状况

2013年是国家标准馆进一步推进标准信息资源数字化建设、深化立体化服务体系建设、提高信息系统保障能力、强化标准信息知识管理与知识服务科研能力的一年。在扎实做好标准信息资源建设与服务基础工作的同时,加快推进国家标准馆国家标准文献共享服务平台地方服务站建设、强制性标准清理核查等重点工作和项目的实施,持续提升资源保障、系统保障和服务保障能力。通过优化业务管理流程、加强基础建设力度、突出服务重点范围、加大科研领域建设等多种措施,积极推进标准信息资源建设和服务能力的快速稳步发展。

1. 加强标准信息资源建设

国家标准馆自20世纪60年代开始,持续稳定开展国内外标准化文献的采集和数据加工工作,经过50多年的积累,已初步形成了品种齐全、更新及时、数据准确的标准文献资源体系。2005年,国家标准文献共享服务平台建设项目启动以来,在财政部、科技部的支持下,每年对标准文献资源的经费投入都有显著增长,投入力度持续加大,馆藏标准文献更加完备,目前是我国拥有最多、最全的标准文献馆藏的机构。

2013年,国家标准馆执行采集经费700万元,全年共采集标准3万余件,涉及400多个品种,采集国内外标准化文献502册、国内外标准化期刊1630册;完成5万条资源信息化加工以及200多个标准数据库的维护更新工作,数据总量累计达165万条。构建适应数字时代的标准文献信息资源保障体系,满足了标准文献战略资源保障功能和服务业务的需求。通过对强制性标准的清理核查,全面、准确地摸清了我国强制性国家标准、强制性行业标准及强制性地方标准的现状，为我国的强制性标准化信息服务打下了坚实的数据基础。

国家标准馆是国家科技图书文献中心（NSTL）九家成员单位之一，2013 年严格按照中心要求，完成了中心下达的文献续订、新增、编目、加工、原文传递、代查代借等各项工作。

2. 强化标准信息服务体系建设

2013 年，国家标准馆秉承公益性服务与市场化服务两条腿走路的建设思路，依托国家标准文献共享服务平台，着力打造面向全国的标准信息公共服务体系。

公益性服务方面，深入配合质检总局援疆、援藏工作，免费开通国家标准文献共享服务平台新疆站和西藏站，支援新疆和西藏的标准化工作。为我国标准化科研人员开通标准信息远程服务系统，支撑标准化科研工作。

市场化服务方面，进一步完善平台地方服务站的管理工作，提高服务站的服务水平，构建覆盖地方和行业的全国标准文献资源服务体系。截至 2013 年年底，国家标准文献共享服务平台已在全国建立了 45 家地方服务站，初步实现了国家标准文献共享服务平台数据资源的全国共享和社会化服务。

3. 完善网络化服务系统

2013 年，国家标准馆完成了国家标准文献共享服务平台网站系统改版，网络服务系统的服务能力进一步提升。全年网络服务系统正常运行时间比例达到了 100%，系统访问量 481 825次，访问人数 239 990 人，访问页面数 6 326 336 页。新版国家标准文献共享服务平台网站于 2013 年 4 月份上线，获得了科技部平台中心的肯定，搜索引擎影响力在 23 家国家科技基础条件平台中排名第一位。

在支撑标准文献业务管理方面，开发了数据监控系统，提升标准生产、服务全流程统计分析，不断推进标准文献业务信息全生命流程管理。

在支撑标准文献信息服务方面，为支撑标准文献国家、地方、企业三级服务网络建设，开发了国家标准文献共享服务平台二级平台地方工作站系统、国际正版标准服务系统，为建立全国的标准信息公共服务体系提供了坚实的技术支撑。

在支撑我国产业升级、企业创新方面，开发了企业标准化管理系统，为企业提供了标准管理、标准体系研究、标准信息服务等一揽子标准化解决方案，对提升国家标准馆市场化服务能力、推进服务转型升级具有重要意义。

4. 加大宣传推广，提升品牌影响力

积极主动“走出去”和“请进来”，加大宣传推广和用户培训的力度，完善标准服务推广体系，加强多形式、多途径的宣传和培训工作，通过组织策划用户培训会和各种研讨会，使更多的潜在用户了解标准文献平台的服务，扩大服务影响力。

与中关村标准创新服务中心联合主办“2013 年中关村标准创新试点第一期培训会”，对中关村标准创新试点联盟、企业以及各园区管委会、各区县质监局等近百家单位的 150 余位代表详细介绍国家标准文献共享服务平台的资源和服务。为企业标准化人才储备和标准化工作发挥良好的提升和推进作用。

在青海省举办国家标准文献共享服务平台用户培训班，宣讲如何利用国家标准文献共享服务平台和国家科技图书文献中心的海量数据资源进行知识挖掘和知识关联，为40余家会员单位的企业标准化工作者搭建了交流互动平台，促进了各单位在标准资源领域的成果共享和经验交流，为推动各单位的标准化工作质量和水平起到了积极的作用。

利用国家标准审查部培训标准起草人和审查人培训班机会，主动进企业、下基层，多次与各企业标准技术人员沟通交流，宣讲国家标准文献共享服务平台资源优势和获取渠道，获得了与企业长期合作的机会。

以《我国标准信息资源利用与标准体系研究》为题，参与平台中心举办的首届大学生科技资源共享与服务创新实践竞赛，宣传推广国家标准馆标准资源。

5. 加强科研能力建设，奠定发展基础

2013年，国家标准馆紧跟标准知识管理与服务领域最新研究进展和实际业务需求，在项目申报工作中获得突破进展和全面丰收。2013年，国家标准馆共申报和承担国家科技支撑计划、公益性行业专项等各类纵向项目14项，横向项目10余项，完成4项项目验收，公开发表论文20余篇，出版专著3部。科研工作主要围绕情报研究、关键技术研发、知识库构建、知识服务四个研究方向开展科研项目立项，注重科研项目服务于业务工作，形成的科研成果能进行应用和转化。

6. 加强国家标准文献共享服务平台工作

组织召开了"国家标准文献共享服务平台用户委员会工作会议"，强化平台运行监督的职能；加强跨平台的专题服务合作，与计量院"国家标准物质平台"共同开展"食品安全标准专题服务"，与北京科技大学"国家材料腐蚀防护平台"共同开展合作交流研讨，为下一步开展合作奠定基础。

标准信息资源共建共享工作方面，与标准信息中心联合，组织部分地方标准化研究院召开了两次"标准信息资源共建共享工作研讨会"，制定了"标准信息资源整合和共享服务工作方案"和"标准信息资源共建共享联盟章程"，为下一步建立国家标准信息资源平台与公共服务体系奠定基础。

积极主动开展平台宣传推广，在审查部、中科院系统、平台中心组织的各类培训班中宣讲国家标准文献共享服务平台的资源和服务；同时组织策划用户培训班，通过培训交流，宣传平台的产品和服务，拓展市场服务，提升品牌价值。

积极争取获取正版标准授权，已获得标准委的"国际标准电子版标准授权协议"，并争取由中国标准化研究院牵头建立全国国际标准正版销售体系，解决标准信息服务过程中的版权瓶颈。

三、特色服务

1. 标准查新服务

标准查新是我国标准化科研工作的必备工作之一，是确保我国标准化科研水平的重要保障措施。国家标准馆自20世纪90年代开始开展标准查新服务，是北京市认可的专业标

准查新点。目前,国家标准馆每年开展标准查新服务百余项,为标准化科研项目立项和成果评奖提供标准新颖性证明。

2. 标准有效性确认服务

标准有效性确认服务是指利用国家标准馆丰富的馆藏资源对用户所使用的标准进行事实跟踪和认定,并向用户提供权威的标准有效性确认报告。国家标准馆可以实现对国内外70多个国际和区域组织、60多个国家、450多个专业学协会的标准有效性的跟踪确认服务。

3. 个性化标准信息服务解决方案

个性化标准信息服务解决方案是国家标准馆近年来积极开展的标准化创新型服务。即面向用户的综合性标准化信息服务需求,针对行业产业特点,为用户提供的“数据—专题—情报—解决方案”式的服务产品。2013年,国家标准馆与航空、航天、电力、中石油、中石化、水力、海洋等各个领域的单位签订个性化标准信息服务解决方案类技术服务合同10余项。个性化标准信息服务解决方案式样的服务已经开始成为国家标准馆的特色服务。

四、2014年工作展望

2014年,国家标准馆将继续以科学发展观为统领,以国际数字图书馆新发展为视野,把握机遇,继续深化资源保障、数据库建设、服务模式和管理模式的转型以及人才队伍的建设,以转型促发展,以发展促服务,夯实国家标准馆发展的坚实基础。

1. 推进资源结构转型,全面提升文献资源保障能力

增强国际视野和国际意识,加强对国外标准化机构的趋势跟踪与学术交流,加强针对国家重点领域、重点产业和重大专项的标准文献资源保障。进一步扩大新兴市场国家、主要贸易国的标准文献资源的收集,拓展标准文献资源类型,扩大资源规模,不断完善国家标准文献战略保障体系,有效满足国内对此类标准信息资源的需求。加强国内外标准资源版权谈判,获得标准资源服务的合法授权,形成权威、准确的一站式服务格局。

2. 积极探索新的加工模式与方法,进一步提升数据加工的质量与时效

加强标准文献资源建设的科学化、规范化,进一步完善数据加工规范,提高数据加工效率和质量。建立和完善各类数据加工规范,争取国家标准的立项。

充分发挥标准文献平台联合加工的管理功能,加强与地方院所的合作,在全国范围内开展联合共建,扩大标准数据库的广度和深度。

采用国际上先进的知识组织技术和方法,建设面向计算机应用的科技知识组织体系,为我国海量标准文献信息的组织和利用提供支撑,实现国家标准文献信息战略资源的有效组织、深度揭示和知识关联,提供知识检索服务,推进基于国家标准文献信息战略资源的知识发现、知识挖掘和知识计算应用示范,整体提升我国标准文献信息机构的知识服务能力。

围绕重大需求，挖掘资源，开发标准文献科技创新支撑服务产品，为开展专题服务奠定基础。

3. 开展多种形式的标准信息服务，大力推进服务转型

深化面向国家重大战略需求的信息服务，瞄准国家重大需求，挖掘平台优势资源，瞄准国家重点产业，提高主动服务意识。

推进面向企业科技创新的个性化、知识化、专题化服务。找准重大需求和重点用户，组织面向创新型企业和量大面广的中小企业的服务，提高专题服务质量和影响力，打造精品服务和特色服务。

以我国科技创新对标准文献的需求为导向，针对国家科技重大专项、战略性新兴产业集成专题资源，并开展有针对性的、深层次的标准文献信息应用推广服务，拓展服务领域和深度；针对产业特点，采取多种措施，积极探索开展面向企业技术创新的标准文献信息和知识组织服务。

面向用户的需求整合资源，开发资源产品，特别是跨平台资源产品的整合加工，加强平台间的联合、联动，提升服务能力和服务水平。

加强标准文献平台资源与服务的宣传和培训，将服务提高到一个新水平。加大宣传推广和用户培训的力度，完善标准服务推广体系，加强多形式、多途径的宣传和培训工作，使更多的潜在用户了解标准文献平台的服务，扩大服务影响力。

4. 促进文献信息服务体系的多元化发展

建立以鼓励创新、激励服务和强化目标管理为导向的管理机制，促进标准文献平台信息服务体系的多元化发展。继续大力推广标准文献平台二级平台，建立全国国际标准正版销售体系，进一步完善平台管理模式。拓展嵌入式信息服务系统功能，促进开放接口的应用，以多元化的服务模式，实现对国内各标准化机构、主要图书情报机构的嵌入服务。

5. 加强运行管理，强化标准文献平台组织制度建设

进一步发挥平台牵头单位的作用，完善牵头单位及各参建单位责、权、利的组织协调和利益分配机制，建立完善平台内部管理制度与绩效考核制度，制定《国家标准文献共享服务平台绩效考核管理办法》《国家标准文献共享服务平台奖励补助经费管理办法》等规章制度，结合科技部平台中心绩效考核指标对参建单位进行考核，根据工作任务、资源汇交数量和质量、资源服务数量和成效、专题服务等情况进行考核评价。

进一步发挥标准文献平台理事会、专家委员会、用户委员会的管理机构和决策、咨询、监督机构的职责，定期组织召开工作会议。建立有效的组织协调机制，特别是解决重大问题的机制。

6. 以用户需求为驱动，不断完善网络服务系统功能，打造适应知识化服务的网络平台

应用可视化、数据挖掘、知识地图等先进技术，结合用户需求完成 2014 年度平台网站改版。研究、实施与中国科技资源网（www. escience. net. cn）的对接与整合。

进一步完善二级平台地方服务站系统，形成标准文献信息交换的网络，平台主站点与地方服务站网站形成体系，支撑标准文献共享服务平台的“国家—地方—企业”三级服务网络。

重点研究标准文献云服务模式，尤其针对企业用户开发标准文献云服务平台，基本形成云平台服务框架。

完善标准文献软件产品。标准文献软件产品是标准文献专题服务的重要技术支撑，在初步形成标准文献软件产品族框架的基础上，研究开发标准文献内容指标服务功能，加强服务深度。

加强标准文献全生命周期统计分析。对标准文献加工服务的业务生命周期进行全程跟踪与分析，尤其要整合信息服务系统，全面覆盖各类服务，实现用户数据与服务数据关联，确保向平台中心提交的服务数据质量，为统计分析奠定数据基础。

加强标准文献信息技术标准规范研究与应用。在实施二级平台及国际标准正版销售系统的过程中，重点研究、编制标准文献信息交换接口、地方服务站实施指南等信息技术标准规范，推进标准文献共享服务平台的规范化发展。

7. 加强战略研究与业务培训，进一步提高队伍素质

把握国际发展趋势，加强发展战略研究。以国际数字图书馆及其相关技术方法的最新发展为视野，围绕资源建设、数据库建设、网络系统建设和网络化文献信息服务等，针对国内外信息服务业的最新发展，组织培训，把握新理念、新技术和新方法，不断应用到工作实践中。

加强业务研究培训，提高队伍业务素质。结合工作发展的需要，切实做好各项专题业务研究，做到目标明确、方法合理、进度落实、理论联系实际，以研究成果推动各项工作的创新发展。根据各项工作任务进展的需要，采取“走出去，请进来”的方式，组织多种形式的业务交流、培训或进修，加强与国内外文献信息机构的合作与交流。通过这些活动，全方位地提高队伍的业务素质，增强驾驭数字图书馆建设和网络环境下文献信息服务的能力，提高工作创新能力。

8. 开展标准文献的知识组织体系研究，为开展知识服务打好基础

开展标准文献知识组织体系建设与应用示范项目的预研，明确研究目标和研究内容，争取国家项目立项。为全国提供知识服务的基础支撑，推进标准文献服务从原文传递服务扩展为标准知识服务的基础支撑的转型。

9. 加强宣传推广，打造服务品牌

加强宣传与推广，提升影响力，拓展用户群，树立权威品牌，提升品牌影响力。采取科普视频、简报等，丰富平台的宣传手段。通过微信、微博等网络方式以及网站链接、标准文献资源深度链接、资源开放接口等技术手段提高网站知名度，力争进一步提升网站排名及知名度。

2014 年国家标准馆将进一步加强能力建设，创新运行机制和管理模式，提升开放服务能力和创新支撑能力，服务于国家的科技、经济和社会发展。

国家标准馆

国家知识产权局专利局专利文献部

一、概况

国家知识产权局专利局专利文献部(以下简称“专利文献部”)成立于 1980 年,是集文献资源建设、专利信息服务和专利文献研究为一体的综合部门,是国家专利文献资源的建设、收藏、管理、服务和研究中心。专利文献部为专利审查工作提供全面、有效的保障与支持,为社会公众提供优质、快捷的专利信息服务,在促进国家科技创新与经济发展方式转型中发挥重要支撑作用。

专利文献部目前下设综合处、文献收集处、文献管理处、数据加工管理处、文献服务处、信息传播处、信息利用处、知识产权图书馆、文献研究处和文献交流处等 10 个处室。截至 2013 年,专利文献部共有职工 109 人,其中知识产权图书馆的公共服务人员 17 人。

知识产权图书馆是专利文献部面向社会公众提供专利信息公共服务的窗口。1981 年 8 月中国科学技术情报研究所专利馆并入专利局后,成立专利文献馆,并于 1981 年 11 月正式开馆接待读者,2009 年更名为知识产权图书馆。知识产权图书馆负责直接面向社会公众提供文献信息检索与咨询服务,宣传知识产权文化、专利制度和文献知识。知识产权图书馆开设专利文献馆、知识产权陈列馆、专利展示厅等馆室,接待公众到馆检索、咨询及参观。

二、发展状况

1. 文献资源保障体系初步建成,文献资源建设与管理能力得到新提升

(1)文献资源总量与种类持续增长,继续保持世界领先水平

2012 年共引进各类专利和非专利文献信息资源 83 种,2013 年共引进各类专利和非专利文献资源 79 种,资源内容覆盖了与审查业务相关的主要技术领域。截至 2013 年年底,共有各类专利文献资源 450 种,涉及全球 104 个知识产权机构的专利文献,其中中国专利文献总量超过 1000 万件;非专利文献资源包括 3 种元数据,93 个数据库(按子库计算),15 万册图书期刊。

(2)文献资源配置手段逐渐完善,资源质量结构进一步优化

加强文献资源建设各环节工作的规范协调,完善资源使用评估报告框架,初步形成基于使用和需求、资源结构、预算经费三位一体的资源配置流程;制定专家联合评议机制相关工作流程,探索提高资源配置科学性和规范性的方式;完成期刊全文数据库等 20 余个非专利资源评估报告、8 份专利文献资源评估报告,为加强文献资源引进的科学性奠定了基础;采用馆际互借、资源共享等方式,有效补充专利审查所需文献资源。通过不断完善资源配置手段,文献资源质量结构进一步优化。

(3)文献资源广泛应用,应用效能进一步提升

所配置各类文献信息已全部服务于专利局相关业务工作和检索系统中。积极开展文献资源配置效能研究,分析资源配置产出、结果、成效和影响的关系,为资源应用的成效评价提供了科学手段。2012年,非专利文献数据库使用效能稳步提升,全年检索总量达1180.71万次,同比增长约4%;全文下载共计314.49万篇,同比增长约12%;单篇下载成本同比下降约10%。2013年各类非专利数据库检索总量达2175.61万次,较上年增长84.26%;全文下载总量达404.27万篇,较上年增长28.25%;单篇下载成本为3元/篇,较上年下降14%。

(4)文献资源组织与应用研究不断深化,资源管理方式进一步优化

文献资源综合管理平台建成并投入使用,优化了文献资源的管理和数据分析水平。开展专利文献权威文档建设、实施中国专利文献分析项目、规范文献资源分析评估、实施光盘专利文献信息采集项目,促进文献资源在审查工作中的应用。完成《全国知识产权系统专利文献资源发展报告》,系统梳理专利局及地方专利机构的专利文献资源,完善了文献资源总体情况。开展文献资源分析,完成DOCDB、澳大利亚光盘专利文献资源、加拿大光盘专利文献资源的分析,理清DOCDB文献覆盖范围及缺失状况,提出相关文献资源的应用建议。

(5)数据加工质量统筹管理进一步加强,监管规范逐步完善

2012年完成了《中国专利数据深加工标引规则和检测规则》(2008版)的修改工作及中国专利文献深加工案例库建设工作,制定"非专利文献加工项目检测管理流程"和"中国专利文献英文翻译项目检测管理流程"。2013年完成《中国专利数据深加工标引规则和检测规则》及其相关文档的修订、制定中国专利文献英文翻译项目相关检测规则。制定《数据加工管理处项目管理办法(试行)》,提高了加工项目的综合管理水平。完成中国专利文献数据深加工、初加工、非专利数据加工及英文翻译4个加工项目的质量监督和数据检测工作,两个年度共接收64个批次380余万件加工数据,完成8余万件抽样数据的检测,有效保证了专利局数据加工质量。

2. 文献服务体系在探索中发展,服务工作拓展新内容

探索建立文献服务体系,开展以文献提取与咨询、数据库培训与管理、数据库保障与使用评估、专利分类协调为主要内容的审查文献服务和以公益讲座、委托检索、文献咨询、文献提供等为主要内容专利文献信息公共服务,满足专利审查工作和社会公众对文献信息的需求。

(1)审查文献服务内容进一步深化

开展分领域的非专利数据库资源研究,编制电学、通信、化学和医药生物4个领域的非专利资源使用手册,引导审查员有效利用资源。探索开展专题培训和专题检索服务,提升服务专业化水平。制作完成非专利数据库培训课程资料库,开展专题数据库培训和检索专家培养工作,努力提升非专利资源培训的专业化、知识化程度。2012年度共举办各类非专利数据库培训41次,培训1000多人次。2013年度组织各类非专利数据库培训41次,培训1600余人次;提供专利对比文献10 961篇,非专利对比文献19 622篇(较上年增长30.74%),对比文献服务平均满足率达97%,有力保障了审查工作对文献资源的需求。积极实施联合专利分类体系(CPC)引入项目,邀请EPO分类专家来专利局进行CPC综合培训,培训800余人次;组织专利局人员赴EPO接受CPC分类培训,进一步加深专利局审查员和分类员对

CPC 分类体系的认知，为提高专利审查质量奠定基础。

(2)审查文献服务对象规模不断扩大

将文献服务范围扩展至江苏、广东、湖北、河南专利审查协作中心，为其开通非专利数据库 IP 访问权限，提供专利与非专利对比文献服务。积极探索面向京外审协中心的服务，提出“嵌入式文献服务、协同服务和知识化服务”的服务模式，服务保障能力不断加强。

(3)审查文献服务机制逐步完善

制定《STN 平台使用管理及额度分配方案》《E 药全库借用管理办法》等数据库使用管理办法，通过采取额度分配、账号管理、使用评估等措施，保障资源的合理使用，强化用户部门在资源服务中的管理作用，促进资源的合理使用，有效提升资源利用效能。特别是 2013 年 STN 平台的使用费用较 2012 年下降 26.84%，账号平均利用率比 2012 年上涨 19.71%。

(4)专利文献信息公共服务平稳发展

于文献馆一层服务大厅新开辟检索区域，方便读者在检索的同时获取咨询、文献下载和打印服务，进一步满足读者需求。根据社会公众需求和反馈，不断丰富公益讲座课程内容，开展公益讲座推广与合作机制研究，为公益讲座推广、拓宽受益群体、提高影响力打好基础。专利文献信息公共服务多次受到读者好评和表扬。2012 年举办“走进北科大”和“走进中科院”专利信息利用大讲堂活动 2 次，公益讲座 35 期，累计培训社会公众 1153 人次，与 2011 年相比，培训人数增长 35.3%。2013 年接待读者 2000 余人，受理各类咨询 2000 余人次，受理委托检索 600 余人次，提供文献 1.3 万件，接待国内外参观 47 批近千人，全年举办公益讲座 30 余期，累计培训社会公众近千人。

3. 专利信息传播利用体系进一步健全，专利信息传播利用工作迈上新台阶

加快专利信息传播利用体系建设，以宏观管理、业务指导与具体服务为主要内容，以基地建设、人才培养、能力培育与帮扶促进为主要手段，围绕经济科技发展对专利信息的需求开展扎实工作，知识产权系统依托专利信息服务于中心工作的能力进一步增强。

(1)专利信息传播利用宏观管理作用明显

稳步实施专利信息传播利用基地建设工程，召开 2012 全国专利信息传播利用工作会议。组织编写《全国专利信息传播与利用工作发展报告 2011》，发布《全国专利信息传播利用 2011》和《全国专利文献信息传播利用 2012》，总结分析专利信息传播利用工作进展情况，指引专利信息传播利用发展思路，为全国相关机构搭建交流学习平台。贯彻落实《专利信息传播利用基地建设指南》，引导基地找准定位，确定北京、江苏、山东、四川 4 家专利信息传播利用基地，制订 2013 年—2015 年专利信息传播利用工作规划和 2013 年工作计划，组织基地单位开展有关研究和专利信息培训，对地方专利信息传播利用工作进行检查，进一步加强对全国专利信息传播利用工作的统筹和指导。

(2)专利信息传播利用业务体系建设稳步推进，业务指导进一步加强

2012 年年底制定完成并发布实施了《企业专利信息利用工作指南》(试行)。企业指南对于帮助企业建立和完善专利信息利用体系，促进企业特别是科技型、外向型企业充分利用专利信息，提高科技创新能力有重要意义。

2013 年年底完成《专利文献信息服务指南》。服务指南首次完成了专利文献信息服务的基础研究，对专利文献信息服务进行系统分类分析，指引专利信息服务机构全面培育、提

升咨询、检索、分析、数据加工等服务能力，为未来出台有关服务规范奠定基础。

为指导全国地方专利信息工作，2013 年完成《知识产权帮扶中的专利信息传播与利用》软课题研究，同时编制《专利信息利用帮扶工作手册》《全国企事业单位专利信息利用促进工程指南》。为学习交流国内外相关经验，组织召开“2012 年中欧专利信息服务模式与方法研讨会”“全国专利信息利用与技术创新研讨会”。

（3）专利信息传播利用基地建设步伐加快

2012 年开展全国专利信息传播利用基地建设工作，从 15 家省区市知识产权局中，评审确定北京、江苏、山东、四川等 4 个知识产权局为新的基地单位。以广东基地为试点，开展多种方式研究、促进基地提升专利信息工作能力的探索。发布《专利信息传播利用基地建设指南》，引导基地紧贴区域经济发展，发挥示范和辐射作用。

2013 年在全国范围内开展国家级专利信息传播利用基地的建设工作，新评选出上海、重庆、湖南、天津、浙江、辽宁、安徽 7 家知识产权局为专利信息传播利用基地单位，基本完成专利信息传播利用工作体系在我国主要经济区域的布局。引导基地紧贴区域经济发展，围绕产业升级和科技创新开展专利信息服务，立足本地区专利创造、运用、保护和管理各个工作环节，发挥引领和支撑作用。组织完成对广东、北京、江苏、山东、四川 5 家基地单位的评议，指导基地单位开展 6 项专利信息传播利用基地服务经济建设研究，举办 5 期专利信息服务能力提升培训班和 5 期知识产权试点示范企业专利信息人才培训班，培训学员 600 余人。确定陕西、重庆、上海、湖南、辽宁和宁夏 6 家知识产权局为专利信息传播利用重点支持单位，以项目合作为指导，帮助上述单位提升专利信息工作能力。其中，与陕西、重庆、上海地方局开展了课题合作，与辽宁、宁夏、湖南地方局进行了培训项目合作，有力促进了地方局专利信息服务能力的发挥。

（4）专利信息帮扶成效显著，专利信息促进逐步开展

实施专利信息利用促进工程。先后指导广东、四川、北京、重庆、安徽、贵州、宁夏、青海等地方知识产权局有重点地开展专利信息利用帮扶活动；推动建立政府协调下的专利信息利用需求者与服务者之间的对接关系；有针对性地提升地方企事业单位和服务机构专利信息利用能力；营造利用专利信息促进经济发展和技术创新的良好环境。

制订《关于在中西部五省开展专利信息利用帮扶试点工作的实施方案》。2013 年对重庆、安徽、贵州、宁夏、青海试点省份和重点促进单位进行指导，初步建立专利信息利用促进工作体系和工作机制，完成专利信息利用分析研究项目 2 项和局软课题中子课题研究 2 项，帮扶省份专利信息利用能力得到很大提升。

开展面向企业专利信息利用需求的专题培训和系列辅导。结合企业需求和企业指南、服务指南，多次组织各地方知识产权局、专利信息服务机构及企业人员参与授课工作，实现政府、服务机构、企业三者需求与服务的有效对接。

（5）专利信息重点联系单位培育力度不断加大

2012 年新增 11 家重点联系单位。新增广东、四川、北京三省市，使得国家知识产权局专利信息利用帮扶活动涵盖东部 7 省及西部 1 省，并首次将服务机构纳入帮扶对象范畴。

2013 年新增 16 家重点联系单位。通过转发、印发、宣讲等方式推动落实《企业专利信息利用工作指南》并督促 16 家重点联系单位建立、完善企业专利信息利用管理制度，提升企业知识产权管理水平。重点联系单位专利信息利用和管理能力显著提高，专利申请量快速

增长，共完成 7 份专利信息分析报告或专利战略研究报告，共计新申请专利 200 余件，建成 4 个专利信息检索平台。主要面向重点联系单位需求举办专利信息利用专题培训和系列培训以及现场咨询，培养企业专利信息实务人才，2013 年五省专利信息利用促进与帮扶工作共培养企业专利信息利用实务人才 2000 余人。

（6）专利信息人才体系工作取得新进展

2012 年，在全国范围内开展专利信息领军人才评选工作，确定首批领军人才 33 人；在全国开展专利信息师资人才选拔工作，确定首批师资人才 100 人；建立专利信息人才培训工作档案，研究制定专利信息人才培养与使用相关工作办法，人才工作成效初步显现，专利信息人才队伍初具规模。

2013 年发布《全国专利信息领军人才和师资人才培养与使用指南》，明确专利信息人才的培养使用和管理方式，促进人才作用发挥。在全国范围内开展第二批全国专利信息人才选拔，其中专利信息领军人才 20 名，专利信息师资人才 50 名，进一步扩大了专利信息人才队伍；发布《国家知识产权局 2013 专利信息人才专题项目申报计划》，设立 21 个面向人才的研究项目；与北京、河北、河南、湖北、江西、山东、上海、陕西、新疆生产建设兵团、新疆、重庆、哈尔滨、济南、西安和厦门等 15 个地方局开展人才前瞻性研究项目 3 项、人才重点研究项目 3 项、专利信息人才培育项目 15 项。充分调动了专利信息传播利用基地和专利信息人才的积极性，提高了地方专利信息人才的研究能力和水平，研究成果也成为专利信息工作发展的重要基础和依据。

（7）专利信息巡回培训统筹有序开展

2012 年开展面向节能环保、新能源汽车、高端装备制造产业以及重点央企、代理机构等不同层次的专利信息技能培训 16 次，培训学员 1000 余人。通过外派培训师资等多种方式支持地方局和其他机构培训项目 40 余个，培训学员数千人。专利信息传播与利用人才培训体系工作格局基本形成。

2013 年，开展面向东北、华中、西北、中南、沿海等地区不同层次的专利信息技能培训班 7 期，培训学员 630 余人；举办企业技术创新中的专利信息利用高级培训班，培训全国 47 个省市的 170 余名学员；采用外派培训师资等多种方式支持地方局和其他机构共计 10 个培训项目，培训学员 600 余人；通过多层次、不同内容、多角度的培训，普及了专利信息知识，提高了各类人才的专利信息利用水平。同时，编写完成《专利信息利用——实践》《专利信息传播与利用参考手册》等专利信息系列教材，促进了专利信息的广泛传播，进一步夯实了专利信息传播利用基础工作。

（8）专利竞争情报试点工程有序推进

2012 年竞争情报研究工程逐步实施。初步形成专利竞争情报基础理论，拓展专利竞争情报工作的思路和工作流程，完成“音视频”“等离子粉煤灰”“电缆敷设、维护与安装”和“辅助教学技术”4 个领域的专利竞争情报研究报告，制作“专利竞争情报专题”成果展示产品。

2013 年，在天津、广东分别开展专利竞争情报服务试点工作，探索建立国家局、地方局、情报研究机构多方联动的专利竞争情报工作模式，指导试点地区开展专利竞争情报分析研究与服务工作。在专利局的指导下，两个试点积极推动本地区专利竞争情报工作，形成《全国专利竞争情报工作指南》《专利竞争情报及共享机制建设》《天津市手机芯片产业专利竞争情报研究》《广东省生物药物产业专利竞争情报研究》研究成果，提升了当地专利竞争情报水平，为地方经济发展提供了支持。同时，积极开展专利竞争情报理论与方法研究，编写并出版《专利竞争情报理论与实践》教材，初步形成专利竞争情报培训教案，为专利竞争情报人才培训提供示范参照。

(9)专利信息国际合作协调发展

2012 年，举办首次“中国专利文献知识与应用(发展中国家)培训班”，开创专利局专利文献服务新模式。与国家知识产权局国际合作司联合主办首届“中欧专利信息服务模式与方法研讨会”，拓展了我国专利信息服务机构和用户的国际视野，促进我国专利文献及创新成果走向全球。

2013 年，组织专利局与 EPO 专利信息专家就专利信息最新发展进行交流，促成我局首次派代表团参加欧洲专利信息年会，进一步增进了专利局与 EPO 在专利信息领域的沟通与了解，为双方今后更好地开展合作打下良好基础。编写完成《文献知识与应用培训教材(英文版)》，并与专利局相关部门配合，举办第二届“中国专利文献知识与应用发展中国家培训班”，进一步加强了国外知识产权机构对中国专利文献的了解，扩大了中国专利文献的国际影响力。

4. 开展研究体系建设提上日程，研究工作取得新成果

积极探索发展研究体系建设，从基础、应用、推广和发展 4 个层面开展以专利文献事业、文献业务、专利信息传播利用为主要内容的研究，为各项工作的顺利开展夯实基础。

(1)文献业务研究前瞻性加强

为适应审查工作发展趋势，完成“新审查格局下文献资源配置研究”“文献资源管理中的质量保证研究”“数据加工项目质量评价方案”“我局专利分类工作未来发展方向及工作方案”课题研究，启动高培课题“文献资源智能化组织”，多视角开展文献业务基础性研究，为文献资源保障与服务工作奠定基础。

(2)专利分析研究注重引导

2012 年，完成中国专利创新研究报告，从专利文献角度全面展现中国专利创新状况。开展国民经济行业分类与国际专利分类的对照研究，打印耗材行业、水处理产业、新材料产业专利态势研究及风电变桨偏航技术等若干产业领域的专利预警分析。编辑出版图书《美国专利诉讼要案解析》和《专利文献研究 2012》。2013 年，完成《全球专利创新资源研究报告》，多维度对全球专利创新资源进行分析，探索性地设立创新资源系列指数，并从产业规划等多方面提出相关意见建议。从行业层面对专利信息进行分析，完成《新材料产业专利态势分析》，揭示产业中专利态势和典型竞争者专利布局策略，提出行业专利信息利用建议。

(3)专利信息传播利用研究成果丰硕

从宏观政策、业务指导及应用层面组织开展有关专利信息体系建设、人才培养和行业应用等方面的专利信息传播利用研究项目 26 个，拓展了专利信息传播利用研究内容、推动了各地开展专利信息传播利用研究，也为专利信息传播利用发展积蓄了后劲。

三、工作展望

1. 加快提升文献资源保障和服务水平

一是创新文献资源配置工作模式、优化资源结构。结合资源结构和效能评估，尝试在资源订购中引入“集体谈判”，增进专利局与资源提供商之间的了解，从而提高资源配置效率、优化资源结构，进一步满足专利审查工作对文献资源的需求。

二是夯实文献管理基础。组织 WIPO《工业产权信息与文献手册》第 7 和第 8 部分、《专利信息资源》的翻译，开发专利文献种类代码含义整理及查询工具，为更好地应用文献资源奠定基础。

三是开展专利局新数据加工方向研究。进一步完善和优化评价数据加工项目质量的指标体系和评价方法。

四是提高文献服务专业化程度。通过组建专家服务团队，搭建咨询服务平台，为审查员提供专家咨询服务。通过非专利对比文献和开放获取资源的整合应用，促进资源再利用，提高检索质量和效率。

2. 加快专利信息传播利用促进工作，助推创新驱动发展

一是进一步加强专利信息宏观管理和业务指导。通过发布全国专利信息传播利用 2013 年度报告和《企业人员知识产权能力培养指南》、开展“专利文献资源创新评价指标研究”和“全球专利创新资源研究”、广泛宣传和深入贯彻解读《企业专利信息利用工作指南》和《专利文献信息服务指南》，为专利传播利用相关工作的开展提供导向。

二是加大对专利信息传播利用基地的指导力度。大力开展面向基地的专利信息促进项目，抓好专利信息利用重点促进单位的选取和培育工作，指导基地深入开展专利信息利用支撑项目，促进基地在体系机制、人才培养、成果共享等方面的有序发展。

三是继续开展省份专利信息利用帮扶工作。梳理总结往年帮扶工作经验和成果，探索完善帮扶工作模式，继续选取部分基础薄弱省份开展专利信息利用帮扶工作，提升相关省份专利信息利用能力。

四是继续加强专利信息人才培养。实施 2014 年全国专利信息领军人才与师资人才选拔，开展专利信息与利用巡回培训，推广公益讲座。结合具体帮扶和促进工作，根据相关单位实际特点和需求，开展有针对性的专题培训和系列辅导活动，培养企业专利信息利用实务人才。

五是促进专利信息利用，助推创新驱动发展。实施产业升级或重大投资项目专利信息服务支撑工程，深入推进专利竞争情报研究，继续开展专利信息利用促进与帮扶项目，编写《专利信息利用研究与解析》《企业专利信息分析管理与应用》和《全球专利文献信息公共检索资源指南》，促进专利信息利用。

3. 加快拓展文献研究和对外交流工作

一是不断深化文献研究工作。继续开展基于专利文献的宏观研究工作，为政府或产业层面的决策提供数据参考、为专利文献相关工作的开展提供导向。制订专利信息传播利用工作的长远规划，为专利信息传播利用协调发展提供参考。顺应审查工作发展变化，开展文献基础性研究，为提高文献资源保障和服务能力奠定基础。

二是进一步推动专利局 CPC 引入实施工作。组织协调相关部门共同推进专利局 CPC 项目实施，促进分类数据在专利局审查检索工作中的应用。

三是丰富对外交流工作内容。承办五局合作第一工作组第十次会议，举办第三届专利文献支外培训班，加大 IPC 修订工作参与力度，进一步扩大专利局在国际文献交流方面的影响力。加强与 EPO 及其他知识产局的沟通，研究 2014 年举办中欧专利信息研讨会的可行性，为专利信息传播利用和文献资源保障服务搭建交流平台。

国家知识产权局专利局专利文献部
高会霞

中国社会科学院图书馆系统

一、概述

中国社会科学院是国家人文社会科学的重要研究机构，也是亚洲顶尖的智库。目前全院有 31 个研究所、45 个研究中心、4 家出版社以及 3000 多名研究人员，承担着社会科学研究工作及党和国家交办的各类重要的科研课题。

中国社会科学院图书馆系统是全国最大的人文社会科学学术图书馆，它覆盖院所两级机构，在全院推进图书馆体制机制改革的背景下，实行总—分馆制，即总馆—分馆—所馆（专业书库、资料室）三级保障体制。中国社会科学院图书馆（调查与数据信息中心）为总馆，下设法学分馆、民族学分馆、国际研究分馆、研究生院分馆、经济学分馆（在建），考古研究所图书馆、历史研究所图书馆、近代史研究所图书馆、世界历史研究所图书馆、中国边疆史地研究中心网络资料室、当代中国研究所图书资料室，文学专业书库、哲学专业书库等。全院图书馆系统协调发展，传统纸质资源专业性强、门类齐全、特色突出，涉及中外文 40 多个语种。全院馆藏总量为 560 多万册，古籍馆藏地位处于全国前列。电子资源覆盖面广，类型丰富，使用率高，引进了百余个中外文数据库。实体馆藏与虚拟馆藏覆盖了人文社会科学的所有学科，共同构建了全院图书馆系统显著特色的优质馆藏结构体系。

二、发展状况

2012 至 2013 年，社科院图书馆系统紧密配合院哲学社会科学创新工程，坚持为科研服务、为创新工程服务，不断提高管理和服务水平，努力按照“一流信息资源，一流服务能力，一流研究水平”的要求，推进体制机制改革，管理创新，服务创新，取得了较大成效。

1. 改革管理体制机制，转变图书馆职能

2013 年 8 月 28 日，社科院党组印发了《中国社会科学院信息化体制机制改革方案》，将调查与数据信息中心及网络中心机房等硬件设备划归院图书馆，赋予院图书馆的主要职能是：“统筹全院数字化图书馆、数据库和综合集成实验室平台建设、综合管理平台建设，负责网络（含内网，即综合管理平台、保密网）的维护与服务。”

在管理体制上，图书馆和调查与数据信息中心为一个机构两块牌子，实行统一领导，重大问题由图书馆党委会决定，保持调查与数据信息中心的相对独立性。院图书馆认真贯彻执行院党组的决定，完成了机构、人员、财务与资产的整合，加强了统一领导和统一管理。撤销了原图书馆网络系统部、音像部，将其与原数据中心合并成立了数据网络部，负责数字图书馆、海量数据库和综合集成实验平台建设工作；成立内网部和网络安全部，负责综合管理

平台建设和全院网络的维护与服务。

2. 全面规划图书馆发展方向,完成了创新工程项目设计和组织实施

中国社会科学院自2011年下半年起启动的哲学社会科学创新工程,极大地调动了全院科研业务人员的工作热情。图书馆党委和领导班子多次开会研究图书馆创新方案,结合自身特点,紧密结合自己的实际需求,设计提出了“图书馆管理创新”“图书馆服务创新”“中国社会科学院近代中文报刊(1894—1949)普查登记与整理保护”“中国社会科学院近代图书(包括晚清、民国时期)普查登记与整理保护”“中国社会科学院近代外文图书(1549—1949)普查登记与整理保护”“馆藏中国社会科学院发展历程音像资料(1986年—2013年)数字化”“中国社会科学成果国际传播”“人文社会科学评价研究与服务”“中国社会科学院古籍整理保护暨数字化”9个创新项目,力图通过创新项目实现管理和服务水平的明显提升。目前这9个项目正在稳步推进,产生了一批阶段性成果。

3. 继续推进全院图书馆工作体制机制改革,完善总—分馆制和图书采购总代理制

中国社会科学院从2008年开始规划总分馆制,它以有效利用资源、提高服务效益为目的,通过一体化和专业化管理,实现体系内各级图书馆之间的资源共享和服务的互动,充分体现了管理体制和运行机制的合理性与适用性。2012年,国际研究分馆组建完毕并开始运行,经济研究分馆筹备工作启动,在院财计局和院图书馆的协调下,经济研究分馆基建改造方案已确定,2014年经济研究分馆可组建完毕。

图书采购总代理制是社科院图书采购制度的一项变革,根据院办公厅印发《院图书采购实行总代理制改革方案》的精神,自2009年6月起社科院图书采购实行代理制。方案确认中国人文科学发展公司(以下简称“人文公司”)为图书采购的代理单位,负责受理各图书馆订单,统一结算付款。为了逐步完善总代理制,使其更好地为图书馆服务,为科研工作服务,为全院大局服务,院图书馆与人文公司领导建立了沟通制度,多次召开座谈会,及时解决图书采购中遇到的各种问题。分别于2012年9月和2013年1月召开了全院图书馆馆长联席会,院图书馆、人文公司和各所图书馆领导交换意见,统一认识,研究探讨进一步完善总代理制的思路、措施,取得了很好的效果。

4. 逐步调整资源建设政策,加大数字资源采购力度

2012至2013年,全院图书馆系统到馆的中文普通图书45 763种,地方志5412册,学位论文约64 000册,进口图书(含港台图书)41 709册,中文报刊1606种,进口报刊(含港台报刊)1859种。此外,接受中文赠书1900多册,外文赠书1150多册。

为落实馆党委“提高资源采购质量”的要求,院图书馆文献计量学研究室通过期刊、图书和出版社评价,为期刊订阅、图书采购、典藏流通、用户导读服务提供参考;采编部进行了需求调研,走访了哲学所、社会学所,通过读者座谈的形式主动听取科研人员对图书馆的意见和建议,并对7个研究所发放调查问卷,了解读者需求;制定新的资源建设方针,提高馆藏质量;改进资源采集办法;及时采购创新工程项目需要的文献资源。

结合社科院用户的需求情况,继续加大对电子资源投入力度,2012和2013年每年追加经费500万元,分别引进数据库75种和86种。为了提高经费使用效益,院图书馆一方面加强网络资源调研，把握电子资源发展趋势，逐步加大电子书的建设力度，一方面加强与科研人员的联系，及时掌握科研人员的信息需求，加大小语种电子资源的采购。

5. 顺利完成古籍普查登记工作，为古籍善本数字化做好前期准备

“中国社会科学院古籍整理保护暨数字化工程”（简称“古籍工程”）是院领导亲自布置、由院图书馆牵头负责的一项重要任务，经申报并得到院里批准，将其列为创新工程项目。

2013 年年底，全院 14 家古籍收藏单位的古籍普查登记任务全部完成，共收到古籍普查数据 97 169 条，对 6200 余部古籍做了甄别与鉴定，完成 7 个单位古籍普查登记档案册编辑工作，约 595 万字。

根据院党组的统一部署，在 2013 年年底完成古籍普查登记的基础上，2014 年启动古籍善本数字化工程。院图书馆已完成了部分前期准备工作：先后到北京书同文数字化技术有限公司、北京大学图书馆、国家图书馆等单位进行了 6 次调研，学习古籍数字化加工流程与管理；在充分调研考察的基础上，完成了服务器、磁盘阵列和大量配套设备的引进；制订了古籍善本数字化加工车间的改造方案；进行了古籍扫描试验。

6. 增强服务意识，提高服务水平

中国社会科学院图书馆系统平均每年接待读者 4. 5 万余人次、借还中外文图书 10 万余册、提供参考咨询服务 3000 余次。2012 至 2013 年的电子资源的总检索次数达 2310. 4 万次，全文下载篇数为 690. 5 万篇。

2013 年 7 月，院图书馆将“图书馆服务创新”列为创新工程项目，通过开展送书上门、专题咨询、资源推介、引文检索认证等服务，努力打造图书馆全新的服务格局。

院图书馆利用网络平台，建立了数字资源常见问题库，汇总了所有数字资源使用中经常遇到的相关问题，建立了数字资源使用培训视频库，供读者浏览学习，方便科研人员查找和使用电子资源。举办多种形式的讲座、培训，联合 SAGE、Taylor & Francis 等知名出版社开展期刊投稿等相关主题的研讨会，对国际期刊投稿技巧与策略以及数据库使用技巧等进行研讨和交流。

7. 成功更换图书馆自动化系统

2011 年 10 月韩国开发商退出中国市场，导致原图书馆自动化系统无法继续维护，院图书馆一方面采取一系列应急措施，维持旧系统运行，一方面引进了以色列的 Aleph 图书馆自动化系统，经过紧张的谈判、采购、安装、调试、人员培训，新系统于 2012 年 6 月 1 日正式启用，保证了全院图书馆业务的正常进行。

与图书馆自动化系统同时引进的 PRIMO 资源发现与服务系统，提供统一资源发现服务、资源导航服务、链接解析服务、内容聚合与个性化服务以及后台统计分析功能，可以更好地提升图书馆的服务水平。该项目经过一年多的努力，2013 年年底已经完成数据迁移、功能测试、系统配置等各项工作，投入正常使用，系统运行正常，实现预期目标。

8. 加快推进哲学社会科学海量数据库和综合集成实验室平台建设

2013 年 7 月 16 日，国家哲学社会科学学术期刊数据库正式上线。至 11 月 7 日 24 时，

总浏览量99.83万次，总访问人数19.3万人，日均浏览量达8680次，拥有注册用户7641人，论文在线阅读量10.7万次，论文下载9.2万次。截至2013年11月下旬，共与全国459家期刊（包括336个核心期刊、45个特色期刊）编辑部签订作品使用协议。

初步完成哲学社会科学海量数据库规划和架构设计方案，国际研究数据子库、国情调研数据子库、科研成果数据子库、博士后文献数据库、历史研究数据库建设取得阶段性进展。截至2013年11月8日，哲学社会科学海量数据库共完成5600本图书（合计281.5G）、4.65万张图片（合计755G）、7600条各国大事记、24.8T音视频数据、1036篇研究报告、380余万条指标数据、370.85万条调查数据、25.1G各类网络采集数据、4.3G其他文本信息的数据整合和加工检测。

初步构建综合集成实验室平台，与全院19个科研院所合作建成27个专项实验室，并与院外4个科研单位达成实验室战略合作，推出要报64篇、数据分析报告138篇、模型2个、指数3个、论文360篇。

2013年4月，启动中国社会科学院首个“完全自主知识产权”的全国居民调查抽样框建设工作，完成了除新疆、西藏外的592个村/居委会的地图绘制和914 417个住户清单的列举工作，与31个省、自治区、直辖市的44个科研教学机构、社工协会及其他相关机构、专业咨询调查机构建立了联系，并达成合作意向。

计算机辅助网络调查系统（CAWI）功能进一步完善，完成了两期2013中国舆情指数调查、高校在校生和毕业生生活状况追踪调查等项目。2013年中国社会状况综合调查（CSS）项目，中国社区建设与基层群众自治调查，数据中心和民政部、政治学研究所共同发起中国社区建设和基层群众自治调查，2013年大学生就业、生活和价值观调查项目，2013中国舆情指数调查，海淀区卫生系统职工和服务对象满意度调查等调查项目顺利开展。

9. 为社科院网络建设提供技术支撑和安全保障

加强和完善网络基础设施建设，对老旧设备进行按需更新替换；完成了9条互联链路的扩容工作，由扩容前的98M升级扩容至190M，增幅93.88%；承担为全院各所局81个网站的日常维护工作。在网站发布平台上新建社科网中文版、社科网英文版、社科网法文版，中国社会科学院官网等12个站点；新建38个网站发布系统用户，创建上网账号共1705个。坚持每天对邮件进行日常巡检，有效保障邮件系统的安全稳定运行。完成了社科院2013年度工作会议及反腐工作会议、“六名会议”的视频转播、视频直播任务。承担了两会、国庆长假期间的网站及网络安全保障工作，十八届三中全会网站安全重点保障工作。

10. 加强学科建设，提升图书馆的影响力

2012至2013年，社科院图书馆一方面积极组织创新工程项目申报，一方面按照院创新工程的要求，加强对学科建设、研究室建设、课题的管理。2013年新立项课题20个，18个课题顺利结项。

图书馆承担的文献计量学研究和图书馆学研究两个重点学科建设项目进展顺利，组织召开了多种形式的学术活动，出版专著4部、工具书2部，发表学术论文62篇，完成一般学术文章10篇，编译文章10篇。

图书馆党委鼓励馆员紧密结合工作实际开展学术研究工作，编辑出版了《中华信息科学

论坛》2013 年第一卷(创刊号),第二卷编辑工作基本完成,不日即将出版。

11. 继续扩大对外学术交流,推动中国学术成果"走出去"

中国社会科学院图书馆与 20 多个国家和地区的 40 多家科研机构或大学的图书馆建立了书刊交换关系。2012 至 2013 年,国际书刊交流部向境外共分发中文期刊 92 种,共计 6000 册;接收国外交换期刊 34 种、共计 600 多册,接收国外交换入藏图书 1150 余册。

中国社会科学院图书馆是国务院新闻办公室"中国之窗"项目五个成员馆之一,按照国务院新闻办公室分工,以向国外研究机构和学术机构图书馆赠书为主。在文献的选择上,社科院图书馆坚持以我为主(社科院学者的著作要达到 1/3 以上),重点宣传传播社科院优秀科研成果,扩大社科院的学术影响,以学术外宣促进国家的文化外宣,开拓学术外宣新模式。2012 至 2013 年,该项目为国外 14 家图书馆挑选外宣图书 5500 余册。

在 2012 年度与乌克兰国家科学院图书馆成功举办中国社会科学图书展览的基础上,2013 年院图书馆分别与乌兹别克斯坦世界经济与外交大学和乌克兰科学院合作,启动并完成了"中国馆"及开馆仪式的准备工作。

三、展望

1. 继续完善三级管理体制

协调各方推进经济学分馆建设;按照院党组的统一部署,筹建历史学专业书库;协调各方继续推进资源采购总代理制改革。

落实全院重大信息化建设项目三级管理的要求,对全院各单位数据库及图书资料数字化建设项目进行指导、监督和考核。

2. 建好海量数据库和综合集成实验室平台

面向中国特色社会主义建设的重大理论和现实问题,为推进理论创新、学术创新、科研手段和科研方法创新,为哲学社会科学基础研究和重大对策研究提供数据支撑,为展示社科院优秀科研成果、提高社科院学术影响力提供基础平台。用三年的时间,以馆藏文献数据库、学术期刊数据库、古籍善本数据库、科研成果数据库等分数据库为主,把海量数据库和综合集成实验室平台打造成学术辐射发力点、重大决策支撑点、科研服务闪光点和社会效益增长点,逐步建成代表国家水平和具有哲学社会科学特色的国际一流海量数据库与综合集成实验室平台。

3. 以先进的现代管理理念建设全院综合管理平台

综合管理平台建设工作以"资源整合和信息共享"为目标,为办公、人事、科研、管理与决策提供高效的信息化支撑和服务,实现单位、部门之间信息共享和业务协同,提高管理效率和科学决策水平,是建设数字社科院的重要环节。社科院图书馆将严格规范立项申报手续,科学管理项目流程,综合协调院属各单位需求,保质保量地完成任务。

4. 积极推进古籍善本数字化工程

在对社科院收藏的9万余种古籍普查登记的基础上，着手古籍善本的修复和保护。在确保古籍安全的条件下，用三年时间对其中7000多种古籍善本进行数字化扫描和存储入库，完成古籍善本的图像版、文字版，实现其在线浏览、全文检索及个性化信息服务，编纂以《中华古籍总目·社科院卷》为代表的系列古籍目录。

5. 在海量数据库的基础上构建哲学社会科学数字图书馆

在建设海量数据库的基础上，加强文献信息资源、联合保障体系和集成信息服务系统建设，形成以数字化为主的全院文献资源保障体系和网络化的无缝服务机制，努力建设面向研究所、科研项目和科研团队的深层信息服务机制，切实提高文献信息保障能力和深层次服务能力，使社科院文献信息集成服务环境达到国际一流水平，服务于社科院“三个定位”和创新工程。

6. 以高度负责的态度进行网络日常维护与服务，保障网络安全运行

继续完善社科院公共平台的基础设施建设，逐步完成老旧网络设备的更新换代。加强安全管理，提高服务质量，为全院信息化提供畅通、稳定、安全的运行环境。继续做好社科网的技术支撑工作，协调好各方面关系，为不断提升社科网社会影响力提供有力保障。

7. 加强人才队伍建设

努力发挥社科院图书馆现有科研和技术骨干的积极性和创造性，延揽和培养一批新的掌握大数据时代核心技术的高科技人才，建立健全准入机制、量化绩效考核机制，强化激励机制和退出机制。用三年时间为社科院打造一支高水平信息化人才队伍，为国家培育一支政治坚定、技术过硬、关键时刻顶得上的“网军”。

大事记

【图书馆、情报与文献学名词审定委员会召开】2012年4月16—18日，图书馆、情报与文献学名词审定委员会在武汉召开会议，听取各成员单位撰稿工作进展，研究名词审定中遇到的问题，布置下阶段工作。社科院学部委员、名词审定委员会主任黄长著，全国科学技术名词审定委员会项目负责人王琪出席会议并讲话。学部委员、名词审定委员会主任黄长著强调，在下一阶段的词条撰写和审定工作中一定要把握好以下四个原则，即重要概念不遗漏，重要解释无失误(关键性解释不允许有失误)，外文翻译无笑话，体例风格要统一。全国科学技术名词审定委员会项目负责人王琪在讲话中充分肯定了图书馆、情报与文献学学科名词审定工作的进展情况。社科院图书馆副馆长蒋颖代表课题组汇报了前一阶段工作进展情况。会议认真研究了各单位提出的问题，交流了经验，同时就下一步工作计划提出了建议，制定了完成任务的时间表。

【举办韩国庆北大学书展】2012年5月22—29日，韩国庆北大学书展成功举办。本届书展持续7天,共计展出图书600余册,涵盖了韩国的政治、哲学、历史、经济、文化、外交等人文社会科学领域的最新研究成果。书展期间,两机构就今后扩大交流合作等问题交换了意见,特别是关于2014年两馆签订合作协议十周年时举行学术研讨会的意向达成了共识。书展期间,副馆长蒋颖还陪同韩国庆北大学书展团访问了国家图书馆、北大图书馆等机构。

【中国社会科学院图书馆代表团访问乌克兰和乌兹别克斯坦共和国】2012年9月16—26日,党委书记庄前生率领中国社会科学院图书馆代表团赴乌克兰和乌兹别克斯坦共和国进行友好访问。代表团出席了在乌克兰国家科学院举办的首届中国社会科学图书展览开幕式,访问了乌克兰国家科学院图书馆(维尔南兹基国家图书馆)及乌兹别克斯坦世界经济与外交大学图书馆、东方语言文学系等机构,就扩大合作,加强文献交流,特别是合作建立专门收藏中国出版物的"中国馆"事项交换了意见,并取得了积极的成果。

【2012人文社会科学期刊发展与评价论坛召开】2012年12月27日,中国社会科学院文献计量与科学评价研究中心和调查与数据信息中心在京召开了"2012人文社会科学期刊发展与评价论坛"。论坛主题是学习十八大精神,促进学术期刊建设与科学评价的创新与繁荣;面对新形势,讨论学术期刊建设和科学评价工作如何应对新的问题与挑战。中国社会科学院党组成员、副院长武寅,全国社科规划办副主任杨庆存,中国社会科学院科研局副局长朝克,教育部社科司期刊处处长田敬诚,国家新闻出版署报刊处处长董毅敏等出席开幕式并讲话。中国社科院图书馆党委书记庄前生主持开幕式。与会专家学者围绕期刊单位转企改制、期刊经营管理创新改革、内容推陈出新、如何促进学术期刊建设与评价工作的科学化发展等问题展开了讨论交流。《新华文摘》《文学评论》《清华大学学报》等期刊主编分享近年来的办刊经验。来自国内哲学社会科学领域的权威期刊和优秀期刊编辑代表近百人参加。

【中国社会科学院图书馆在俄罗斯科学院举办中国社会科学图书展览】2013年5月19日至28日,以副馆长蒋颖为团长的中国社会科学院图书馆4人书展团在俄罗斯科学院举办中国社会科学图书展览。社会科学信息研究所副所长维克多·格鲁霍夫主持展览开幕式并致欢迎词,副馆长蒋颖和俄罗斯科学院社会科学信息研究所副所长尤利·乔尔内分别发表庆祝致辞。本届书展共展出中国近年来出版的人文社会科学图书500余册,书展期间,书展团访问了俄罗斯科学院社会科学信息研究所、俄罗斯科学院图书馆,参观了俄罗斯国家图书馆古籍分馆、俄罗斯总统图书馆和俄罗斯科学院图书馆等机构。期间,蒋颖在俄罗斯科学院社会科学信息研究所做了"人文社科领域的文献计量学研究"的主题学术报告。

【中国社会科学院A类重大课题"数字图书馆理论、实践与中国社会科学院数字图书馆的建设"结项】2013年6月28日,中国社会科学院A类重大课题"数字图书馆理论、实践与中国社会科学院数字图书馆的建设"结项报告会在中国社会科学院图书馆召开。课题主持人杨沛超馆长代表课题组做了结项报告。他详细介绍了课题的立项背景、研究进展、经费使用情况以及取得的成果,强调了课题紧跟形势发展,及时调整研究重点,从理论研究为重点转向实践探索为重点,对课题重要成果做了重点介绍。与会专家就课题成果进行了评议,认为课题研究内容丰富,做了大量的实际工作。课题的研究对于社科领域跟上发展、澄清认识、了解发展方向作用重大,课题的成果可以被看作未来发展的规划和纲领。

【2012版中国人文社会科学综合性核心期刊评审专家研讨会】2013年7月24日,由中国社会科学院文献计量与科学评价研究中心、院图书馆文献计量学研究室主办的"2012版中国人文社会科学综合性核心期刊评审专家研讨会"在院图书馆召开。文献计量与科学评

价研究中心常务副主任姜晓辉详细介绍了即将出版的《中国人文社会科学核心期刊要览》(2012年版)的研制情况,重点阐述核心期刊的遴选方法、定量评价指标的设计及其权重赋值,以及评审专家的构成和专家定性评价指标等。与会专家学者对《中国人文社会科学核心期刊要览》(2012年版)编制原则、指标设计、统计方法和专家评审等方面,给予了高度评价和充分肯定,对今后的核心期刊评价工作提出了建议,寄予更高的期望。

【全院古籍普查及数字化工程工作会议召开】2013年10月12日,中国社会科学院秘书长、党组成员高翔在图书馆主持召开"全院古籍普查及数字化工程工作会议",传达院务会议精神和王伟光院长指示,部署全院古籍普查登记工作,提出明确要求。李春华主持会议。语言研究所所长刘丹青、历史研究所副所长王震中、近代史研究所所长王建朗、世界宗教研究所党委书记曹中建、经济研究所副所长杨春学、法学研究所副所长穆林霞、民族学与人类学研究所党委书记张昌东等同志参加。

【中国社会科学院古籍整理保护暨数字化工程提高培训班举办】2013年10月16至18日,中国社会科学院图书馆在栗林山庄培训基地举办了中国社会科学院古籍整理保护暨数字化工程提高培训班,院图书馆及院属古籍收藏单位承担古籍普查工作的负责人、骨干及相关工作人员近56人参加了培训。图书馆党委书记、副馆长庄前生做题为"以创新工程为契机,团结协作,全面推进中国社会科学院古籍普查暨数字化工程"的主题报告。中国书店古籍拍卖行总经理刘建章介绍古籍版本基本知识,国家古籍保护中心副研究馆员王沛介绍全国古籍普查登记及保护工作的基本情况,国家古籍保护中心副研究馆员肖禹做题为"古籍数字化理念与方法"的专题报告,中国社会科学院图书馆古籍特藏部主任、研究馆员赵嘉朱对中国近代著名藏书家藏书特点做了详尽的介绍,杨齐副研究馆员介绍了中国社会科学院古籍数字化工作的基本情况,并从数字化设备引进、工作制度制定、工作流程规范等方面对下一步工作的开展进行了说明。

【乌兹别克斯坦世界经济与外交大学"中国馆"协议签署及开馆剪彩仪式举办】2013年12月16日至19日,中国社会科学院图书馆党委书记、副馆长庄前生等随中国社会科学院代表团访问乌兹别克斯坦世界经济与外交大学,签署"中国馆"协议、参加开馆剪彩仪式。该馆是中国在海外开设的第五家"中国馆",也是中国社会科学院在海外设立的第一家"中国馆"。根据乌兹别克斯坦世界经济与外交大学图书馆的实际需要,中国社会科学院为其精心挑选了2300余种图书。剪裁仪式后,中国社会科学院代表团在乌方校长的陪同下参观了"中国馆"和汉语言文化交流中心,与学习汉语的学生进行了亲切的交流与互动。

【中国社会科学评价中心成立揭牌】2013年12月26日,中国社会科学评价中心成立揭牌仪式在中国社会科学院学术报告厅举行。中国社会科学院长王伟光和副院长赵胜轩为评价中心揭牌。副院长张江、秘书长高翔出席仪式。王伟光院长发表重要讲话,强调评价中心应做好几大品牌评价项目,包括:学术期刊评价、中国社会科学院创新工程科研成果评价、全球智库评价、全国哲学社会科学评价、全国哲学社会科学优秀论文和图书评价。为此,应尽快组建起一支客观公正、学术过硬的评价工作队伍,以本院人员为基础,结合院内外,广泛吸纳海内外优秀人才。同时,要做好评价问题研究,以研究为基础,构建客观、公正、能够真正引领正确学术导向的评价体系。中国社会科学评价中心直属中国社会科学院,旨在占领社会科学评价的研究制高点,掌握学术评价的话语权,引领中国社会科学的发展走向。评价中心的主要职责是:构建中国社会科学权威评价体系,引领我国学术研究朝着正确的方向发展;搭建国际化学术交流平台,参与全球学术评价标准的制定,掌握学术评价话语权。

【中国社会科学院重大课题“人文社科核心期刊的统计与分析”结项】2013 年 12 月 30 日,中国社会科学院重大课题“人文社科核心期刊的统计与分析”结项报告会召开。课题主持人姜晓辉研究员从核心期刊的定义、数据来源、测定核心期刊的主要步骤、方法和指标等几个方面介绍了该课题的研制情况。该课题在评价指标的设计和统计方法上有所创新,特别是针对综合性学术期刊与学科评价的有机联系方面,新增设了“综合刊学科核心指数”指标,旨在对综合性学术期刊加强以学科为基础的评价功能。与会专家对该课题的研制过程,特别是指标设计和统计方法等方面,给予了高度评价和充分肯定,指出该课题的研制已在院创新工程考核评价体系中产生较大影响,对人文社科期刊的评价具有重要参考价值。与会专家还对课题研制中的定性评价权重、样本量及学科分类等细节问题提出了改进建议。

中国社会科学院图书馆

中国人口与发展研究中心图书馆

一、总体概况

中国人口与发展研究中心成立于1980年，是国家卫生和计划生育委员会直属的事业单位，是人口研究领域的国家级机构，主要从事人口与发展政策和对策研究，人口与发展基础理论、公共管理与服务研究，人口与发展信息收集、整理、分析和咨询服务。图书馆是中心成立之初最早设立的业务部门之一，是国内人口学领域最大的专业图书馆。

经过30多年的建设与发展，中国人口与发展研究中心图书馆已形成以人口学、社会学、计划生育等重点学科为主的馆藏特色，为国家卫生计生委决策、人发中心的科研工作提供了较为完备的文献保障体系。

二、发展状况

1. 资源建设

中国人口与发展研究中心图书馆自20世纪80年代成立，即开展国内外人口与计划生育文献的采集和服务工作，经过30多年的资源积累，逐步形成了学科完整、品种齐全、数量丰富、语种多样的文献体系。现拥有中文图书11 280册，中文期刊130种3370册，英文图书8190册，英文期刊120种3250册，日文书刊2260册，俄文书刊2120册，光盘600余张，拥有6种中外文数据库。

2013年，图书馆紧紧围绕国家卫生计生委的中心工作，以及人发中心的工作任务和科研开展工作。文献资源、电子资源购置经费稳步提高，数字图书馆建设进展顺利，管理与服务力争创新。完成了文献资源网络化管理，实现了图书馆自动化、信息化全面发展，开创了图书馆工作的新局面。

2. 网络化服务体系建设

（1）软硬件建设

2013年，图书馆文献和信息保障与服务能力得到进一步提升。新购置了服务器和电脑，更新了图书馆管理系统，由原来的单机版更新为网络版。建立了能够满足不同读者使用习惯的包含服务门户、统一认证、智能检索、互动交流、参考咨询等各种服务功能的管理系统。

（2）数字资源建设

为了更好地为中心科研服务，使研究人员能更有效地利用文献资源，图书馆启动了数字图书馆建设项目。通过自建、购买、共享、挖掘等手段建设中国人口与发展研究中心数字图书馆。自建资源以本馆馆藏的人口学和计划生育，以及相关领域资源为特色进行加工；购买了清华同方“知网”数据库、JSTOR 外文期刊数据库；共享资源主要是指从国家科技图书文献中心共享的近 6000 种网络期刊；挖掘是通过互联网下载、链接相关文献资料，充实图书馆藏资源。将馆藏中英文图书和期刊全部下架，粘贴条形码，增加相应数据，并与数据库记录逐一核对，与此同时，也对馆藏资源进行了清理，使图书馆的管理走向了科学化、规范化。实现了信息资源整合、网上查询文献、自动办理借还书刊、新书发布与荐购等项功能，使图书馆各项工作上了一个新台阶，成为图书馆发展的里程碑。

（3）拓宽文献引进方式，丰富资源种类

图书馆以为人口计生决策、科研服务为宗旨，积极探索文献资源引进方式，续订了清华同方知网数据库、JSTOR 英文期刊数据库，开通了万方数据网络试用资源，共享了国家科技图书文献中心的网络文献。另外，积极与出版商联系，开通了图书馆订购的英文期刊的电子版，从而方便了读者查阅，丰富了文献资源的使用范围，节约了采购经费。

（4）文献采购及著录

图书馆多渠道收集人口与计划生育文献的出版信息，采购相关的文献资料，建立能够满足人口与计划生育决策、管理、科研需要的文献资源体系。书刊到馆后，及时登记、著录、上架，维护和更新数据库。2013 年，图书馆继续做好新书通报和新书荐购工作，通过宣传与推介新书、新刊，帮助读者及时了解最新馆藏信息，提高了图书、期刊的利用率，得到研究人员的肯定和好评。在馆员的宣传和带动下，多名研究人员参与了新书荐购工作，增加了馆员与研究人员之间的互动，使采购的书刊更能满足科研工作的需要。

（5）读者服务

努力为读者创造一个安静、整洁的阅览环境。加强宣传力度，密切与读者沟通，热情接待读者。图书、期刊、报纸摆放整齐，为科研课题、论文撰写检索文献资料，期刊装订成册，办理书刊借还手续。学习图书馆管理系统操作方法，提高操作技能和管理水平。在满足卫生计生系统文献服务同时，面向社会开放，为读者提供信息服务。

（6）各种出版物编辑与发行

自 1988 年开始，每年翻译、编辑《世界人口数据表》《中国人口数据表》，已成为图书馆一项传统工作。《世界人口数据表》包括世界 200 多个国家和地区的 20 余项指标：年中人口数、出生率、死亡率、自然增长率、净人口迁移率、人口预测、总和生育率、出生预期寿命、城市人口、人口密度、艾滋病毒/艾滋病感染率、已婚妇女避孕率等。《中国人口数据表》是根据《中国统计年鉴》《中国城市统计年鉴》等资料，从中抽出与人口和计划生育有关的 20 余项指标编辑成表，指标包括：年末总人口、城镇人口、乡村人口、出生人口、出生率、死亡率、自然增长率、总和生育率、出生人口性别比、人口年龄构成、老年人口、受教育程度、平均预期寿命、婴儿死亡率、已婚育龄妇女领取独生子女证人数、人均国内生产总值、采取各种避孕措施分布、地级城市人口、县级城市人口等。通过多年的积累，人口数据表已成为政策制定者、研究人员和实际工作者必备的参考工具。每年面向人口研究机构、各级卫生计生单位和社会发行。

在完成书刊采购、编目、流通等图书馆工作外，图书馆发挥收集文献信息的优势。受国家卫生计生委委托，每天上网监测各大网站、论坛以及博客中人口计生舆情动态，节假日从不间断。完成《人口与发展互联网信息摘要》《人口和计划生育互联网信息专报》以及《流动人口信息参考》的资料收集、编辑、校对和报送等工作。图书馆由单一的工作模式，向多元化方向发展。

三、特色资源与特色服务

作为人口学界最早成立的以收集人口和计划生育领域文献为特色的专业图书馆，系统收集了第一次至第六次全国人口普查资料，历次人口抽样调查、生殖健康抽样调查资料，中国及各省、自治区、直辖市历年统计年鉴。图书馆成立至今，收集、保存了大量珍贵的英文文献，有些人口学核心期刊和图书都是从第一卷收集至今，如 *Demography*、*Population Studies*、*Demographic Yearbook*。

图书馆建有“中国人口与计划生育文献库”，该库全面、系统地收集了自 20 世纪初中国人口与计划生育领域各类型文献，使读者准确掌握人口与计划生育领域科研的实际状况，也为与国际进行学术交流提供了重要的文献基础。

中国人口与发展研究中心图书馆已成为目前国内人口与计划生育领域收集文献资源最系统和完备的机构，为“十二五”国家电子政务重点工程——全员人口统筹管理信息系统、“人口与发展数字模型与综合决策支持系统”等项目提供了信息保障。在满足本系统文献服务的同时，面向社会开放，为国内外研究机构和学者研究中国人口问题提供了信息服务。

中国人口与发展研究中心图书馆
周琳

中国民族图书馆

一、概况

中国民族图书馆是一所全国性的民族专业中心图书馆，是国家的民族文献保障中心，承担着为中央国家机关和民族文化研究机构提供服务的重要使命。同时，也是我国唯一的专门收藏少数民族文献资料的，并向全社会开放的公益性图书馆，是我国少数民族文献的收藏、保护、研究、宣传、展示中心，是实践“共同团结奋斗，共同繁荣发展”的重要文化教育阵地。

中国民族图书馆，原为民族文化宫图书馆，于 1959 年 9 月建成并开放，坐落于北京民族文化宫内花园式庭院之中。馆舍面积 3200 平方米，有近百个阅览座位。1989 年 4 月，经中华人民共和国民族事务委员会和文化部批准，改称“中国民族图书馆”。现图书馆机构设置为办公室、采访编目部、阅览典藏部、研究发展部、古籍特藏部、数字资源与网络技术部。现有汉、蒙古、回、藏、维吾尔、苗、朝鲜、彝、水、满、土家 11 个民族的工作人员 31 人，其中研究馆员 4 人，副研究馆员 7 人。

二、发展状况及特点

1. 独具特色的少数民族典藏

中国民族图书馆，历来以独具特色的少数民族典藏著称。现有藏书 60 余万册，以少数民族文献为主，其他文献为辅。古籍近 20 万册，线装书古籍 11 万余册、善本古籍 4000 余册。尤为珍贵的是有大量国内外罕见的各种民族文字写本、刻本、金石拓片、舆图，还有年代久远的稀世真品、菩提叶写本等。

汉文古籍中收藏了大量地方志、史志、民族史志、年谱、传记，并有部分孤本，如《甘省便览》《西昌备乘志》等。此外还有极为珍贵的元初补雕的《金藏》，它是《中华大藏经》汉文部分的底本之一。

少数民族文字古籍中，有藏、蒙古、满、察合台、彝、水、傣、东巴、壮、布依、朝鲜等文种，仅古藏文经典就有数千包、数万种之巨。这些古藏文珍品中有《三传密经》《萨迦班智达贡嘎坚赞本生事迹》、金汁写《丹珠尔》等。其他民族典籍精粹有蒙古文《成吉思汗格言》、彝文《西南彝志》、水文《正七》、西夏文《大方广佛华严经》等。少数民族文字古籍中不少是特种、孤本文献。藏文古籍、蒙古文古籍、满文古籍、彝文古籍、水文古籍、维吾尔文古籍和壮文古籍是图书馆的主要特藏文献。

所藏的民族文献种类繁多，有蒙古、藏、维吾尔、哈萨克、朝鲜、彝、壮等 24 种；外文有英、俄、日、德、阿拉伯文等 14 种。

2. 少数民族文献保障功能不断增强

2013 年，中国民族图书馆围绕"为民族工作服务，为民族文化事业服务，为民族团结进步服务"这一宗旨，建立目标明确、特色突出、保障重点的图书、情报、文献采访机制。购买纸质新书3085 册、期刊826 种、报纸223 种，接收赠书1533 册。基本涵盖了中国国内出版的重点少数民族文献。尤其是报纸，不仅收藏了五大自治区日报，甚至还征订了发行量极少的地方性少数民族文字报纸，如藏文《黄南报》《海南报》《山南报》《林芝报》《那曲报》，维吾尔文《阿克苏日报》《塔城日报》《巴音郭楞日报》《叶尔羌报》，彝文《凉山日报》等，极大地扩展了馆藏文献的延伸度，创建了完善的少数民族文字报纸收藏体系，满足部分读者的特殊需求，扩展了特殊文种的文献保障功能。

拨出专款确保重点文献及时入库。引进了大型民族类丛书：《纳西东巴古籍译注全集》《中国贝叶经全集》《回族典藏全书》《中国水书》《国家图书馆藏敦煌遗书》《中国西南文献丛书》等。填补了馆藏空白，改善了馆藏结构，提高了馆藏的文化厚度，发扬了馆藏特色和风格。

3. 科研工作取得新突破

2013 年，中国民族图书馆，按照"以项目促发展，以项目立优势"的战略方针，积极向国家民委、科技部、教育部、北京市、全国哲学社会科学规划办公室等有关部门申报科研项目，科研工作取得了突破性的进展。

2013 年，申报国家民委课题"东北人口较少民族文献信息资源保障体系建设调查研究"，获立项成功，项目资助经费 5 万元。北京市民委课题"《北京地区蒙古文古籍总目》（二）"和"《中国少数民族古籍总目提要 · 蒙古族卷》（碑刻拓片类）"，获得立项，项目资助经费共 13 万元。7 月，由先巴同志主持的国家民委研究项目"CNMARC 藏文文献机读目录规范控制与使用研究"顺利结项。8 月，中国民族图书馆参与承担国家科技支撑计划"少数民族语言文字信息处理共性关键技术研究与示范应用"课题二——"藏文数字图书馆关键技术研究与示范应用"的项目正式结项。12 月，中国民族图书馆主持的北京市民委课题"《北京地区蒙古文古籍总目》（二）"顺利完成。7 个在研项目进展顺利。

通过科研工作，中国民族图书馆培养了一批专业人才，进一步提高了自身在图书馆界的影响力和知名度。

4. 国家珍贵古籍名录工作取得新成就

2013 年，中国民族图书馆馆藏少数民族文字古籍 20 种入选第四批《国家珍贵古籍名录》。其中藏文元写本《法本诠释明义》、明抄本《萨迦派深法作明佛母法与释文》、清康熙刻本《十八医术与实践宝集十八卷》、清初稿本《具德胜乐现观释》等 7 种，蒙古文清代北京刻本《四部医典》等 6 种，满文清康熙内府刻本《资治通鉴纲目》等 2 种，察合台文清抄本《伊玛目艾山与伊玛目玉赛音塔孜克日》，水文清同治元年（1862）抄本《子午卯酉年探》，壮文清抄本《初夜登坛科》等 3 种，共涉及藏文、蒙古文、察合台文、满文、水文、壮文 6 种民族文字。至此，中国民族图书馆馆藏民文古籍中入选《国家珍贵古籍名录》的古籍共达 73 部。国家珍贵古籍名录工作的开展，极大地推动了中国民族图书馆古籍保护工作的深入发展，使一些珍贵民族文献走进了世人的视野，为民族古籍保护、利用、研发提供了新的历史契机。

5. 加强少数民族文献宣传

2013 年，为弘扬少数民族文化，加强少数民族文献宣传，加强馆际交流，促进民族团结，中国民族图书馆举办了两场精彩的“中国少数民族古籍珍品展”，分别在中央民族大学和广西壮族自治区图书馆展出。展览共展出中国民族图书馆馆藏古籍精品中精选的汉文、藏文、蒙古文（托忒蒙古文）、察合台文、满文、彝文、东巴文、傣文、水文、古壮字、布依文、朝鲜文 12 个文种的 75 件珍贵古籍，展品集中反映了各个民族在不同历史时期古籍书写、印刷及装帧形式、特点、风格等。展览是文化惠民的重要举措，是将“藏在深闺人未识”的古籍珍品展现给观众，并使他们近距离接触这些民族文化遗产，感受民族文化底蕴，增进各民族相互了解，促进民族文化交流，增强民族团结。

6. 服务手段日趋多样化

中国民族图书馆丰富而独特的藏书体系不仅赢得了“民族典籍之宫”的美誉，而且为对外弘扬中华各民族的古老优秀文化，对内开展多层次、高质量的读者服务工作提供了坚实的物质基础。中国民族图书馆经过不懈的努力，在文献的搜集、加工、存储、提供和开发等方面，已形成了独具特色的藏用并重的格局。

本馆积极开展外借、阅览、邮寄等多种服务业务，以满足读者的各种需求，每年可接待国内外读者万余人。读者服务工作是图书馆工作的重要环节之一，千方百计满足读者的各种需求，使“书尽其用”，充分发挥书、刊、报的作用。根据读者的不同要求，做好图书的推荐、介绍和借阅工作。为了方便读者借阅，扩大书刊流通范围。同时，延长阅览室的开发时间，中午不休息。

提出新方式，找到新办法，使用新技术。2001 年，图书馆建成局域网，开始自建汉文新书书目数据库、期刊库和少数民族文字新书书目数据库，从采购编目到对外借阅全面实现了计算机化和无卡片管理。先后购买、安装了少数民族类万方电子期刊库、超星电子图书、阿帕比电子年鉴和知网社科类电子期刊库等电子文献约 50 万册。

2013 年，购买同方知网（CNKI）期刊全文数据库（信息科技、哲学与人文科学、社会科学Ⅰ辑、社会科学Ⅱ辑、经济与管理科学）5 个专辑（镜像版），极大地方便了相关研究者了解最新学术动态，查找最新学术资料，紧跟学术发展前沿。

7. 搭建民族图书馆交流平台

民族图书馆，大多地处偏远、交通不便，所处地区社会整体发展与东部发达地区相比相对滞后。长期以来，中国民族图书馆致力于推动民族地区图书馆事业的发展，为民族图书馆与外界交流搭建平台。自 1983 年起先后多次举办民族地区图书馆馆长研讨班、进修班，采取多种方式为民族地区培养人才；至今共主持召开 12 次“全国民族地区图书馆学术研讨会”，为广大民族地区图书馆工作者提供了非常好的学术交流平台，促进了民族图书馆学学科的发展。2014 年“第十三次全国民族地区图书馆学术研讨会”于 11 月在湖南召开。

8. 加强国际间的交流

截至 2013 年，中国民族图书馆先后接待了日本、美国、英国、印度、意大利、奥地利、德国、尼泊尔、泰国、匈牙利、伊朗、蒙古、朝鲜、韩国、俄罗斯、吉尔吉斯斯坦、土耳其等国的政府官员、图书馆界学者、学术团体和民族宗教界人士以及旅居国外的华侨及港、澳、台同胞等，并派员出访了匈牙利、澳大利亚、前苏联、印度、日本、蒙古、土耳其等国，与众多海外学术机构和图书馆建立了友好文化交流关系。

二、未来发展规划

1. 加强民族图书文献资源库建设

图书馆事业是国家文化事业的重要组成部分。中国民族图书馆把建设国家少数民族图书文献资源库，为国家提供民族文献安全战略保障，作为未来发展规划的目标之首。因此，在今后的发展中，中国民族图书馆力争多方位引入资金，申请国家相关扶持资金，积极申报各级项目，努力提高民文图书情报的馆藏量，引进大量的民族文献。同时，设立陈列“名人赠书专柜”等新颖方式吸引各界人士赠书，收藏各类文献资源，丰富馆藏。加大对民族史料的回溯力度，在各民族地区征集、采购相关古籍文献，丰富、完善民文馆藏体系。其次，进一步拓宽视野，加强对世界范围内民族资料的追踪、采集。掌握民族学、人类学学科的最新研究成果，世界民族学最新发展成就，建立动态图书情报收集、整合体系，为国家民族政策决策提供有力的文献情报保障。

2. 加快数字化图书馆进程

数字化已经成为图书馆发展的必然趋势，也必将打破传统图书馆的管理模式，打破地域界限、馆际界限，实现大范围、大区域内的资源共享。2012 年至 2013 年大修改造期间，由于机房搬迁在外，数字资源建设几乎暂停，2013 年年底才逐渐恢复正常。2014 年要加大数字资源建设力度。一方面，积极查找优质民族类数字资源，广泛开展试用、选购工作；另一方面，要积极开发馆藏精品，建设馆藏珍贵古籍数据库，解决古籍保护与利用矛盾。具体包括续订 2014 年度中国知网期刊全文数据库资源（5 个分库）；采购方正阿帕比、超星等公司民族类电子图书；开展科技支撑项目成果转化，藏文数字图书馆栏目及书目藏文化工作；开展东北地区“四少民族”专题资源库建设；建设馆藏珍贵古籍数据库；建设“1949 年后新开发汉文古籍线装书书目数据库”等。

3. 推进民族文献展，弘扬民族文化

2014 年起，国家民委计划 3 年内举办 30 个“全国民族自治州成就展”系列活动，在民族文化宫展出。借此，中国民族图书馆为加强少数民族文献宣传，弘扬少数民族文化，配套承办“民族自治州暨少数民族文献展”，以此推广中国少数民族文献的博大精深和发展历程，体现中国民族图书馆在少数民族文献保护中的积极努力。继续努力与五大自治区图书馆、民族高校图书馆合作举办“中国少数民族古籍珍品展”，让“藏在深闺人未识”的少数民族古籍珍品推向广大人民群众，积极响应党中央文化惠民的重要举措和“少数民族文化走出去”的决策。

4. 努力推进中国民族图书馆的馆舍建设

2014 年,努力推进以建设中国民族图书馆为主要内容,启动民族文化宫二期工程的申报论证工作。通过国家民委“十三五”规划的起草,努力推进“拓展中国民族图书馆为主推动民族文化宫二期工程的建设”纳入国家“十三五”规划。该项工作对于民族文化宫二期建设、中国民族图书馆空间拓展、中国民族图书馆资金来源有重大推动作用,从而更好地推动和繁荣少数民族文化的发展。新馆将拥有一流的现代化设备及更加成熟的专业队伍,为建成全国民族文献收藏、展示中心而努力。我们的民族图书馆事业将走上崭新的发展道路。中国民族图书馆将为国家的民族工作和民族地区的经济文化建设做出更大的贡献。

中国民族图书馆

中国艺术研究院图书馆

一、概况

中国艺术研究院图书馆作为一个囊括戏曲、音乐、美术、舞蹈、话剧、曲艺、影视等艺术的专业图书馆，经过60余年的发展积累，馆藏图书近100万册、报刊6万余册，尤其是拥有一大批珍贵的特色文献，具有极高的研究价值。2013年，在院党委和院领导的带领下，全馆同志协同一致、埋头苦干，认真落实工作目标责任制，狠抓队伍建设，年中完成了馆舍搬迁和新阅览室的开放、运行，在非常规条件下正常开展阅览服务工作，为科研、创作、教学活动提供了信息保障，年度接待读者1800余人，图书流通量35 000余册次，专项服务提书5000余册次。特藏部发挥对外交往“窗口”作用，提高讲解专业水平，年内共接待中外参观人员26批次，共计210余人。

二、发展状况

紧紧围绕保障科研教学，积极做好服务咨询工作，满足院重大课题和专家学者及学生的需要。完成《民间工尺谱集成》第一集的文献通检复制核查，《昆曲大典》文献部分校对，《凤阳花鼓全书》的文献复查补充，《美术期刊汇编》（美研所项目）的文献检索影印，《近代戏曲论著集成》的文献检索。完成第四批古籍保护工作的相关要求，送国家图书馆第四批特展展览用书，配合第二批国家再造善本工程用书的技术处理审核审校，完成《梅兰芳大观》戏单部分的检索核查影印（700余幅）；配合“年画数据库”建设，对4000余张馆藏珍贵年画进行拍摄、比对、鉴定，高标准完成任务；古琴是本馆藏品的重中之重，其中比如枯木龙吟、鸣凤等更可谓是国宝，具有极高的文物价值，积极协助“院藏珍贵古琴复制”项目组进行四张古琴的X光照相。

继续推进《中国艺术研究院图书馆抄稿本总目提要》编辑工作。各种抄本、稿本是文化发展的重要载体。做好抄本、稿本的整理出版工作，对于科学保护各类珍贵典籍、传统民族优秀文化，激发文化发展活力，挖掘和阐发优秀传统文化思想价值，保护传承民族文化的基本元素和特征，创新发展民族文化的内涵与活力，都具有十分重要的意义。中国艺术研究院图书馆藏有大量抄本、稿本，具有重要的历史、思想和文化价值。它们原分散在各研究所，研究院由后海恭王府迁到惠新北里后，对各研究所的抄稿本做了整合，这些抄稿本内容非常丰富，大部分为研究院所独有，因此中国艺术研究院图书馆被国务院列为“第一批全国古籍重点保护单位”。为搞好这些抄稿本的整理，2010年初即筹划编纂《中国艺术研究院图书馆抄稿本总目提要》。2013年典阅部集中力量完成该书（共十六册）的审稿、统稿、校对及出版准备工作，取得重要成果。

精心组织图书资料的接收整理。近年,由中国艺术研究院及院外专家学者捐赠的图书、资料,呈上升趋势。2013 年,采编部共收取图书 792 种,共计 948 册;期刊 21 种,共计 85 册;音像制品 106 种;其他 13 种。其中捐赠较多的有文彦、张琬麟等中国艺术研究院专家,以及王好为、陈禹芳、王震亚等院外专家学者。专程赴温州,接收浙江永昆传承人林天文先生捐赠的戏曲手稿。特藏部收到牛根富转来《公共浴池风光油画》,以及我国非物质文化遗产传承人娘本唐卡《十五尊》一幅。各方所捐赠图书、资料均登记入册,并寄入藏证明。其他图书交由采编部分编,音像制品等交相关部门登记入藏。

大力抓好图书资料的采购工作。2013 年图书馆资源采购均采用公开招标方式集中进行,总采购金额达 180 万元。其中中文图书采购 70 万元,外文图书采购 12 万元,音像制品 5 万元,电子资源(包括超星电子资源学术平台及大成老旧期刊电子数据库)采购 37. 5 万元,电子资源数据库更新 42. 74 万元,报刊续订及其他 12. 76 万元。公开招标采购的图书及电子资源、音像制品,均到馆并通过验收。

积极推进馆藏资源资数字化。在信息化时代,对图书馆来说,敞开胸怀,拥抱新技术,与信息化融合发展是大势所趋,是不可逆转的时代要求。艺术研究院图书馆高度重视图书资料数字化建设,音像中心继续以音像资源数字化为重点,全面开展音频、视频、图片资料的回溯建库与数字化采集,为中国艺术研究院图书馆数字化信息平台建设打下坚实基础。截至 2013 年 11 月,完成盒式录音带数字化及审核 658 盘,开盘带数字化及审核 414 盘,图片的数字化及编目审核36 258张。为中国艺术研究院"第五届中欧文化对话"等重大活动提供拍摄服务 68 次,拍摄图片 4200 多张,录制影像资料约 176 小时。

积极进行图书馆建设调研走访。"馆员是图书馆事业发展的核心要素,图书馆馆员的素质会影响一个图书馆的发展前景。"2013 年,艺术研究院图书馆充分利用临时闭馆的时机,周密制订、实施计划,有针对性地组织职工进行调研考察、对口业务培训学习。音像中心先后拜访上海、天津、绍兴等地的 17 家单位和个人进行音像档案数字化及视频制作的考察。采编部通过对首都图书馆、中国戏曲学院图书馆、国家博物馆图书馆等 9 家图书馆的走访、调研,实地了解了一些当前图书馆的自动化系统使用、馆藏分布、服务模式、自动化水平及新的管理理念,为图书馆未来工作规划及发展方向做了一定的信息搜集及知识储备。特藏部和音像中心的同志参加工美馆举办的文博系列讲座,结合自己的工作实际与老师进行了学习、交流。特藏部数次组织对相关博物馆、美术馆等的观摩学习,增长了专业知识。典阅部选送两位同志到国家图书馆、首都图书馆学习工作,提高古籍编目能力和古籍修复水平。

中国艺术研究院图书馆
王春红

中国版本图书馆

一、概述

1. 机构介绍

中国版本图书馆的前身为中央人民政府出版总署图书馆,成立于1950年7月1日,由中央人民政府出版总署署长胡愈之提议并创建。其任务是:负责保管中国出版物样本,以利于出版工作的调查研究和文化的传承。成立伊始,立即向全国国营、公私合营、私营出版单位征集1949年10月1日后印行的初版、重版图书和期刊样本,并接收了原南京国立编译馆的全部藏书,作为最早的馆藏。

现内设:综合业务部、出版物标识部、样本征集部、样本藏管部、信息技术部、数据研发部、对外合作部、办公室(财务)、人力资源部、党办等部门。

2. 馆舍情况

截至目前,中国版本图书馆拥有两个大型书库和一个办公区。其中大兴书库位于印刷学院内,书库面积近5000平方米;宋庄书库位于宋庄镇的后夏公村,书库面积近6600平方米。办公区位于东城区先晓胡同10号,办公区面积6643平方米,建成于1999年。

3. 人员情况

中国版本图书馆目前实有在职员工103人,其中高级职称12人、中级48人、初级21人。馆长兼党委书记:左晓光,研究员。

4. 馆藏情况

截至2013年12月31日,中国版本图书馆馆藏样本统计情况如下:①图书样本4 216 060种册(其中初版书3 799 450种册、重印书328 542种册、特藏书39 951种册、画片189 794件);②早期单独排序的图书样本48 117种册(港版书8198种册,内部书19 752种册,马列著作10 088种,语录6167种册,盲文图书2187种册,机关团体出版物1734种册);③期刊样本16 000种,近40万册(合订本);④报纸合订本样本2930种,共106 822册;⑤音像及电子出版物样本近40万种(张)。

5. 信息化建设情况

全馆共有计算机195台、服务器53台,存储设备总容量255TB,建有中国版本图书馆网(http://www.capub.cn/)。

(1)书目类数据库

包括“书号实名申领数据库”“图书在版编目数据库”“样本典藏数据库”(内容包含图

书、报纸、期刊、音像及电子出版物)

截至 2013 年 12 月 31 日,中国版本图书馆书目类数据库统计情况如下:①“书号实名申领数据库”存储书号实名申领有效数据总计 1 293 008 条;②“图书在版编目数据库”存储图书在版编目(CIP)数据总计 280 余万条;③“样本典藏数据库”存储 3 799 450种图书的书目数据、2925 种 95 960 册报纸合订本记录数据、9215 种 334 994 册期刊记录数据、97 025 种音像出版物记录数据、55 368 种电子出版物记录数据、14 415种磁带记录数据。

(2)数字资源类数据库:

“音、视频资源数据库”“连环画图像资源数据库”“宣传画图像资源数据库”“老期刊图像资源数据库”“老图书图像资源数据库”“依图编目图像资源数据库”。

截至 2013 年 12 月 31 日,中国版本图书馆数字资源类数据库统计情况如下:①“音、视频资源数据库”存储共 4 万多小时音、视频资源(其中音频 3 万 6000 小时,视频 1 万 1000 小时),22 598 条音频节目,14 743 条视频节目,数据量 115TB;②“连环画图像资源数据库”存储连环画约 25000 种,约 210 万页;③“宣传画图像资源数据库”存储宣传画 15 万余张,连环画和宣传画数据量达 52TB;④“老期刊图像资源数据库”存储老期刊合订本 2000 余本(101 万页),数据量 20 余 TB;⑤“老图书图像资源数据库”为 2014 年新建资源库;⑥“依图编目图像资源数据库”扫描图书 136 951 册、信息页 1 391 384 页,数据量 599GB。

二、版本馆 2012—2013 年度发展状况

1. 项目建设

(1)《样本资源抢救工程》于 2008 年立项,并开始实施。其目的是将 20 世纪 90 年代的磁介质样本(录音带和录像带)内容数字化,按专题和表现形式将早期的老宣传画、绘本连环画、卷轴、部分老期刊合订本等,采用扫描的方式进行数字化处理。项目三年为一期,2012—2013 年执行项目第二期。2012—2013 年《样本资源抢救工程(二期)》继续进行,数字化转存与编目工作完成了录音带样本 22 306 盘 19 317. 25 小时、老宣传画 36 657 张、卷轴 4516 种、绘本连环画 110 万页、老期刊合订本 100 万页。

(2)“样本资产管理”项目 2012 年立项并开始实施,其目的是将典藏样本进行资产登记和管理。2012—2013 年完成 1949—1999 年出版的期刊合订本 12 万册、1949—1958 年出版的图书 10. 5 万册的资产整理(共计整理了 22. 5 万册)。

(3)2013 年年初完成的安防监控项目,在运行中不断完善,强化了技防、人防的综合防范,确保藏品安全。

(4)申报“全国出版物信息管理系统”项目。针对出版行业缺乏通用、完整、及时、准确的信息资源库和相关服务体系的现状,中国版本图书馆与出版管理司共同申报该项目,分两年实施,2014 年度项目经费已批复。

(5)向发改委申报的“中国版本图书馆业务楼箱式变电站及低压电缆改造工程项目”

2013 年 7 月得到了国家新闻出版广电总局[①]批复。

(6)组织人员积极参与中国出版博物馆的筹建工作,为版本馆未来的发展奠定根基、拓展道路。

2. 出版物标识工作

2012 年中国版本图书馆为中央在京 141 家图书出版单位全年核发书号 76 689 个,与上一个年度同比增加 15%。发放音像制品书号条码 11 160 个,电子出版物书号条码 6180 个,期刊条码36 995个。为 109 家出版社换发出版者前缀,配发电子出版物书号 430 个,音像制品专用书号 439 个。制作完成 CIP 数据 32.0472 万条,修订 CIP 数据 7.3 万条。

2013 年,中国版本图书馆为中央在京 141 家图书出版单位核发书号 84 334 个,较上一年同比增长 10%。为全国出版单位发放音像制品书号条码 14 938 个,电子出版物书号条码 9092 个,期刊条码 47 064 个。为 94 家出版社换发出版者前缀,其中为 34 家换发图书出版社前缀,为 13 家换发音像制品专用前缀,为 47 家换发电子出版物专用前缀。为 97 家出版单位配发电子出版物书号 721 个,为 134 家出版单位分配音像制品专用书号 448 个,共计 1169 个。制作核发 CIP 数据 32.1663 万条,较上一年同比增长 0.37%。

3. 出版物样本征集藏管工作

2012 年,全年共记到版本样书 28.9 万种,比去年同期多登到 6.7 万种,增长 30.2%;国家新闻出版总署样书上架 3.35 万种,比去年同期 2.87 万种多上架约 4800 册;报纸登到 606 种 5803 册,多到馆册数 102 册,同比增长 4% 和 2%;期刊登到 7760 种 67 961 册,多到馆册数 1030 册,同比增长 2% 和 3%;音像及电子出版物登到 2.22 万种,多到馆册数 3400 种,同比增长 17.8%。制作馆藏编目数据 276 601 条。

2013 年,出版物样本征集工作继续发展,全年到馆出版物数量再创历史新高。图书方面,共登到版本样书 31.56 万种,比上年同期增长 9.2%;国家新闻出版总署登到样书 28.42 万种,比上年同期增长 8.3%。全年报纸合订本到馆 624 种 4927 册,种数比去年增长 2.97%。全年期刊到馆样本 8052 种 72 302 册,分别比去年同期增加 3.76% 和 6.39%。音像出版物登到入库 8649 种,电子出版物登到入库 6854 种,累计登到入库量为 15 503 种。根据音像电子出版选题系统批准额度及条码使用申请,2013 年的音像电子出版物缴送率达 95%,为历年最高。全年共制作馆藏编目数据 285 243 条。扫描到馆图书 112 343 种册,1 137 083页。实现了到馆图书扫描加工、依图编目,提高了数据的准确度和稳定性,书目数据在数量和质量上都有了明显提升。另一方面,得益于委托数据公司承担部分图书的著录工作,藏管部人员的工作模式得以调整,进一步加大了审核力度,提高了数据质量。在书库管理方面,充分发挥安防监控室的作用,时刻注意书库的防汛、防火、防盗、防丢失工作。

4. 信息技术有力支持,稳定高效

在业务信息系统方面,书号实名申领信息系统(二期)项目完成了所有出版社上线工作,

① 2013 年 3 月 14 日,国务院将国家新闻出版总署、国家广播电影电视总局的职能整合,组建国家新闻出版广电总局。

顺利通过验收。正式上线后，及时做好密钥的更换和系统的远程协助、技术支持及业务咨询工作，并根据出版社更换人员的需要，先后举办了三期新增出版社及工作人员的培训班，较好地解决了部分出版社工作人员业务生疏的问题。响应业务部门的需求，对 Aleph500 图书馆自动化管理系统、CIP 三期系统进行了服务器、数据库迁移以及优化调试，顺利完成安全等保测评工作。在硬件保障方面，完成了 UPS 电源改造，加强了系统的智能监控，确保业务系统的稳定运行。

5. 数据开发与公共服务稳步发展，成效喜人

数据开发与公共服务方面，筛选公版书数据 7 万余条。为广州市文管办、北京市"扫黄办"、大百科出版社等单位提供 CIP 数据及馆藏数据服务，并在为出版社提供更深层次服务上进行了有益的尝试：为中州古籍出版社申报国家出版基金项目提供了相关论证报告。积极开展对外合作，承接"经典中国国际出版工程"秘书处的工作。成功举办"永远的延安·中国版本图书馆藏品选展""中国传统年画选展""中土互译成果展"等展览，中国版本图书馆馆藏展的品牌效应进一步凸显。

2012 年 CBI 杂志在国务院新闻办和国家新闻出版总署的直接领导下，宣传报道中国图书对外推广计划，全面系统报道 33 家计划成员单位和有关出版单位中国图书"走出去"的出版情况、重点图书推介、大型国内外图书博览会宣传报道以及人物专访和市场分析。

根据 2012 年 3 月 12 日总署下发《关于同意成立 <全国新书目>杂志有限责任公司的批复》，《全国新书目》杂志和 CBI 杂志组建《全国新书目》杂志有限责任公司。

《全国新书目》杂志社在完成转企改制后，企业化管理逐步走上正轨。2013 年配合党和国家宣传工作的重点，宣传报道十八大、经济建设、文学、工具书等专题书目，取得良好的社会效果。《全国新书目》杂志 2013 年出版 12 期，每期由 2012 年的 144 页增加到 300 页，在增加的篇幅中刊登月度 CIP 数据，刊登 CIP 数据由每期 5000 条增加到 13 000 多条，数据更完整，面貌更加全面。《中国新书》（英文版）配合伦敦书展、纽约书展、北京国际图书博览会和法兰克福书展，组织出版专刊，全力推介中国输出版图书，取得较好的宣传效果。

6. 科研培训工作着眼业务，科学谋划

针对业务上存在的问题，中国版本图书馆加强了培训力度，以进一步梳理优化业务流程。2013 年 5 月，组织 86 家中央级在京出版单位专业人员开展了业务交流。11 月，会同总局出版管理司，组织筹备召开了全国书号、条码、CIP 管理工作座谈会。两次会议，版本馆专业技术人员针对"书号条码 CIP 业务调查问卷"出版单位反馈的问题，围绕"内容审读，书号、条码信息填报，CIP 数据申报，样书征集工作，两大系统功能操作"等业务技术方面的内容，进行了业务讲座，出版单位与会代表还进行了分组集中交流讨论，部分出版管理部门和出版社介绍了经验。

在内部培训方面，安排业务骨干多次参与业界学术研讨活动，了解行业前沿信息，加强单位人员交流；组织年轻人成立业务研讨小组，提高 CIP 填报制作能力；在馆藏编目方面也开展了分类、主题标引培训学习。多项举措引导、鼓励青年员工岗位成才。

在科研方面，与高校科研机构开展战略合作，邀请南京大学专家针对版本馆现状进行科研规划，积极研究中国出版博物馆建设相关内容。组织馆内业务人员利用数据资源开展统

计分析、撰写研究文章，在《中国新闻出版报》等报刊上发表多篇研究文章，扩大了版本馆在业内的影响。

此外，综合业务部的工作经过近3年的积累，基本确立了部门职能和常态性工作，积极探索项目建设，认真做好项目工作的组织协调和督促落实，努力规范相关业务项目的组织实施工作。并通过跟踪了解相关业务内部工作流程、岗位环节及工作现状等内容，协调合作，综合汇总，今年共形成相关文档材料近3万字，较好地理顺了内部业务工作流程，实现了有序、高效、规范。

7. 规范人事制度，促进队伍建设

一是继续推进人事制度改革。按照中编办、总局的要求，在公益性事业单位分类改革上做好规定动作；顺利完成中国版本图书馆岗位设置方案，起草、制定了《中国版本图书馆岗位设置实施办法》，待完成相关报备程序后将开展首次聘任工作。二是规范干部人事管理。把好“进人”关，进一步强化人员调配与使用，努力做到“因才使用、量才使用”。三是全面开展专业技术人员继续教育，全力保障员工专业技术职务评审。四是调整优化考核与绩效工资管理。起草了《绩效工资分配方案》初步意见，新的一年这项工作将得到改进和完善。五是修订并颁布《人力资源管理制度（修订）》，规范人事管理，促进队伍建设。六是认真做好劳资后勤服务，完成职工工资福利测算核定、劳动人事统计与社保公积金基数核定、社保、医保管理等工作。

三、特色资源与特色服务

1. 中国版本图书馆的唯一性

中国版本图书馆是我国唯一的专门负责征集、收藏、管理新中国成立以来全国出版物样本的图书馆，也是我国当代最完整、最权威的一个出版物资源信息库。

2. 馆藏资源品种最多、版本最全

中国版本图书馆收藏的出版物以其品种多、版本全、出版物整体记录完整为主要特征。除普通图书、杂志、报纸外，还包括各种图片、画册、卷轴、连环画、年历、挂历、明信片、碑帖、拓片、乐谱、歌片、地图、中小学课本、教学挂图、低幼读物、技术标准、影印古籍、音像制品、盲人读物等，无所不包。既有《马克思恩格斯全集》《列宁全集》《中国大百科全书》《中国美术全集》《世界美术全集》等大型出版物，也有各式各样的小册子；有5个印张组合而成的、2.5米高的毛泽东画像，也有256开的微型书。还有极为罕见的豪华本、典藏本和传世珍品。如人民出版社推出的由邓小平同志题写书名的《毛泽东选集》典藏本和由江泽民同志题写书名的《邓小平文选》典藏本；羊皮装帧、樟木盒装的《鲁迅全集》豪华本；集宋版书字体照相制版朱砂精印的《毛主席诗词三十七首》线装珍藏本；木版水印、锦缎装裱、楠木盒装的传世珍品《唐代周昉簪花仕女图卷》《五代顾闳中绘韩熙载夜晏图卷》《宋代张择端绘清明上河图卷》；珍仿宋版《史记》线装本；复印大型古籍《四明丛书》；大型佛教典籍《乾隆大藏经》等，都是极为罕见的稀世珍品。除了丰富多彩的馆藏出版物品种外，还有多种多样的图书版本。如

《毛主席诗词》的不同版本就达 200 多种。此外,馆藏版本的多样性还体现在版次印次方面。以《新华字典》为例,实际馆藏不同版次印次的版本至少有 156 种,加上每一版次印次的不同版本(包括精装本、平装本、大字本等)在内,一本《新华字典》的版本已达 200 种以上。

四、历史沿革

1954 年 11 月,国务院撤销中央人民政府出版总署,出版行政业务划归文化部。12 月 1 日成立文化部出版事业管理局后,中央人民政府出版总署图书馆即更名为文化部出版事业管理局图书馆。1957 年 5 月,又更名为文化部出版事业管理局版本图书馆。1958 年 1 月起,增加图书、期刊、报纸出版统计职能。

1970 年 5 月,文化部出版事业管理局版本图书馆与北京图书馆合并,改称北京图书馆版本书库。1972 年 10 月,经国务院批准,北京图书馆版本书库重新划归国务院出版口,更名为国家出版事业管理局版本图书馆。

1982 年 7 月,国家出版事业管理局合并到文化部,改为文化部出版事业管理局。原国家出版事业管理局版本图书馆更名为中国版本图书馆,该名称沿用至今。1985 年 10 月,国务院决定将文化部出版事业管理局改为国家出版事业管理局,恢复为国务院直属机构。

1987 年 1 月,中华人民共和国新闻出版署成立,中国版本图书馆为其直属事业单位。1995 年 10 月,中国版本图书馆与新闻出版署信息中心合并,称新闻出版署信息中心(中国版本图书馆)。其主要职能是:征集、保管全国各级各类出版物样本,收集整理和开发利用图书、报刊、音像制品、电子出版物以及版权、发行等信息资源,建立新闻出版行业信息基地和网络,为领导机关、新闻出版行业和全社会服务等。

2001 年 4 月,新闻出版署更名为新闻出版总署,升格为正部级,新闻出版署信息中心(中国版本图书馆)相应更名为新闻出版总署信息中心(中国版本图书馆)。

2010 年 5 月 20 日,新闻出版总署对部分直属事业单位机构职能进行调整,恢复中国版本图书馆建制,同时加挂条码中心的牌子,更名为中国版本图书馆(新闻出版总署条码中心),为新闻出版总署直属财政补助事业单位,除原有业务外,增加出版物书号发放、条码制作等管理职能。

中国版本图书馆
左晓光

广东省科技图书馆

一、概述

广东省科技图书馆(以下简称“粤科图”)是目前全国唯一独立建制的省级公共科技图书馆,主要面向广东地区科研人员及社会公众提供公益性科技文献信息服务。粤科图现有馆舍面积约2万平方米,其中开放服务面积约6000平方米;馆藏以综合性科技文献为主,至2013年底拥有印本书刊约131万册,其中图书53.65万册、期刊8000余种77.70万册;引进、整合中外文科技文献数据库40多种170多个,数字资源数据量约2亿条(篇)。

2012年和2013年,分别是粤科图实施改革与发展的“完善科学管理,深化知识服务”年和“加强文化建设、深化知识服务”年。在上级部门的领导、支持和同行兄弟单位的帮助下,粤科图不断完善科学管理和加强创新文化建设,积极拓展和深化科技文献信息服务,并着力推动知识服务的转型与升级,为支撑本地区科研事业发展和促进科技自主创新做出了积极的贡献。

二、发展状况

1. 重点工作

(1)文献资源建设

①印本书刊订购。两年来先后订购中外文图书37 888种41 318册,其中中文34 948种38 361册、外文2940种2957册,图书年均订购量较2011年增长(本报告所称“年均”为2012、2013年数据之和的平均值,下同)均超过20%;每年订购中外文报刊约1550种,订购量与2011年基本持平(如表1所示)。

表1 印本书刊订购

统计指标		单位	2012、2013年平均值	2011年	年均增减
图书订购	中文图书	种	17 474	13 740	27.18%
		册	19 180.5	14 364	33.53%
	外文图书	种	1470	1157	27.05%
		册	1478.5	1187	24.56%
报刊订购	中文报刊	种	1529.5	1497	2.17%
	外文报刊	种	25.5	26	-1.92%
	港澳台报刊	种	15.5	16	-3.13%

②数字资源订购。继续通过参加中科院国家科学图书馆（简称“国科图”，下同）电子资源集团采购续订了 Nature、Science、Blackwell、Cell、Wiley、ACS、SDOL 等 10 余种数据库，加上因参加集团采购而免费使用的共 40 余种，其中全文电子资源包括中外文期刊约 3.3 万余种、图书 25 余万卷/册、学位论文约 160 万篇。此外，根据用户需求于 2012 年订购开通 CNKI“人文与社科文献总库”和万方数据库资源系统，于 2013 年开通 Dialog 数据库，进一步丰富了可直接获取的数字资源。

③其他资源建设。继续通过文献征集、接受社会赠书和自建数据库补充馆藏资源，两年来先后征集外文文献 315 种 316 册，接受社会赠书 70 批 1498 册，自建数据库新增数据 13.5 万条，总量达 85.74 万条。

（2）服务系统建设

在继续完善数字资源统一检索、电子期刊导航、虚拟参考咨询平台等系统的同时，通过研发或引进技术，先后开通移动 WAP 图书馆、二代身份证办证、触摸屏电子阅读系统、移动 OPAC 系统和移动参考咨询与原文传递系统。由于这些技术、系统的完善和应用，读者检索、利用文献信息更为方便、快捷，其中移动 WAP 图书馆和移动参考咨询与原文传递系统近两年的利用量达 12.5 万余次。

（3）读者服务

继续采取多种举措改进和完善读者服务，使得读者服务能力与水平也不断提高，各项服务总体上保持了增长。

①到馆读者服务。两年来共接待到馆读者 54.11 万人次，年均较 2011 年增长 18.20%；办理读者证 10 202 个（其中 2013 年通过举办活动办出“科普悦读卡”7000 个），年均增长达 215.04%；36.69 万人次借、阅印本书刊 142.43 万册次，年均分别增长 15.33% 和 1.99%；向 17.14 万人次提供其他服务，年均减少 17.19%（如表 2 所示）。

表 2　到馆读者服务

统计指标	单位	2012、2013 年平均值	2011 年	年均增减
到馆读者量	万人次	27.05	25.34	6.76%
书刊流通量	万册次	74.17	62.49	18.69%
新办读者证	个	5280	1676	215.04%
图书借阅	万人次	21.42	18.57	15.33%
	万册次	71.22	69.83	1.99%

②网上读者服务。继续做好粤科图网站的建设，不断改进和完善网站馆藏检索、信息查询与数字资源检索、下载等服务功能。两年来网站首页点击量达 169.25 万次，年均较 2011 年减少 29.7%，数据库全文下载 128.85 万篇次，年均增长 5.93%（如表 3 所示）。

表 3　网站与数字资源服务

统计指标		单位	2012、2013 年平均值	2011 年	年均增减
首页击量		万次	84. 63	120. 37	-29. 70%
数字资源下载	集团采购资源	万篇	45. 68	58. 65	-22. 11%
	自购数据库	万篇	15. 6	-	-
	自建数据库	万篇	3. 15	2. 17	45. 00%
	合计	万篇	64. 43	60. 82	5. 93%

（4）信息咨询与情报研究服务

①信息咨询。继续拓展和深化信息咨询服务，取得成效，科技查新呈现快速增长，委托内容由原先单一的立项查新扩大到成果鉴定、成果报奖、高新技术开发等多种服务，用户范围由中科院广州分院、广东省科学院（简称“两院”，下同）科研院所扩大到珠三角地区高校、医院及企业等机构，并在这些机构中形成了一定的品牌效应。两年来共为用户提供各类咨询服务 1240 项，年均较 2011 年增长 34. 78%，其中科技查新 452 项，年均增长 64. 96%（如表 4 所示）。

表 4　信息咨询服务

统计指标	单位	2012、2013 年平均值	2011 年	年均增减
科技查新	项	226	137	64. 96%
论文收引证明	项	288	265	8. 68%
其他咨询服务	项	108. 5	55	97. 27%
合计	项	620	460	34. 78%

②情报研究。除继续通过编发《科技信息快报》和争取承担信息情报项目（任务）开展情报研究外，还于 2012 年在国科图合作共建项目的资助下创办《研发型企业创新态势监测快报》，进一步拓宽面向各级领导的科技决策支持服务。两年来，共编辑《科技信息快报》《研发型企业创新态势监测快报》两种刊物 50 期 130 余万字，面向各级领导发放 14 000 余份；申报承担省、市、院情报研究项目 5 项，承接机构委托各类情报研究项目 10 项，提交研究成果报告 16 份 94. 5 万字。

（5）科研项目工作

除继续积极争取新的科研项目外，进一步加强对项目实施的监督与管理，制定相关措施、办法以规范项目管理和确保项目顺利完成。2012—2013 年，共组织申报各级各类科研项目 57 项，新增各类科研项目 36 项，获资助经费 666. 8 万元，其中主持 35 项，经费 606. 8 万元；实施各类科研项目 79 项，涉及合同经费 1940. 4 万元，完成其中 58 项，涉及合同经费 1083. 1 万元，申报项目和承担、实施项目的类型有所拓宽，项目数量及获资助经费数额较 2011 年均有较大提升（如表 5 所示）。

表 5　项目申报与立项

统计指标			单位	2012、2013 年平均值	2011 年	年均增减
项目申报	组织申报		项	28.5	20	42.50%
	参与申报		项	1.5	0	–
	合 计		项	30	20	50.00%
新增立项	主持项目	纵向	项	12.5	14	-10.71%
			万元	276.15	489.8	-43.62%
		横向	项	5	3	66.67%
			万元	27.25	64	-57.42%
	参与项目		项	0.5	3	-83.33%
			万元	30	35	-14.29%
	合计		项	18	17	5.88%
			万元	333.4	524.8	-36.47%

此外，继续组织申报和实施馆长科研基金项目，两年来共组织申报 15 项，批准立项 15 项，资助经费 5.7 万元。

(6)科学文化传播活动

继续积极组织开展各种形式的科学文化传播活动，如参加主管部门主办的读书宣传活动，举办公众论坛、南都书屋、南都社区影院、科普悦读进校园、专题科普展览以及信息素质教育等活动开展科普宣传教育，切实履行作为公共图书馆和科普教育基地的职能。两年来，共举办或参与各类读书宣传与科普活动 228 场次，接待 14.49 万人次，年均分别较 2011 年增长 15.15% 和 43.44%，一些活动引起了强烈反响并取得良好社会效益。

(7)学习、交流与对外合作

①学习交流。除继续组织职工进行馆内业务培训外，积极派员外出学习与交流，一方面及时了解图书情报行业发展新动向以开阔眼界，另一方面深入科研院所、科技企业和基层单位了解科研人员的服务需求。两年来，组织 105 批 292 人次外出参加学习、交流，其中包括参加 IFLA 大会和中图学会、中图学会专业分会及省内图书情报学会的学术年会，参加全国科学院联盟文献情报分会会议，赴东莞、顺德等地科技部门、行业协会和科技企业的调研，以及到研究所开展的用户培训与交流。

②对外合作。除巩固已有合作外，继续扩大与行业内外机构和组织的合作。其中，2012 年为落实广东省科学院与国科图文献情报工作战略合作协议，在与国科图已经建立电子资源集团采购等合作的基础上，又达成了情报研究、科普巡展等新合作，进而实现与国科图的全面合作(如表 6 所示)。借助这些广泛的合作，粤科图资源、条件、人力等方面的不足得到有效的弥补，服务能力与水平也得到有效的提高。

表 6　主要业务合作

合作内容或名称	合作机构
电子资源集团采购、联合编目、馆际互借与原文传递、业务培训、情报研究、联合查新、科普巡展	国科图
个性化信息服务平台建设	两院科研院所
企业文献情报服务	珠三角科技企业
少儿科普图书馆	广州市少年儿童图书馆
公众论坛、科学讲坛、南都书屋、社区院线	南方都市报
其他专题科普服务活动	科技、教育及其他相关管理与服务部门

2. 改革创新举措

(1)继续拓展文献信息服务平台(体系)建设以延伸服务

近几年,粤科图积极开展平台(体系)建设,通过参与区域性文献信息服务平台建设,为本地区的科研事业与科技创新提供支撑。2012—2013 年,粤科图除继续完善总分馆服务体系、珠三角地区高新技术专题网、广东省科技文献共享平台、广东省科技文献信息网、虚拟参考咨询与原文传递平台、广东发明协会网等的建设,又相继承担了粤科图移动 WAP 图书馆、广东省社会事业创新资源中心、中科院广州技术转移中心网以及广东科技期刊共享平台等的建设。通过这些平台(体系)的建设与服务的延伸,粤科图的资源、服务影响力也得以进一步加强,为支撑本地区科技创新体系建设发挥着积极作用。

(2)积极开展科研项目合作以深化服务

在对外服务拓展过程中,粤科图积极争取参与科研项目合作,两年来先后承担了来自广东省科学院、国科图、广东省对外科技交流中心、广东省知识产权研究与发展中心、广东电网公司电力科学研究院和广东生益科技股份有限公司等机构的委托项目 10 余项。通过这些项目合作,粤科图与项目科研团队和科研人员建立了密切联系与交流,得以更加深入地了解一线科研人员的需求,为深化科研服务打下了良好的基础。

(3)成立情报研究部打造情报研究与服务专门团队

为向学术研究型图书馆转型,粤科图近年来积极推动情报研究团队建设和业务发展。2012 年 9 月,粤科图从原业务管理部(研究发展部)抽调情报研究人员成立情报研究部,并组建科技战略情报小组和产业技术情报小组,重点发展科技战略情报和产业技术情报两大核心业务。情报研究部成立以来,通过编发《科技信息快报》《研发型企业创新态势监测快报》和积极争取承担信息情报研究项目已经初显服务成效,为打造情报研究服务品牌和实现知识服务转型创造了有利条件。

(4)继续联合开展读者活动以扩大服务宣传

在组织开展读者活动的过程中,继续积极争取社会各界支持联合举办读书宣传和科普活动,如定期协办"岭南大讲坛・公众论坛""社区院线",参加科技、文化、教育部门组织的科技活动周、世界读书日、全民阅读月、中小学校科技节等宣传活动,联合相关机构举办大型专题读者活动。通过联合开展这些活动,粤科图的服务得到广泛宣传,社会影响力也得以进一步扩大。

3. 完成科研项目

2012—2013 年,主要完成的各级各类科研项目如表 7 所示。

表 7　主要完成科研项目

序号	项目名称	项目类型或来源	完成年份
1	广东生物医药企业自主创新信息保障体系研究	广东省软科学	2012
2	广东省科技文献共享平台建设(2010、2011、2012)	广东省科技基础条件	2012
3	广东生物医药业研发信息服务平台建设研究	广东省促进科技服务业	2012
4	“发展低碳经济,创建绿色社会”科普挂图	广州市科技局科普	2012
5	广州市政府在碳交易机制中的作用分析	广州市软科学	2012
6	国际国内绿色展具综合形势分析	广东省对外科技交流中心委托	2012
7	科技教育基地青少年“科普图书”进校园活动	广州市青少年科技教育	2012
8	全球水处理行业市场调研与专利态势分析	广东省对外科技交流中心委托	2012
9	珠三角创新与转化集群建设规划	广东省科学院委托	2012
10	广东省科技文献共享平台建设(2011)	广东省科技基础条件	2013
11	广东省科技文献共享平台建设(2012)	广东省科技基础条件	2013
12	广东科技期刊共享服务平台建设	广东省科技基础条件	2013
13	广东省科技图书馆《科技信息快报》(2012)编印	广东省直机构特定任务	2013
14	广东区域科技竞争力发展态势分析	广东省软科学	2013
15	多媒体触摸屏科普展示长廊	广东省青少年科技教育基地科普	2013
16	开启科普之窗畅享阅读快乐	广东省青少年科技教育基地科普	2013
17	广东省民生科技创新资源中心及服务体系建设	广东省专业镇建设	2013
18	“零距离”——我与科学家的亲密接触	广州市科普	2013
19	国际微生物燃料电池领域发展态势分析	广东省科学院青年科研基金	2013
20	中美图书情报机构的科技决策信息服务模式比较研究	广东省科学院青年科研基金	2013
21	基于数据挖掘技术的我国竞争情报研究热点可视化分析	广东图书馆学会	2013
22	研究机构个性化信息服务平台技术方法及推广模式研究	广东图书馆学会	2013
23	图书馆个性化集成信息门户系统的研究与实现	广东省文献资源共建共享协作网	2013
24	国际国内研发型企业创新态势监测分析(一期)	国科图合作共建专项	2013
25	国际研发型企业协同创新战略、机制与最佳实践	国科图委托	2013
26	全球化、网络化背景下创新联盟、创新集群等新型组织形态研究	广东省科学院委托	2013
27	专利竞争情报共享机制建设研究	广东省知识产权中心委托	2013
28	基于论文产出的广东电网公司科技创新能力研究	广东电力研究院委托	2013
29	PCB 埋容技术发展态势分析	生益科技公司委托	2013
30	印刷电子技术与市场发展前景分析	生益科技公司委托	2013

三、特色资源与服务

1. 特色数据库资源建设

继续建设特色专题信息数据库，其中高新技术专题数据库是粤科图2004年开始建设的面向广东区域科技创新需求和优先发展的六大高新技术领域的专题信息数据库，院士文库是2009年开始建设的旨在收集和整理中国科学院、中国工程院士介绍及院士文集的资源建设工作，而民生科技创新资源数据库则是2012年开始实施、承担的广东省科技计划项目所建设的广东省社会事业领域创新信息资源库。2012—2013年，上述特色数据库新增数据13.37万余条，其中六大高新技术专题数据库新增数据11.60万条，院士文库新增数据7964条，民生科技创新资源数据库新增数据9809条。至2013年年底，三种特色数据库数据总量达85.13万条，较2011年增长18.14%（如表8所示）。

表8　特色数据库建设

统计指标		单位	2012、2013年平均值	2011年	年均增减	备注
高新技术专题	新增数据	条	57 984	53 867	7.64%	标*数值均为2013年年底数据总量
	数据总量	万条	46.3*	35.03	-	
院士文库	新增数据	条	3982	3638	9.46%	
	数据总量	万条	37.59*	36.79	-	
民生科技创新资源	新增数据	条	4904.5	2251	117.88%	
	数据总量	万条	1.24*	0.26	-	
合计	新增	条	66 870.5	59 756	11.91%	
	总量	万条	85.13*	72.06	-	

2. 信息情报刊物编发

（1）《科技信息快报》

《科技信息快报》是粤科图于2007年年底创办的面向科技管理部门和科研院所领导提供决策参考的半月刊物，主要围绕广东地区科技创新发展信息需求汇编相关资料并定期寄发给相关领导参阅。2012—2013年，《科技信息快报》在保持原来栏目、内容特色和严把稿件质量关的基础上，逐步提高原创和综述性稿件的比例，并重点组织了对广东省战略性新兴产业、产学研结合、科技资本市场、绿色科技以及国际科技创新发展态势等相关热点问题的信息搜集与统合分析，两年来共编印49期约60万字、寄发7500余份，发放范围覆盖广东省内各级科技管理部门和在穗科研机构领导300余人。

（2）《研发型企业创新态势监测快报》

2012年，粤科图在国科图合作共建专项的资助下创办了《研发型企业创新态势监测快报快报》（半月刊），主要面向科技部、中科院及广东省等所属部门、科研院所及企业的领导、专家提供国内外研发型企业创新态势的相关信息参考。2012—2013年，重点监测国内外高端装备制造、新材料、高端新型电子信息、生物医药、资环农业、新能源等领域的研发型机构和组织约 700 家，编辑《研发型企业创新态势监测快报快报》46 期，编录企业研发动态 1800 余篇约 73.8 万字，通过电子邮件向约 180 位相关领导、专家发送 6600 余份。

3. 网上参考咨询与原文传递服务

2007 年年底，粤科图开通虚拟参考咨询与原文传递平台，主要为网上注册用户提供免费的期刊论文、会议论文、图书章节等服务。2012—2013 年，该平台服务功能不断改进和完善，受到越来越多科研人员的欢迎，新增注册用户 5350 人，原文请求 12.84 万篇，满足 11.49 万篇，满足率达 89.50%。由于采取措施限制省外用户注册，原文请求与满足量较 2011 年均大幅减少，但是原文满足率仍然达到 88.79%（如表 9 所示）。而从平台用户的具体需求来看，用户求助的均为不易获取的科技文献，其中外文文献占 83.29%，医药科学、生命科学和生物学、化学、工程技术、天文和地球学、农业科学、数学和物理等八大领域相关文献需求占总需求的 92.49%。

表 9　虚拟参考咨询平台文献传递服务

统计指标	单位	2012、2013 年平均值	2011 年	年均增减	备注
注册用户总数	个	66 316 *	59 185	–	标 * 数值为 2013 年年底总数
新增注册用户	个	2675	20 620	–87.03%	–
原文请求量	篇	64 204.5	248 656	–74.18%	–
原文满足量	篇	57 451	219 885	–73.87%	–
原文满足率	%	89.44%	89.97%	–	–

4. 科学文化传播活动

（1）岭南大讲坛 · 公众论坛

“岭南大讲坛 · 公众论坛”是由广东省社科联主办、《南方都市报》承办的面向大众传播人文、思想和文化的公益性讲坛，在国内享有较高的知名度和良好声誉，自 2007 年 7 月起落户粤科图，也成为粤科图开展服务宣传的良好平台。2012—2013 年，包括闾丘露薇、党国英、丁学良、朱大可等知名专家、学者先后在论坛上做报告 83 场次，阐述、分析各种社会热点问题，吸引社会各界人士 31 435 人次到场聆听报告。

（2）南都社区院线

“南都社区院线”是依托南方都市报品牌，固定每周五晚在粤科图放映科普、文艺电影的活动，自 2009 年 10 月开始举办以来越来越受到周边社区市民和青少年朋友的欢迎。2012—2013 年，共放映国内外优秀科普、文艺影片 97 场次，到场观众 16 840 人次。

四、问题与展望

1. 存在问题

(1)经费投入仍然严重不足且缺乏保证,影响业务规划和长远发展

文献订购、服务运行保障等基本经费投入仍然严重不足,投入方式也不合实际需求,以致资源建设、技术引进和系统升级改造无法进行长远规划,严重制约事业发展。

(2)传统到馆服务仍然增长乏力,数字资源服务深受行业内外冲击

尽管采取多种项举措不断改进和完善传统到馆服务,但是到馆读者服务仍然增长乏力,而数字资源服务也因受行业内外冲击而停滞不前。

(3)知识服务有待深化和拓展,知识服务转型升级仍然任重道远

信息咨询与情报研究等知识服务的深度仍然不够,在规模和效益上也还有较大提升空间,迈向知识服务的转型升级仍然任重道远。

(4)管理体制机制等仍然不够完善,科学管理水平有待提高

在机构改革和业务拓展过程中,科研项目等新业务的管理仍然不够规范,引进和培养人才的体制仍然不够成熟,职工竞争激励的机制也不够完善,等等,因而科学管理水平有待继续探索和提高。

2. 展望

(1)继续贯彻实施粤科图"十二五"发展规划纲要

坚持以粤科图"十二五"发展规划纲要提出的目标与任务作为本馆近中期中心工作,对照其完成情况并找出其中不足,研究、部署争取实现相关目标与任务的相应解决对策,并为制订"十三五"发展规划提前谋篇布局。

(2)继续争取上级部门对运行经费投入的改善

借助2013年粤科图在科研机构分类定位改革中被确定为公益一类和主管部门广东省科学院成为省一级财政预算单位的有利条件,继续争取上级部门加大经费投入,并争取将文献订购、运行保障等基本经费列入部门固定预算。

(3)认真落实"完善绩效管理、深化知识服务年"

根据年初确立2014年为"完善绩效管理、深化知识服务年"的设想,建立馆、部门、岗位三级绩效管理考核制度,继续拓展和深化专题信息咨询与情报研究等知识服务。

(4)全面落实广东省科学院与国科图文献情报工作战略合作协议

根据广东省科学院新时期的主题主线,围绕图书馆"三大基地"建设中长期目标,全面落实协议约定的资源建设、文献服务、情报研究、人才培养、科普服务等合作内容,依托国科图强大的资源、人才优势,推进阵地服务、网络服务、知识服务协同发展,进而推动粤科图服务的转型与升级。

广东省科技图书馆
彭仁耀

中国竞争情报发展的回顾与展望

一、中国竞争情报发展概述

竞争情报(Competitive Intelligence,CI),国外崛起于20世纪80年代,最早由美国政府和企业界进行理论探讨和实践应用。从20世纪80年代中期到90年代中期,我国的部分专家和学者将竞争情报的理论和方法介绍到国内,经过20多年的不懈努力和推广,已经形成了理论研究和实践应用相结合的中国特色的竞争情报队伍。

竞争情报的崛起是国际情报界的一个重大事件,它顺应了世界经济的发展趋势,是人类社会在信息化基础上向情报(智能)化发展的重要征兆,将对全球的经济发展与社会进步产生重要影响。

事实上,正是由于情报界、管理界、企业界、咨询界、信息管理界的学者和精英们的共同拼搏,专业竞争情报领域得以形成并得到较好的发展。迄今为止,美国已经出版了上百部竞争情报专著,应用和开发了上百种竞争情报工具,编制了上百种软件,形成了相当规模的咨询、培训、教育体系。正是竞争情报从业者的卓越贡献,为国际竞争情报业的发展奠定了坚实的基础。

我国竞争情报界的著名专家包昌火先生认为,中国竞争情报经过20年的发展,它对中国情报界做出了两个非常重大的贡献。一是澄清了"情报"一词的科学含义,从理论上结束了把"情报"和"信息"混为一谈的混乱局面,让中国科技情报工作向"intelligence"方向回归。而"耳目""尖兵"和"参谋"则是中国对"intelligence"功能的恰当的描述。二是让我们领略了美国军事情报和商业情报的风采。例如,美国军事情报G2s/S2s体制及其以五环为特征的情报流程为基础,自成体系的竞争情报分析技术,独树一帜的人际情报网络建设和别开生面的反竞争情报技术,拓宽了我国情报机构的全球化视野,丰富了我国情报研究工作的实践,促进了我国科技和经济情报工作的开展,并从根本上动摇了在我国情报界居主导地位的泛信息化思潮。可谓功莫大焉!

二、中国竞争情报发展历程

虽然直到20世纪80年代中期以后现代竞争情报理论及方法才开始进入我国,但是伴随着中国竞争情报专业组织——中国科学技术情报学会竞争情报分会的成立,竞争情报事业在我国得到了较快的发展,以1995年竞争情报分会成立和2001年中国加入WTO作为二个里程碑事件,中国竞争情报的发展可以被划分为以下几个阶段。

1. 情报研究阶段

创建于1956年的中国科技情报事业,一开始走的就是文献工作与研究工作相结合的道路,集信息库与思想库为一体,并成为我国科技情报工作有别于欧美各国的一大特色。

由于竞争情报和情报研究的核心都是对信息的搜集和分析,具有异曲同工之处,所以多年来,我国情报研究机构实质上也承担了众多的国家竞争情报和企业竞争情报工作,它的研究理论、方法和技术同样也适用于竞争情报工作。正因为如此,我们把情报研究作为我国竞争情报的发展阶段之一。所不同的是,国外的竞争情报脱胎于商业情报、市场研究和战略管理职能,而我国的竞争情报则生长于情报研究的土壤,嫁接于情报研究实践。

2. 引进阶段

早在1980年,杨沛霆教授在《科技情报工作》第1期上就首次讨论了"intelligence"和"information"两词的区别和联系。1982年,我国情报研究专家孙学琛研究员在《科技情报工作》第3期上发表《情报——发展的一种手段》的编译文章,首次将国际上论述"intelligence"的含义文献介绍到了中国。20世纪80年代中期,上海科技情报研究所率先开展了对竞争情报的群体研究。

从20世纪80年代中期到90年代中期这10年间,以情报研究的理论和实践为基础,积极引进现代竞争情报的理论和方法,在社会主义市场经济的时代潮流下,逐渐将竞争情报发展成为我国情报界、企业界和咨询界关注的热点问题之一。因此,这阶段竞争情报的重要特点是引进与嫁接。引进阶段主要有以下重大事件。

(1)情报研究国内外比较研究的开展。1991—1994年由国家科委和国防科工委联合下达、中国兵器工业情报研究所牵头开展了"情报研究国内外比较研究",其间召开研讨会,提出了把竞争情报作为我国情报研究工作的发展方向之一,催生了中国竞争情报专业组织。

(2)香山会议的召开。在中国科技情报学会情报研究暨竞争情报专业委员会发起和组织下,于1994年9月召开在北京召开了有国家计委、国家科委、国防科工委、北京市政府有关领导以及情报界、咨询界和企业界的专家和学者参加的"全国竞争情报与企业发展研讨会",这是我国第一次召开以竞争情报为主题的大型学术讨论会,是我国竞争情报业发展的一次奠基大会。

(3)中川十郎的访华。1993年8月,应上海科技情报研究所、中国兵器工业情报研究所和北京科技情报学会的邀请,日本工商竞争情报专家协会会长中川十郎教授来华讲学,他在北京地区的活动,扩大了竞争情报在我国的影响,引起了我国情报界人士的极大兴趣和关注,为拓宽服务领域、进入国民经济主战场的情报研究机构开拓了新的思路和途径。

(4)基金研究和论著出版。1987年,刘怀宝在《图书情报知识》上发表了《略谈竞争情报及其搜集方法》,它是我国第一篇竞争情报论文。1992—1993年,由上海青年科技启明星计划资助,上海科技情报研究所完成了"建立上海轿车工业竞争环境监视系统的研究"。1994年,国家自然科学基金会首次资助了中国科技大学信息管理与决策科学系李正中主任等开展的"竞争情报对企业决策支持机制的研究"。1995年3月,南京理工大学经济管理学院陈翔宇教授等根据"全国竞争情报与企业发展学术研讨会"会议录编辑出版了我国第一本竞争情报著作《企业竞争情报研究》。1995 年 6 月，由北京科技情报学会倡议和组织，缪其浩主编、包昌火等总审，编著出版了《市场竞争和竞争情报》专著。

1994 年 1 月，中国科技情报学会情报研究暨竞争情报专业委员会的成立，则是这一阶段的标志性事件。

3. 成长阶段

20 世纪 90 年代中期以来，竞争情报由引进走向开发、由情报界的理论研究走向企业界的实际应用，这阶段的重要特点是开发和推广，成长阶段的主要事件有：

(1)实施北京市竞争情报示范工程。1995—1998 年，由北京科技情报学会发起、北京市科委邹祖烨主任倡导实施了北京市竞争情报示范工程，由中国兵器工业情报研究所和中国航天信息中心为大华陶瓷厂、北京开关厂、北京三环毛纺针织集团公司、北京铜牛针织集团公司、北京医药工业总公司、北京烟草工业总公司等单位开展了以企业竞争力评价、竞争情报系统建立、竞争战略制定为重点的竞争情报咨询服务，促进了我国竞争情报研究从理论向实践的纵深发展。它的实施是我国竞争情报业发展中的重大事件，是官产学办竞争情报的重要范例。

(2)编著《竞争情报丛书》。1997 年，由北京市科委立项、竞争情报分会牵头、包昌火研究员和谢新洲教授任主编，组织了"竞争情报与企业竞争力"的研究，编著了由《竞争情报与企业竞争力》《竞争战略与竞争优势》《企业竞争情报系统》《竞争对手分析》《网络竞争情报源》《技术创新与企业竞争力》等构成的《竞争情报丛书》，系统引进和开发了竞争情报理论与方法，为我国竞争情报的研究、培训和咨询提供了导向和依据。

(3)发展中美两会的交流与合作。1998 年，竞争情报分会率团出席了美国竞争情报从业者协会第 13 届国际年会，签署了中美两会关于建立战略伙伴关系的备忘录，合作开展了两会关于中国竞争情报实践的研究，发展了中美两会专家讲学和交流活动，尤其是 J. E. Prescott 教授应邀的多次访华，有力地推进了竞争情报在中国的发展。

(4)开发竞争情报技术。开发竞争情报系统和竞争情报分析方法是这一阶段我国竞争情报研究的两大重点，形成了一批具有相当水平的竞争情报研究成果。例如 1998 年 1 月至 2000 年 12 月，由中国兵器工业情报研究所和竞争情报分会牵头完成的国家自然科学基金项目"企业竞争情报系统的模式和运行机制研究"，系统地论述了竞争情报系统的基本架构、主要模式、基本功能和运作机制，首次提出了建立人机结合的具有三大网络、三个系统、一个中心和六大功能的竞争情报系统的基本框架，代表了国际上关于竞争情报系统研究的最新进展。与此同时，以学位论文研究为主体的我国高等院校，也将竞争情报系统的开发作为研究生培养的重要方向，出现了一批重要的研究成果。尤其可喜的是，自 2001 年 6 月梦龙竞争情报系统问世，继之百度在线、易地平方、赛迪数据、天下互联等 IT 公司加入，我国自主开发的以竞争情报运作自动化和智能化为目标的竞争情报软件不断涌现，成为我国竞争情报发展的一道亮丽的风景线。又例如，这一阶段，以竞争情报方法系统化和实用化为目标的竞争情报分析技术的开发，出现了一批可喜的成果。如《竞争对手分析》专著的出版，提供了迄今为止国内外关于竞争对手分析全面和系统的论述；樊松林教授《竞争情报研究论》和曾忠禄教授《情报制胜》的出版、李艳博士《竞争情报分析方法论》的建构等，为我国竞争情报分析技术的研究和应用提供思路、框架和工具。

(5)涌现一批最佳实践企业和咨询公司。企业是竞争情报的主要用户和发展沃土。竞争情报研究由情报界走向企业界是我国竞争情报业发展的重大进展。如重庆长安集团、上海宝钢集团、青岛海尔集团、北京首钢集团、上海贝尔、中国惠普、中国一汽等大型企业对竞争情报的关注和开发是非常积极的征兆。一些独立的咨询公司,以市场开拓为目的,从事竞争情报咨询活动,如北京华门策略顾问公司、北京环信信息咨询公司以及许多信息咨询和管理咨询公司的转向,都表明一个大容量的竞争情报应用和发展的潜在市场正在启动。

(6)拉开竞争情报培训的帷幕。1998 年 10 月中国科技情报学会竞争情报分会等在北京大学举办的“竞争战略决策与竞争情报活动”学术研讨会和 2001 年 10 月于清华大学举办的“提升企业情报竞争力 2001 现代职业经理清华峰会”,拉开了我国竞争情报培训活动的帷幕。

4. 全面发展阶段

以中国加入世贸组织为标志,我国的竞争情报迈向一个新的发展阶段。随着中国越来越融入世界经济的大环境中,企业间的竞争日益加剧。更多的企业认识到竞争情报将是它们在未来竞争中取胜的武器之一,也有不少企业从中发现了商机,开始介入这个领域。这一时期的特点是:

(1)竞争情报服务业逐渐形成完整的产业链。进入这个阶段后的中国竞争情报发展的一个显著特点是其产业链开始形成并逐步完善。竞争情报产业链的核心是从事竞争情报活动的各种组织机构,包括企业公司、政府部门和高校研究机构等。在这一产业链上,涵盖了情报内容提供商、工具提供商、培训提供商、咨询服务提供商以及整体服务提供商。

(2)增强了地方政府和事业单位参与的力度。继北京市竞争情报示范工程以后,2000 年 5 月,云南省科技信息研究所和昆明理工大学工商学院获准实施云南省科技型企业竞争情报示范工程;2005 年 4 月深圳市科技和信息局与深圳市竞争情报研究会开展了竞争情报普及工程;2005 年 10 月,湖南省科技厅和湖南省科技信息研究所开展了湖南省竞争情报普及工程;2005 年 2 月,北京大学建立了中国竞争情报和竞争研究中心;2007 年,四川省面向区域特色行业开展竞争情报推广与服务工作;2008 年 7 月,北京市科学技术研究所建立了我国首个竞争情报与创新评估重点实验室,这些工程运用竞争情报为科技创新助力,为区域经济服务,为地方企业提供帮助,为提高当地政府和企业竞争力做出了重要贡献,推动了官、产、学、研结合,促进了当地经济的发展,对全国产生了重要影响,给业内以很大鼓舞,推动了我国竞争情报向纵深发展。竞争情报示范、普及等工程的实施是我国竞争情报业发展中的重要事件,是政府扶持和支持竞争情报的重大表现,是官、产、学、研结合发展竞争情报事业的典型范例。

(3)形成培训活动高潮。先前的讲座培训多半由竞争情报分会和兵器工业情报所组织。进入第三阶段,更多的机构组织进入到培训班研讨会业务中,并且开始与产业相结合,与信息分析、危机管理等主题相结合,与推广竞争情报系统相结合,由高等院校、专业协会和培训公司组织的培训活动,出现了系统教育、在职培训和会议培训相结合的良好势头。

(4)IT 技术与竞争情报系统相结合。随着竞争情报的普及,有关的情报循环模式(情报规划、情报收集整合、情报分析、情报传播和情报管理)和关键情报课题、关键情报问题等概念为一些 IT 公司所接受、采用,它们推出了各种计算机辅助的竞争情报系统(CACIS),试图通过 IT 技术来减轻竞争情报人员的工作，提高工作效率。百度于 2002 年率先推出竞争情报系统 eCIS，紧接着跟进的是易地平方的“竞争情报管理解决方案”等。在以后的若干年里，铱星在线、365Agent（后改名为天下互联）、拓尔思（TRS）、Autonomy、汇智利海、汤森路透和中国化工信息中心都推出了各自的竞争情报解决方案。

（5）竞争情报的应用范围在扩大。随着各方面竞争的加剧，竞争情报的概念和方法越来越为人们所重视，成为在竞争中制胜的武器之一。地方政府将竞争情报用于城市间、地区间的竞争；行业协会利用竞争情报来帮助企业走出国门，冲破非关税堡垒，赢得“反倾销”诉讼；中央政府部门利用竞争情报做产业预警，避免产业受损；企业将竞争情报沿用到危机管理中。

（6）国际交流发展突飞猛进。开展国内外竞争情报学术团体和研究机构的合作与交流，是实现我国情报研究和竞争情报机构与国际接轨的重要途径。这个时期，竞争情报分会、北京科学技术研究院、上海科技情报研究所在国际交流方面三足鼎立，积极开展国际会议和国际考察，国际交流活动从原来的以“请进来”为主向“走出去”拓展，国际交流活动得到快速发展。竞争情报分会从 2005 年开始每年组团赴国外竞争情报学术团体、咨询公司和典型企业考查学习，先后组织考察团赴澳大利亚、日本、加拿大、法国、德国、巴西、美国进行了竞争情报交流与学习，将我国的竞争情报发展推向国际，让国际充分了解和认识中国的竞争情报工作，签署了合作协议，为今后进一步加强合作，奠定了基础，创造了条件。同时完成了 10 余万字的考察报告，并多渠道报道，与会员分享。

自 2009 年以来，湖南方面与法方已经联合举办了 5 届中法竞争情报和创新方面的研讨会及相关活动，成立了“中法竞争情报及战略合作委员会”，形成了以法国工商联合会和湖南省科技信息研究所两大机构为主体，中法两国多个省市相关机构协同合作，共同参与的良好机制。双方的合作开始向技术转移方面延伸。2013 年 6 月，湖南省科技厅筹备设立了湖南国际技术转移中心，将与法国的产业技术合作列入优先位置。湖南省科技信息所与法国的环保企业及产业集群建立了合作伙伴关系。

同时，在竞争情报分会积极申请和兵器集团与研究所[①]领导支持下，获国家外专局和兵器集团资助，邀请了日本、美国和加拿大著名专家、学者来华交流讲学，吸引了我国企业界、信息界、咨询界的众多听众和关注，引起强烈反响。2006 年，竞争情报分会国际顾问、日本工商竞争情报专家协会会长中川十郎教授来华讲坛在北京青竹宾馆召开。2008 年 12 月，在中国兵器工业集团和挂靠单位的大力支持下，邀请了来自加拿大渥太华大学教授 Jonathan L. Calof 先生和美国竞争情报专业人员协会竞争研究经理 Bonnie Hohhof 女士两位国外专家在北京举办了“如何通过展会获取情报及战略与竞争分析研讨会”。

北京市科学技术研究院与北京大学于 2008 年首次联合召开竞争情报国际会议之后，坚持每两年举办一次，迄今已举办三届。每届会议都会邀请来自各国的多位竞争情报专家做报告与交流。上海科技情报所在 2003 年举办“竞争情报上海论坛”8 年后，于 2011 年和 2013 年分别举办竞争情报上海论坛（SCIF），使之成为两年一次的国际年会。竞争情报上海论坛（SCIF）正成为上海科技情报研究所的一个品牌、成为中国竞争情报界重要的国际交流平台。

---

① 中国科学技术情报学会竞争情报分会的挂靠单位为中国兵器工业集团第二一〇研究所。

三、中国竞争情报专业组织的诞生

1994年对中国竞争情报是具有重要意义的一年。1月，中国科技情报学会情报研究暨竞争情报专业委员会成立，同年中国兵工学会情报学会在无锡成立了竞争情报研究会。而后，一些地方和部委竞争情报专业委员会陆续组建，一个全国性的竞争情报组织网络在中国形成。

1995年4月28日，经中国科协批准，民政部登记，中国科学技术情报学会竞争情报分会正式成立，对外亦称“中国竞争情报研究会”（Society of Competitive Intelligence of China，SCIC），由此，中国的竞争情报步入了组织化、正规化的发展轨道。

经过20年的发展，分会凝聚力日益增强，会员队伍不断扩大，在中国科学技术情报学会的领导和挂靠单位中国兵器工业集团第二一〇所的大力支持下分会顺应时代需要，秉承为广大会员真诚服务的理念，以引导和推动竞争情报事业发展、促进竞争情报学科建设为目标，以务实的工作态度和工作作风，充分发挥平台作用，紧密依靠会员单位、会员和工作部，充分发挥人才荟萃的优势，为推动竞争情报健康发展进行了积极探索，开展了一些有影响力的学术研讨、普及培训和国际交流活动，这些活动的开展不仅扩大了分会的影响，而且聚集和造就了一批竞争情报专家，为促进我国的竞争情报学科建设起到了积极作用，加速了竞争情报的发展进程，竞争情报工作展现出生机勃勃的新局面。

近20年来，竞争情报分会一直把学术交流与学科建设作为自己的基本任务，总计召开重要学术会议19次，出版会议录19册，发表学术论文1047篇，竞争情报技能培训班数十次；一年一度的“中国竞争情报年会”“春之声”竞争情报沙龙、“技术竞争情报专题论坛”“国家竞争情报专题研讨会”和“企业最佳竞争情报实践现场交流活动”已经成为业界品牌，为推进中国竞争情报业的发展做出了重要贡献。

先后组织完成了国家自然科学基金会“企业竞争情报系统的模式和运行机制研究”课题和北京市科委竞争情报示范工程“北京大华陶瓷厂企业竞争战略和竞争情报系统”等咨询服务；在我国首次出版《竞争情报丛书》（共计8册）和《市场竞争和竞争情报》《竞争情报解决方案》《竞争情报咨询与技能》《企业竞争情报：运作、体系与构建》，出版《会议录》19册；为会员提供《竞争情报分会会讯》，迄今已出版62期；与美国、日本、澳大利亚、加拿大、法国、德国等国的竞争情报协会建立了长期合作交流的伙伴关系，多次邀请国外竞争情报专家，并率领中国竞争情报代表参加了美国竞争情报从业者协会国际年会以及赴日本、澳大利亚、加拿大、法国、德国、新加坡、巴西等国考察了专业组织、研究咨询机构与大学、典型企业，完成了数万字的考察报告。竞争情报分会的活动，引起了信息界、咨询界、企业界的强烈反响，为推动竞争情报在中国的发展做出了重大贡献。

四、中国竞争情报发展展望

竞争情报理论的发展在很大程度上丰富和拓展了我国竞争情报行业的发展。我国竞争情报活动由情报导向开始向商业导向转变，竞争情报的理论研究与实践活动都获得了较大的发展，而且竞争情报服务也逐渐形成了完整的产业链，在科技服务、企业服务、咨询服务体系中占据愈加重要的地位。

进入 21 世纪，信息、知识、情报等智力资本越发成为组织重要的生产要素和战略资源，是组织重要的资产和竞争工具之一。在此背景下，以经济学、管理学、军事学、情报学、博弈论等基础理论为指导，以解决组织在市场竞争中的情报保障和智力支持为目标，以情报循环为主线，以情报生产和流通为核心的竞争情报学科正在形成，并呈现出良好的发展态势，具有广阔的发展前景。

经过 20 年的发展，中国竞争情报的发展上了一个新台阶，政府与企业的互动共同推进了竞争情报的发展；中外交流增多，世界逐渐关注中国这个竞争情报的新兴市场；活动主题多元化，不同所有制、不同类型的机构参与竞争情报产业链中各环节。

党的十八届三中全会明确提出“使市场在资源配置中起决定作用”，为竞争情报发展打开了一扇门，大数据时代使竞争情报面临新的挑战。近年来，国内以公益性科技机构为主体的产业竞争情报服务体系已逐步形成，并在理论与实践领域均进行了有益探索，一方面积累了宝贵经验，另一方面随着研究与实践的深入，也引发了大量更深层次的理论与实践问题，需要竞争情报学术界进一步开展系统而深入的研究。

1. 竞争情报活动由情报导向向商业导向转变

从世界范围来看，情报活动的商业导向发展已经成为世界性的竞争情报活动的发展潮流。在竞争情报活动发展的早期，由于受当时体制和环境的影响，我国情报活动主要关注的是科技情报领域，形成了侧重于科技情报的、独特的情报学学科，而对于经济领域和商业领域情报活动则关注不足。另外，从事竞争情报活动的主体是研究机构和高等院校，企业主题缺位，这也直接导致竞争情报活动发展的局限性。近年来，随着市场竞争日趋激烈，企业对竞争情报活动的关注以及认知都普遍提高，特别是处在竞争激烈行业的企业以及一些大型企业，竞争情报活动也由原来的以情报导向为主开始向商业导向转变。

2. 企业竞争情报向正规化、制度化方向发展

竞争情报管理，尤其是竞争情报、竞争情报系统价值与绩效评估一直是竞争情报研究薄弱环节，在竞争情报已经职业化，竞争情报工作将日渐成为企业常态工作形式下，要想切实巩固合提升竞争情报实践地位，就必须加强这方面的研究工作。

3. 市场需求已经觉醒且正在向更高层次发展

从我国竞争情报市场形成与发展分析中可以看出，在外界推动与企业需求拉动双重作用下，我国竞争情报市场兴起并逐步发展起来，各类市场尤其是软件市场和咨询服务市场开始步入自觉发展时期，但随着社会发展和企业需求层次的不断提高，我国竞争情报市场目前正经受着各方质疑的考验期，从市场规律来说，最根本的决定因素在于市场供求关系的存在，从企业竞争情报意识和实践来看，需求已经觉醒且正在向更高层次发展，而供方端谋求技术突破需要时间。我个人认为企业对竞争情报期望的还存在疑问，即竞争情报究竟能为企业解决什么问题？即 CI 是什么？不是什么？随着年轻一代的竞争情报人员就职于企业，

这种情况正在有所好转。

4. 技术竞争情报将成为企业竞争力的一个重要支撑

鉴于政府强调建设“创新型国家”，技术竞争情报在今后几年里将得到很大的发展。技术预见、技术路线图、专利分析、标准战略的将越来越多地被企业所运用，技术竞争情报将成为企业竞争力的一个重要支撑。台湾鸿海的非常优势竞争（知识产权战略与战术）便是大陆企业的一个很好的标杆案例。

随着越来越多的中国企业由输出（商品）产品转向输出品牌，支撑企业真正走出国门举措之一的国家竞争情报和政府竞争情报将发挥更大的作用。

5. 国内竞争情报学术研究与产业发展总体上进入了谋求突破的关键时期

动态竞争、合作竞争中竞争情报服务探索以及技术竞争情报研究将是竞争情报领域有待人们进一步挖掘的方向。国内竞争情报方法技术本土研究薄弱，需要充实和培养复合型人才，人才模式的转变需要长时间的努力摸索的过程。

6. 大数据将对竞争情报产生深刻影响

大数据的兴起对竞争情报产生了深刻的影响：①企业提升竞争力需要大数据的支持，大数据已经成为企业的核心资产，对数据的掌控可以形成对市场的支配，并且获取巨大的回报。②大数据为竞争情报工作提出了一些新的问题，如管理的数据量庞大、收集范围广泛、数据安全风险增大、数据质量难于控制、数据难于动态集成等。③竞争情报的分析方法亟待创新。

但这些影响对竞争情报而言既是机遇也是挑战。所谓的机遇，是指大数据时代的到来使得竞争情报的真实性、准确性和实时性得到了提高，而在情报存储、情报分析、情报安全和人才稀缺等方面，却又是实实在在的挑战。

新形势下竞争情报的未来发展动向大体包括以下几点：

（1）重心向移动互联网转移。移动互联网以无处不在的网络接入能力、个性化特征和互联网开放式创新相结合，业务形态、终端形态发生了革命性的变化，爆发出巨大的创新活力，移动应用爆发性增长对数据进行深入挖掘的需求突显。

（2）更加重视动态竞争情报。时效性一直是竞争情报的一个重要特征，在大数据时代，人们对竞争情报的时效性要求更加苛刻，近乎实时。

（3）云计算成为竞争情报系统的基础。构建在云计算基础上的竞争情报系统不仅成本低廉，而且具有传统竞争情报系统无法想象的分析能力，是未来竞争情报发展的又一趋势。

（4）反竞争情报任重道远。大数据时代，企业核心信息泄密除了计算机病毒、黑客盗窃、内部员工泄密等之外，还出现了新的方式。如何通过正当的、合法的手段积极保护企业的核心信息，阻止竞争对手或其他人对企业核心信息的情报搜集活动，成为企业竞争情报面临的又一个重要课题。

中国竞争情报 2012—2013 年大事记

【中国竞争情报年会】由中国科技情报学会竞争情报分会(SCIC)和北方科技信息研究所(NISTI)共同主办的第十八届和第十九届中国竞争情报年会于 2012 年 9 月 12 至 15 日在贵阳隆重举行。全国企业界、咨询界、学术界的领导、学术专家和从事具体情报工作的竞争情报实践者共 120 余名代表参加了此次盛会,各竞争情报精英、专家、学者,以及新老朋友汇聚一堂,充分展示和分享竞争情报业所取得的重大成果,以更广阔的视野,多角度深入探讨中国竞争情报业未来发展。

【竞争情报工作与决策科学化研讨会】竞争情报的根本是服务于决策,应重视政府层面的竞争情报方法和技能的应用与实践,加强交流与合作,使情报工作不断适应形势的变化和新技术的应用。中国科技情报学会竞争情报分会与北京科技情报学会知识管理与竞争情报专业委员会联合于 2012 年 7 月 5—8 日在黑龙江佳木斯召开了主题为“竞争情报工作与决策科学化”的研讨会,来自国内情报研究机构、相关企业的代表 30 余人参加了会议。专家认为,近年来,竞争情报开始应用于政府决策,开展政府竞争情报研究是地方科技情报机构当前的主要任务。政府竞争情报应为地方政府提供的公共服务制定战略和战术提供决策支持,为辖区内各行业的竞争活动提供公共情报服务,帮助本辖区的竞争实体参与外部的竞争。

【“春之声”竞争情报沙龙】竞争情报分会 2012 年的“春之声”沙龙活动以“新兴技术产业与竞争情报”为主题,3 月 21 日下午在中国科学技术信息研究所成功举办。本次讨论的议题有:竞争情报如何促进新兴产业的发展;如何创新产业竞争情报的服务模式;高校及科研院所、图书馆如何对企业开展产业竞争情报服务;如何做一个精通产业的竞争情报人员。竞争情报分会顾问、上海科学技术情报研究所原副所长缪其浩研究员应邀当天专程从上海赶往北京,做了题为“产业技术情报研究—如何从跟踪走向引领”的发言,本次活动还邀请了竞争情报分会青年工作部主任、中国科学技术信息研究所情报方法研究中心副主任赵筱媛,竞争情报分会理事、北京华通人商用信息有限公司总经理白欢朋和中国科学技术信息研究所情报方法研究中心刘志辉博士作为嘉宾分别围绕活动主题做了题为“对产业竞争情报的几点认识”“中国新一代支柱产业的诞生——战略性新兴产业分析”“共现分析在产业竞争情报中的应用”的演讲。中国科学技术信息研究所武夷山副所长、竞争情报分会顾问张典耀所长、竞争情报分会副理事长周江总经理、竞争情报分会副秘书长陈峰博士,以及来自咨询公司、企业和高校的近 50 名会员展开了讨论和交流。

【面向企业自主创新的情报服务发展论坛】为协助企业提升科技信息的收集、整理、分析能力,分享竞争情报在各行业的应用实践经验,中国科技情报学会竞争情报分会与北京万方数据股份有限公司联合,于 2012 年 6 月 17 日至 20 日在杭州成功举办了“面向企业自主创新的情报服务发展论坛”。100 余名来自全国各地的企业、科研机构、开发区管委会的信息部门负责人、情报工作人员参加了此次盛会。论坛围绕竞争情报理论研究和专利情报分析应用、企业竞争情报重点资源与服务平台建设、竞争情报系统应用等内容进行了交流、探讨,指出了企业竞争情报服务平台在搭建中应注意的问题,并介绍了企业信息化情报服务体系建设实例经验，为中国企业情报服务提供了理论和实践充实的实证研究。

【出席第 27 届竞争情报国际年会】竞争情报分会 2012 年组团赴美国宾夕法尼亚州费城市出席 5 月 14—17 日举办的第 27 届 SCIP 国际年会。本次年会进一步强调了竞争情报战略发展的内涵与外延正在变化及拓展。来自江苏省所、电科院、上海所、东风汽车、上海诤信等的 8 人出席了年会。本次会议的主题是“战略与竞争情报的最新成果与未来趋势”。会议分享了关于竞争情报领域发展趋势的认知与见解。在专门为中方代表团所设的分组会议中，安排中国代表与来自战略与竞争情报专业人员协会、美国苯宁公司、安永会计事务所等机构专家和高级专业人员，围绕美国竞争情报发展动态、职业伦理、相关法律规则、行业发展空间展开了热烈的讨论。美国专家向我方介绍目前美国主要企业对竞争情报的行业定位、内部组织结构以及竞争情报产业链在美国市场的划分情况。SCIP 协会首席执行官 Ken Garrison 专门参与了中国参会代表参与的分组会议，表达了该协会对中国竞争情报行业的关注，希望能在将来与中国同行进行更多交流并愿意积极参与该领域在中国的发展。这些来自国外经验与知识有利于我们在将来的工作中把握国内竞争情报领域的发展方向，启发更多的研究思路。

【竞争情报界的骄傲——孙素芬所长当选十八大代表】中国科学技术情报学会竞争情报分会理事、北京市农林科学院农业科技信息研究所孙素芬所长长期致力于农业信息技术的研究和推广工作，为北京农村信息化建设和农民远程教育的发展做出了突出贡献。先后获全国“三八红旗手”、全国“五一”劳动奖章、首都劳动奖章、全国优秀图书情报工作者、北京市“三八”红旗手、首都“巾帼十杰”、北京市“五四奖章”、北京市经济技术创新标兵、北京市先进科普工作者、北京市农业科技先进工作者、北京市职业教育先进个人等荣誉称号，中国共产党第十七次代表大会代表。2013 年再次当选为十八大代表。孙素芬作为十八大的北京市代表是北京农业科技信息研究所的骄傲，也是竞争情报分会的骄傲，更是我们科技情报界的骄傲！

【企业最佳竞争情报实践现场交流论坛】中国的竞争情报研究与实践经过 20 多年的发展，涌现出一批优秀的理论研究专家和实战精英，更涌现出一批运用竞争情报实现跨越发展的成功企业。为让更多企业学习这些成功企业的实践经验，继长安汽车、首钢、青岛啤酒、戴姆勒奔驰、美的、宝钢之后，分会于 2013 年 5 月再次走进南方电网举办了“2013 企业最佳竞争情报实践现场交流论坛”，来自南方电网的王庆红副所长和宝钢、船舶重工、上汽、广东电信、东方锐眼的专家，广东科学技术情报研究所嘉宾等近 50 余人出席了本次论坛。在这次论坛上，先后有 9 位专家和嘉宾从不同行业和不同层面介绍和交流了国内外开展竞争情报工作的实践经验，和大家分享了真实的案例，并赴南方电网科学研究院现场讨论。

【2013 北京竞争情报论坛】由中国科学技术情报学会竞争情报分会和中国科学技术信息研究所联合主办的 2013 北京竞争情报论坛于 2013 年 6 月 26 日在中国科学技术信息研究所隆重召开。被称为竞争情报界三大元老的包昌火、张典耀、缪其浩三位专家悉数到场，并担任演讲专家和特邀嘉宾。本届论坛共邀请 14 位报告专家。论坛受到了广大竞争情报界同仁们的高度关注和热情参与，共有 180 余人出席了会议。包昌火研究员的《厘清思路，清本正源，大力纠正我国情报工作发展中的重大失误》、缪其浩研究员的《企业情报如何应对大数据挑战》以及陈宝明研究员的《战略性新兴产业国际竞争中的情报和战略》的报告在当今国家和社会发展的大背景中的竞争情报学科理论创新和竞争情报发展方面为与会者提供了

一个宏观指导和起到一个扩展视野的作用。整场14个报告可谓情报盛宴，会议代表高度赞扬本届论坛，称其有反思、有前瞻、接地气，扩大了竞争情报影响力。

【技术竞争情报与情报工作论坛】随着我国政府大力提倡企业成为技术创新的主体、发展自主知识产权，技术竞争情报在其中的价值将得到很好的体现，正在成为国内学界关注、企业积极实践的热点领域。在2008年和2011年成功召开两届技术竞争情报与情报工作研讨会的基础上，在北京市科协的大力支持下，北京科技情报学会知识管理与竞争情报专业委员会和中国科技情报学会竞争情报分会联合于2013年7月6—9日在甘肃兰州召开了“第三届技术竞争情报与情报工作论坛”，来自国内情报研究机构、相关企业的代表近40余人参加了会议。与会代表非常认同发言专家的观点，技术竞争情报是技术与市场的有机融合，不能只关注技术本身的演化，专兼结合的专家队伍至关重要，应从关注流程转向组织管理；应重视技术情报在情报工作中方法和技能的应用与实践，加强交流与合作，使情报工作不断适应形势的变化和新技术的应用。

【《科技日报》等媒体刊文介绍著名竞争情报专家包昌火先生】2013年12月29日《科技日报》头版头条和2014年1月3日《中国科学报·人物周刊》分别刊登题为《包昌火：一生追梦的情报人》和《包昌火：揭开中国情报学的面纱》的文章，介绍了我国竞争情报事业奠基人、竞争情报分会原理事长、著名竞争情报专家包昌火先生。

中国兵器工业集团第二一〇研究所
戴侣红　刘玉

中国图书馆学会专业图书馆分会

中国图书馆学会专业图书馆分会正式成立于1979年6月19日，现有团体会员单位150个，主要来自于中央部委所属科研系统的图书信息机构，大多数会员单位发挥着各行各业图书情报协作网络的龙头、协调作用，拥有一大批专业密集、跨学科、跨领域的图书情报专家、学者，是一支有较高学术水平和专业能力的学术社团。

2013年，随着e-Research、Big-data、Scientific Data、OA的飞速发展，开放科研与数据密集型科研对图书情报机构开展知识服务带来新的挑战，专业图书馆分会聚焦新挑战，围绕着“科学数据管理与服务、开放获取、学科馆员服务战略转型”等主线，通过组织知识服务年度会议、机构知识库系列学术活动、数字出版高层论坛、学科馆员主题论坛等活动，积极主动地引导、推进专业图书馆发展转型，为促进图书馆事业的发展贡献了应有的力量。

一、以开放获取、机构知识库、科研数据为学术交流核心，跟踪领域前沿，共享实践经验，促进专业图书馆探索未来发展新模式

1. 围绕开放获取，举办系列活动，引领、示范和推动中国开放获取

2013年9月26—29日，分会在云南省昆明市成功举办“2013中国机构知识库”学术研讨会。会议以“机构知识库的积极实践”为主题，通过趋势与战略、实践探索、政策机制、未来挑战及互动对话5个版块、34个专题报告、18个单位的优秀实践poster展示，全面、系统地展现了近年来我国中文机构知识库的发展现况及未来可持续发展的路径。会上首次发布了中国机构知识库推进工作组在全国范围内开展的多项调查结果。会议由专业图书馆分会联合中国机构知识库推进工作组、中国图书馆学会高校图书馆分会共同主办，《现代图书情报技术》《图书情报工作》《大学图书馆报》《中国文献情报》(英文版)协办，来自内地30个省市(除西藏、新疆外)以及香港、台湾地区的高校、专业、公共等类型图书馆的213名代表参加了会议。

为持续加大机构知识库建设成果的宣传推广，借助2013中国图书馆年会大平台，分会联合中国机构知识库推进工作组，在年会期间举办“机构知识建设与服务”分会场，将2013机构知识库学术研讨会形成的学术成果向业界进一步示范宣传，会上展示了科学院、高校、医院系统开展机构知识库建设的实践探索，探讨了研究解决中文机构知识库建设中的关键问题。

为持续推进开放获取的各种实施政策、实用方案以及实践活动在我国的长远可持续发展，10月23日，分会继续联合组织第二届开放获取推介周活动，活动分为“开放获取知识库日”“开放获取出版日”“开放获取资源日”三个主题，集中展示了我国在机构知识库建设、开放出版以及开放资源建设方面的积极实践。现场以32块展板的形式，展示了国内外重要机构知识库的实践案例。会议得到科技界、出版界、图书馆界的共同关注，来自专业、高校、出

版等系统的 357 人参加了会议。

2. 举办知识服务年度会议，关注科学数据服务、学科馆员创新服务新进展，交流探讨开放创新环境下专业图书馆员的新角色

科研数据管理与服务是专业图书馆深化知识服务的新领域，学科馆员服务面对开放的科研环境，也面临战略转型的挑战。分会 2013 年年会以“知识服务 2013——开放创新环境下专业图书馆的新角色”为主题，交流探讨了科学数据管理与服务的现状与未来趋势，来自科学院系统、农科、医科、高校、企业及出版社的 32 位专家，交流讨论了科研数据管理平台、服务模式、用户数据素养培养、科研数据权益研究等热点问题。会议还分专题交流了学科馆员在科研信息环境建设与服务、开放信息资源与服务方面的最新进展。年会于 2013 年 7 月 22—26 日在黑龙江省佳木斯市召开，170 多人参加了会议。

为促进学科馆员创新服务的可持续发展。分会联合高校图书馆分会、医院图书馆委员会，在 2013 中国图书馆年会期间，举办“学科馆员服务战略转型和最佳实践”主题论坛，持续向业界示范、推广不同类型图书馆学科化服务的新进展、新成果，探讨学科馆员服务进一步发展的战略规划和需要解决的重点问题等。本次论坛被中图年会列为五大论坛之一，也是三家继联合首办 2012 年学科馆员服务研讨会后，又一次推进学科馆员服务战略转型发展的重要会议，170 多名会议代表参加了论坛。

3. 持续打造国际出版社与国内图书馆高层对话论坛，与行业发展结合，促进交流合作

中国图书馆馆长与国际出版社高层对话论坛已成为品牌活动，至今已成功举办 5 届，由分会联合会员单位中国图书进出口（集团）总公司及高校图书馆分会共同主办。第五届论坛于 2013 年 8 月 29 日在京举办，主题为：“电子图书与图书馆”，来自国内 100 多家专业、公共与大学图书馆的馆长、负责人和出版集团高层共计 180 多人应邀出席。与会国内外专家就当前数字出版和网络出版的趋势与战略、电子图书的技术发展趋势、内容组织、服务模式、销售模式、功能扩展、服务实践、知识产权管理等热点话题开展了对话。本次论坛被列为第 20 届北京国际图书博览会的系列专业活动之一，论坛的专业化特色进一步突出，与行业发展结合日益紧密，论坛提供了海内外出版界、图书馆界直接对话、交流的平台，加深了认识，达成了共识，对推动我国出版和图书馆事业的发展起到积极的作用。

4. 华南地区工作委员会成员单位间交流合作进一步加强

华工委作为专业分会唯一的地方工作委员会，积极组织华工委成员单位以及华南地区专业图情机构，参加专业分会、地方学会、中国图书馆学会的学术活动和专业培训，踊跃征文，组织大会发言及参会，宣传展示华南地区专业图情工作的实践进展和思考。成员单位间的交流学习活动也有声有色。2013 年 8 月 13 日，华工委举办了主题为：“新形势下科技情报服务经验交流会”的业务交流研讨会，华工委成员单位及广东地区相关图情机构的专家和一线服务人员 30 多人参会。与会领导和专家一致认为，在广东科技界重新重视原始创新的新形势下，各成员单位应利用专业图书馆分会交流平台，加强交流与合作，建立多层次的情报服务合作与交流渠道，促进地区科技情报事业的更上一层楼。

5. 关注图情领域发展前沿，组织会员参加高端学术讲座，拓展学术视野

2013年，分会联合中科院国家科学图书馆举办数场高端学术报告会，先后有国际出版商协会（IPA）主席 Youngsuk Chi 先生、微软副总裁 Tony Hey 博士、英国皇家学会会员 Geoffrey Boulton 教授等国外专家做学术报告，内容涉及数字时代学术出版的最新趋势及展望、开放数据与图书馆员的责任和定位、大数据应用与实践等内容，共计300多人次会员参加了活动。

二、坚持以知识服务能力建设为培训主方向，岗位培训与专业化服务能力培训并举，提升图书馆员专业素养

2013年，继续深化以知识服务能力建设为主、岗位培训为辅的培训方向，以挂靠单位和会员单位的人才、资源优势为依托，积极主动地向业界推广先进的理念、方法和优秀实践。继续开设图书情报工作岗位培训班以及学科化服务、信息资源建设等常规岗位培训班，持续组织以机构知识库、专利情报分析和先进知识服务工具等专业化服务能力为主题的研讨班。在组织实施国科图知识服务能力建设培训任务中，完成3个中科院文献情报系统及省级科学院交换馆员培训任务。2013年，共举办各类培训班8期，其中业界培训7期、中科院所级培训1期，268人次参加了培训，培训收入比2012年增长10万元。

三、以会员单位业务实践为依托，组织年度报告等，展示专业图书馆发展风貌

2013年，继续组织会员单位完成《中国图书馆事业发展报告2013》《中国图书馆年鉴2013》中专业图书馆的组稿与撰写工作，通过专业图书馆年度发展综述和行业、领域年度发展分报告，展现专业图书馆的特色资源、特色服务、年度成果和改革创新思路。中科院、社科院、医科、军科、农、林、化工、冶金、机械、地质、标准、计量、专利、艺术、博物馆等系统的牵头图情机构提交了分报告，分会年鉴编辑工作被中国图书馆学会、国家图书馆评为组织一等奖。

完成中国图书馆学会关于中国图书馆榜样人物、第五届全国优秀科技工作者、青年人才奖推选工作，张晓林理事长荣获由中国科协颁发的第五届全国优秀科技工作者荣誉称号，常务理事陈锐获2013年中国图书馆榜样人物。

在组织建设方面，完善分会运行机制，规范工作流程，定期召开常务理事会、专业委员会工作会议以及会员迎春茶话会，为分会各项活动的有序开展提供组织保障。加强分会经费筹措和经营能力，开源结流，强化学术经营意识，通过会议、培训以及争取挂靠单位经费支持，保证秘书处日常管理及学会各项活动正常运行。建设分会网站平台，使之成为展示专业图书馆分会风貌的窗口。

四、2014 年工作思路

2014 年分会工作总体思路：继续坚持知识服务的主流方向，围绕“开放数据、机构知识库建设、开放科研环境下的文献情报服务能力建设”这一中心，加大与行业图情学会联合的力量，利用会员单位特色机构以及行业、区域文献情报机构交流平台，培育学术活动品牌，拓展新型知识服务，通过全年活动计划的组织实施，组织专业图书馆开展未来愿景和发展策略的学术探讨、互访交流活动，分享变革和创新发展的经验，促进专业图书情报事业的繁荣发展。

中国图书馆学会专业图书馆分会秘书处